W0236579

Allan Chumak
Der Wunschsamowar

Allan Chumak

Der Wunschsamowar

Wie Sie zu Ihrer wahren Bestimmung und einem erfüllten Leben finden

Aus dem Russischen von Judith Elze

 SPHINX

Die russische Originalausgabe erschien 2009 unter dem Titel
»Исцеляющая сила внутри вас« bei Exmo Licence Limited, Moskau.

Verlagsgruppe Random House FSC®-DEU-0100
Das für dieses Buch verwendete FSC®-zertifizierte Papier
EOS liefert Salzer Papier, St. Pölten, Austria.

1. Auflage
Deutsche Erstausgabe
© 2011 der deutschen Ausgabe Sphinx Verlag
in der Verlagsgruppe Random House GmbH
© 2009 A. V. Chumak
© 2009 Exmo
Lektorat: Daniela Weise, München
Satz: EDV-Fotosatz Huber/Verlagsservice G. Pfeifer, Germering
Druck und Bindung: Pustet, Regensburg
Printed in Germany
ISBN 978-3-424-63035-0
www.sphinx-verlag.de

Im vorliegenden Buch geht es um die Verwirklichung Ihres Lebenstraums und nicht um die Erfüllung von Wünschen. Wünsche sind kapriziöse Angelegenheiten, wir wissen nie, wohin sie uns führen. Unser Lebenstraum dagegen als hohes, leuchtendes und reines Ziel wird unser Leben nie negativ beeinflussen. Er wird zu unserem Leitstern, der uns den direkten Weg zum Glück weist. Gehen Sie diesem wunderbaren Licht entgegen, verfolgen Sie unbeirrt den gewählten Weg, verraten Sie Ihren Lebenstraum nicht. Dann wird seine Verwirklichung zur glücklichen Krönung Ihres Lebens.

Allan Chumak

Inhalt

Teil II: Im Einklang mit dem Lebenstraum

Teil III: Probleme und Lösungen

Teil IV: Geld und Arbeit

Teil V: Der Mensch für den Menschen

Anhang

Vorwort

Guten Tag, liebe Leserin, lieber Leser! Es ist so weit, hier sind wir wieder und wollen wie gewohnt ein wenig über unsere Seele sprechen. Meine Freude über unsere Begegnung ist diesmal ganz besonders groß, und zwar aus folgendem Grund. In meinen früheren Büchern[1] haben wir bereits über so wichtige Dinge gesprochen wie Gesundheit und Krankheit, die Verwendung der Heilkraft meiner Gabe und darüber, wie Sie auf dem Weg der Selbstverwirklichung selbst zu Heilern für sich und Ihre Angehörigen werden können. Aber die Gesundheit ist nur eine Grundlage für die ungehinderte Entfaltung des Wunders, das unser Leben ist. Deshalb wollen wir diesmal über die Erfüllung des Lebenstraums reden, den jeder von uns hegt; wir nehmen nicht nur unsere Gesundheit, sondern das Leben als Ganzes in Arbeit. Und im Ergebnis erhalten wir das, was unsere schönsten Träume und unsere gewagtesten Sehnsüchte ausmacht. Jeder Mensch ist seines Lebenstraumes würdig, und er erhält das Gewünschte, wenn der Glaube an das Wunder den Träumer zur wundersamen Verwandlung seines Lebens und seiner inneren Welt führt.

Ihr Glaube hat Ihnen mein Buch in die Hände gelegt, und damit hat die Verwandlung bereits begonnen. Dieses Buch heilt nicht nur den kranken Körper, sondern auch das »kranke« Leben. Lesen Sie es, und alle Ihre glücklichen Träume werden Wirklichkeit.

»Du wirst groß sein, Assol. Eines Morgens werden auf der weiten Fläche des Meeres purpurrote Segel in der Sonne glänzen. Die riesengroßen, bauschigen, purpurstrahlenden Segel eines weißen Schiffes werden sich direkt auf dich zu bewegen. (…) Da wirst du einen tapferen und schönen Prinzen erblicken. Er wird dastehen und seine Arme zu dir hinstrecken. (…) Er wird dich in seinem Boot auf sein Schiff bringen und mit dir für immer in das herrliche Land fahren, in dem die Sonne aufgeht und wo sich die Sterne vom Himmel herabneigen werden, um dich willkommen zu heißen.«

Alexander Grin, Die purpurroten Segel[2]

Die Schiffe – *Ihre* Schiffe mit den purpurroten Segeln – sind schon unterwegs. Es sind die Schiffe, die Sie in der Ferne zu sehen und denen Sie zu begegnen hofften, als Sie, genau wie die junge Assol, am Ufer standen und zum Horizont schauten. Vielleicht haben Sie sich bisher nicht besonders gut vorstellen können, was man tun muss, damit die Schiffe sicher in den Hafen finden. Vielleicht waren Ihre Versuche, den Lebenstraum in Erfüllung gehen zu lassen, bisher nur halbherzig und ineffektiv. Vielleicht haben Sie sogar das Gegenteil von dem getan, was man tun muss, um dieses Glück zu ermöglichen. Ab jetzt jedoch werden Sie zum Kapitän Ihres Schiffs mit den purpurroten Segeln, zum bewussten Schöpfer Ihres Glückes – genauso, wie es in Ihren Augen sein soll.

Sie zweifeln? Aber denken Sie doch einmal nach: Der Mensch, und nur er allein, erschafft sich sein Leben. Es kommen immer die Kräfte zu ihm, die er herbeiruft. Ob sein Ruf nun bewusst oder unbewusst ist, die zerstörerischen oder die kreativen Kräfte kommen auf jeden Fall zu ihm und verändern alles in ihm und um ihn herum. Woran glaubt er? Wozu lebt er? Wie steht er zur Welt, zu den Menschen, zu sich selbst? Was für Überzeugungen hat er? Woran denkt er tagtäglich oder gar stündlich? Was tut er und wovon träumt er? Die Antworten auf diese Fragen bilden den inneren Kern dieses Rufes, und die davon angezogenen Kräfte gestalten das Leben des Menschen, ob er es will oder nicht, auf eine ganz bestimmte Weise. Alles andere – sein Verhältnis zu Menschen, glückliche oder unglückliche Ereignisse, Gesundheit oder Krankheiten – ist nur die Bilanz dieser unsichtbaren Arbeit, das Ergebnis seiner Vorstellungen, Bestrebungen und Bemühungen.

Wenn der Mensch aber der Schöpfer seines Lebens ist, warum sollte er dann nicht auch der Schöpfer seines Glückes sein?

Vergessen Sie Ihre Fehlschläge, die dadurch hervorgerufenen Krankheiten, die gescheiterten Pläne, die zerplatzten Hoffnungen, diese ganze zermürbende, undankbare Arbeit. Vergessen Sie Geldmangel, Einsamkeit, fehlende Liebe, alle Gefühle von Leere und Ausweglosigkeit. All das hat jetzt ein Ende. Bis zum Ende der Lektüre meines Buches werden Sie gelernt haben, große schöpferische Kräfte in Ihr Leben zu rufen. Sie werden gelernt haben, das Beste, Hellste und Machtvollste, das in Ihnen steckt, zur Verwirklichung Ihres Lebenstraums zu verwenden. Und deshalb werden Erfolg und Glück eines Tages zu Ihnen kommen und Sie nie mehr verlassen.

Gesundheit, materieller Wohlstand, Liebe, ein glückliches Familienleben, harmonische Beziehungen – all das wird zu

Realien Ihres Lebens. All das wird auf Sie einwirken, wird Sie im Inneren wachsen lassen, Ihr Bewusstsein erweitern, Ihre einzigartige Lebenserfahrung formen und Sie zu einer harmonischen Einheit führen mit allem, was ist.

Diesen Weg habe ich *konstruktive Lebensstrategie* genannt. Ab jetzt wird dieser Weg Ihr Weg sein. Sie werden zum Bauherrn, zur Bauherrin für Ihr glückliches Leben, und eines Tages – ich sage es gern immer wieder! – werden sich Ihre Träume erfüllen.

> »*Aus dem Dickicht der Pflanzen erhob sich ein Schiff. Es kam herauf und blieb inmitten des Morgenrots stehen. Aus dieser Entfernung war es so deutlich zu sehen wie die Wolken. Heiterkeit verbreitend, segelte es dann weiter wie Wein, wie eine Rose, wie Blut, wie das Rot der Lippen, purpurner Samt und rote Flammen. Das Schiff kam geradewegs auf Assol zu.*«
>
> Alexander Grin[3]

Dieses Buch wird Ihr Leben verändern. Dabei müssen Sie gar nicht an sich *arbeiten,* wenn man *arbeiten* in der üblichen Bedeutung des Wortes versteht. Und warum? Das Geheimnis des Erfolgs sage ich Ihnen gleich hier schon. Es liegt in einer einfachen und so gearteten Neuorganisation Ihrer inneren Kräfte, dass Sie in jedem Augenblick Ihres Lebens nur noch das tun, was Sie in Ihrem innersten Wesen brauchen. Und das ist nicht Arbeit, sondern ein glückliches Leben. Jedes Kapitel des Buches bewirkt in Ihnen eine Neuorganisation von einem oder mehreren Elementen. Beim Lesen dieses Buches tauchen Sie in den Strom der transformierenden Kraft ein. Ist das einmal geschehen, werden Sie nie dorthin zurückkehren, wo Sie Enttäuschung oder Verlust erlebten und sich kraftlos oder unglücklich fühlten. Sie werden nicht mehr auf die alte Weise leben oder sich in wichtigen Angelegenheiten so verhalten können wie früher, und das ist das Entscheidende.

Ich bin sicher, dass Ihnen einiges im Buch zweifelhaft erscheinen wird. Lassen Sie sich davon nicht abstoßen, nehmen Sie es wahr und lesen Sie unbeirrt weiter. Kehren Sie in Gedanken zu Ihren Zweifeln zurück, wägen Sie sie ab, seien Sie – zumindest vorübergehend! – offen für all die Dinge, die Ihnen unmöglich erscheinen. Dann wird Ihnen bald etwas sagen: Alles ist richtig, alles ist an seinem Platz und dient meinem Wohlergehen.

Lesen Sie einfach …

In meinem neuen Buch, das vor Ihnen liegt, geht es darum, wie wir zum Schöpfer unseres Glückes werden können. Es geht um den Weg zur Erfüllung unseres Lebenstraums. Säumen Sie daher nicht: Blättern Sie schnell zur nächsten Seite weiter!

Teil I

Die Grundlagen

Kapitel I

Was ist das eigentlich –
der Lebenstraum?

Wie die Frage, so die Antwort

> »›Würdest du mir bitte sagen, wie ich von hier aus weitergehen soll?‹
>
> ›Das hängt zum großen Teil davon ab, wohin du möchtest‹, sagte die Katze.
>
> ›Ach, wohin ist mir eigentlich gleich‹, sagte Alice.
>
> ›Dann ist es auch egal, wie du weitergehst‹, sagte die Katze.«
>
> Lewis Carroll, *Alice im Wunderland*[4]

Sie haben einen Lebenstraum. Aus Ihrem gegenwärtigen Leben, das sich so ergeben hat, wie es jetzt ist, streben Sie nach einer glücklichen Wirklichkeit. Und natürlich möchten Sie »von hier aus« nicht einfach nur »irgendwohin«, nicht wahr?! Dem kleinen Mädchen Alice ist die kindlich-leichtsinnige Haltung zu ihrem Weg nachzusehen, denn sie hat nach dem Willen ihres Autors nur einen Ausflug ins Wunderland unternommen. Unsere gemeinsame Aufgabe ist etwas ernster: Wir sind nicht auf einem Ausflug, wir stehen an einer Kreuzung, an der sich unser Schicksal entscheidet, und wir wollen unbedingt die Richtung einschlagen, die uns zum Erfolg führt.

Haben Sie den vorigen Satz aufmerksam gelesen? Sie stehen an einer Kreuzung, an der sich Ihr Schicksal entscheidet. Vergegenwärtigen Sie sich bitte den Sinn dieser Worte. Sie haben mein Buch in die Hand genommen, haben begonnen zu lesen und finden sich unvermutet an einer Wegscheide wieder – an einem Ort, wo Sie eine glückliche Wahl treffen können. Dies ist ein Wendepunkt in Ihrem Leben. Solche Momente kommen nicht allzu oft vor. Jetzt haben Sie die wunderbare Möglichkeit, sofort und auf die wundersamste Weise alles zu verändern. Denn einer der Lebenswege, die sich direkt vor Ihnen auftun, ist der Weg zu Ihrem Glück.

Sie haben es in der Hand, liebe Leser. Wir selbst machen den ersten Schritt an der Wegkreuzung unseres Schicksals, wir allein wählen die Richtung. Wie aber treffen wir die richtige Wahl?

Nicht umsonst habe ich dieses Kapitel mit einem ausführlichen Zitat aus dem Märchen des glänzenden englischen Schriftstellers, Mathematikers und Logikers Lewis Caroll begonnen. Das Gespräch zwischen der Katze und Alice lehrt uns, dass die Formel für den Erfolg in der Art der Fragestellung liegt. Nicht umsonst heißt es: »Wie die Frage, so die Antwort.« Die Edamer Katze aus dem Wunderland wusste das ganz genau. Was sie Alice eigentlich zu verstehen gab, war: »Wenn du sagst, wohin du willst, zeige ich dir den Weg.« Alice sollte die richtige Frage stellen und ihr Ziel nennen.

Der Traum eines jeden Menschen, Ihr Traum ist eigentlich die Frage nach dem eigenen Leben, nach dem Schicksal, nach sich selbst, nach Gott. Was meinen Sie: Ist Ihre Frage richtig formuliert? Wenn ja, dann können Sie zu Recht auf jeden Fall die Hälfte einer Antwort erwarten. Sie werden zumindest in groben Zügen sehen, wie Sie denken und handeln sollen, um das erstrebte Glück zu erreichen. Falls die Formulierung aber nicht stimmt oder unverständlich ist …

Wie die Frage, so die Antwort.

Daher müssen wir zunächst klären: Was ist Ihr Lebenstraum? Worum geht es dabei?

Immer wieder muss ich meinen Patienten solche Fragen stellen. Manchmal spüre ich, dass ich, um heilend wirken zu können, wissen muss, wonach der Kranke sich sehnt. Und einmal bekam ich folgende Antwort (von einem alten, aber sehr energischen Mann): »Ich träume davon, auf Kuba zu leben, vom Boot aus Blaue Marline zu angeln und nach Afrika auf eine Safari zu fahren. Wie Hemingway!«

Meine Güte, ganz schön exotisch, dachte ich. Sich Hemingways Schicksal zu wünschen! Das Schicksal eines Menschen, der am Zweiten Weltkrieg teilgenommen hat, in dessen Körper durch hochgegangene Minen 237 Splitter steckten. Das Schicksal des Schöpfers einer tragischen Prosa, der an Alkoholismus litt und seinem Leben selbst ein Ende gesetzt hat … Das passte alles nicht zu dem Bild von einem glücklichen Traum. Noch dazu haben sich Safaris heutzutage, soweit ich weiß, in eine touristische Fotojagd verwandelt, und wenn du trotzdem unbedingt einen Löwen, Leoparden oder ein Nashorn schießen willst, musst du einen Haufen Geld dafür aufbringen.

Aber das ist vielleicht kein glückliches Beispiel, die Antwort dieses ungewöhnlichen Patienten war untypisch. Normale Antworten auf meine Fragen waren: »Ich möchte viel Geld haben und das Leben genießen.«, »Ich träume von der Liebe und von einem glücklichen Familienleben.«, »Ich träume davon, dass ich und alle meine Angehörigen gesund sind und dass bei uns alles gut läuft.«, »Ich möchte im Marketing die große Karriere machen.«, »Ich möchte in Paris leben und jeden Tag auf dem Boulevard Saint-Michel spazieren gehen.«, »Ich träume von einer Karriere als Popstar, von Ruhm und Erfolg.« Und so weiter.

Ungefähr so. Und nun? Auch wenn diese lobenswerten, wunderschönen Ziele nicht sehr konkret sind (darauf werden wir später genauer eingehen, jetzt geht es um etwas anderes), ist doch die Hauptsache, dass sie Sie vor konkrete Lebensaufgaben stellen und dass Sie beginnen, diese so zu lösen, wie es Ihnen die »glückliche« Formulierung Ihrer Frage vorgibt.

Und da möchte ich gleich ausnahmslos an jeden von Ihnen die Frage stellen:

Was tun Sie, um auf Ihren Lebenstraum zuzugehen? Welche Kräfte und welche Lebensressourcen setzen Sie ein? Und auf welche Weise? Ziehen Sie bitte Bilanz, betrachten Sie den bisherigen Verlauf der Dinge und schauen Sie von dort aus in die Zukunft. Wie werden Sie zum Ziel gelangen – als Sieger voller Kraft und Freude oder als erschöpfter, enttäuschter Wanderer, der auf dem Weg den Glauben an alles Gute verloren hat? Mit anderen Worten: Was bezahlen Sie dafür, dass Sie Ihr Ziel erreichen, was geben Sie dafür her? Wenn der Preis zu hoch ist, wird es wohl kaum Ihr Lebenstraum gewesen sein, dessen Verwirklichung Sie zu einem glücklichen Menschen machen sollte …

»Der Schaffner hatte sie die ganze Zeit über betrachtet, zuerst durch ein Fernrohr, dann durch ein Mikroskop und zuletzt durch ein Opernglas. Schließlich sagte er: ›Du fährst in der falschen Richtung‹, zog das Fenster hoch und verschwand.«

Lewis Carroll, *Alice hinter den Spiegeln*[5]

Vor kurzem brachte eine meiner Patientinnen ihren Mann zu mir in die Praxis. Es war ein 50 Jahre alter, gesetzter Mann, ein Geschäftsmann. Wie mir die Eheleute erzählten, hatten sie seit zwei Jahren einen Traum verfolgt: Sie wollten in der Moskauer Umgebung ein solides Haus bauen. Nicht einfach nur ein Sommerhäuschen, sondern ein richtiges kleines Schloss, mit Spitzdach, Ecktürmchen und dazu noch Zwiebeldächern, um dort mit der ganzen Familie zu leben. Der Mann meiner Patientin hatte im Traum gesehen, wie seine Enkel neben dem »Schloss« auf einer goldenen Schaukel schaukelten, während er mit seiner Frau auf dem Balkon den Morgenkaffee trank und vom zweiten Stock liebevoll auf sie herunterschaute.

Dieser zielstrebige und geschäftstüchtige Mann war von Natur aus kein Träumer. Er krempelte die Ärmel hoch, verpfändete die Wohnung, holte sich bei der Bank einen großen Kredit und ging ans Werk. Fast ein Jahr brauchte er, um die mit dem Kauf des Landes verbundenen Rechtsangelegenheiten zu regeln. Die Organisation und Verwaltung der Bauarbeiten musste er mit seinen beruflichen Geschäften koordinieren (er hatte beschlossen, alles selbst zu machen, weil er sich nicht auf fremde Hilfe verlassen wollte). Die Probleme mit dem Bau – das Einstellen von Arbeitskräften, die Suche nach den notwendigen Baumaterialien, ihr Kauf und Transport, das Klären der Beziehungen mit den Behörden und den kriminellen Banden –, all das kostete ihn mehr Kraft und, wie man so schön sagt, Nerven, als er besaß. Er hatte nun sein »Schloss« zwar gebaut, war aber jetzt, als er zu mir kam, völlig am Ende. Er litt unter einer Herzkreislauf-Erkrankung und unter Schmerzen unbekannter Herkunft.

Es kann also passieren, dass ein Mensch die Verwirklichung seines Lebenstraums mit seiner Gesundheit bezahlt.

Soll das heißen, dass Glück und Lebenstraum unterschiedliche Dinge sind? Je nachdem! Die »glückliche« Formulierung der Frage ist entscheidend. Wenn sie Ihnen ein derartiges Handeln abverlangt, dass Sie Ihren Lebenstraum nur unter schweren und nicht wieder wettzumachenden Verlusten erreichen können, dann sind Glück und Traum zweierlei. Wenn Sie jedoch die Frage »glücklich« formuliert haben, dann werden Sie keine Verluste erleiden, sondern mit der Erfüllung Ihres Traums auch das Glück finden.

Wie stellt man denn nun die Frage »glücklich«, das heißt richtig? Dazu müssen wir den Schlüssel finden für die wunderbare Verwandlung, für die wundersame Transformation unseres Lebens. Er besteht darin, dass man den *verborgenen Kern* seines Lebenstraums begreift.

Und dieser Kern ist immer und bei allen gleich.

 Denk an Dein Schicksal. Es ist der weitverzweigte Baum der Lebensmöglichkeiten, aus denen du auswählen darfst. Möge deine Wahl immer eine bewusste sein.

Menschliche Schicksale sind die Folgen der Wahl, die wir an den Scheidepunkten unseres Lebens treffen können. An einem jeden solchen Punkt stehen wir an einer Wegkreuzung unseres Schicksals. Von hier aus können wir zur hellen oder zur dunklen Seite unseres Lebensbaums streben. Hier gibt uns die Vorsehung die Möglichkeit, einen glücklichen Weg zu wählen. Es ist wichtig, dass wir diese Möglichkeit nicht verschenken und die Richtung bewusst wählen, mit einem klaren Verständnis für den Weg, den wir beschreiten, und dafür, wohin wir auf ihm gelangen möchten. Normalerweise laufen die Menschen an ihren Wegkreuzungen des Schicksals vorbei, sie sind von augenblicklichen Gedanken, Sorgen, Dingen belastet und haben keinen Raum für schicksalhafte Entscheidungen. Sie wählen die Richtung, die sich ihnen gerade bietet, und verpassen so häufig den eigentlichen Weg.

Liebe Leser, das Leben mag zwar in vielem vorbestimmt sein, aber unser Glück haben wir dennoch immer selbst in der Hand. Erinnern Sie sich an das antike Gleichnis: Als Gott den Menschen aus Lehm geschaffen hatte, blieb ein ungenutzter Klumpen übrig. »Was soll ich dir formen?«, fragte Er den Menschen. »Forme mir das Glück«, bat dieser. Statt einer Antwort legte Gott dem Menschen nur den Klumpen Lehm in die Hände.

Der Schlüssel zur wundersamen Transformation

>*»Alle Probleme des Daseins sind in ihrem Wesenskern Probleme der Harmonie.«*

Sri Aurobindo, Das göttliche Leben

Der Mensch ist ein Feld strukturierter Energie. Dieses Feld besteht aus Information, die fähig dazu ist, Arbeit zu leisten und kreativ zu sein. Der menschliche Körper ist ein Klumpen »dichter« Energie. Seine Emotionen, Gedanken und seine Seele bilden »feine« energetische Schichten, die den Körper umgeben und sich bis in die Unendlichkeit ausdehnen. Alle diese »Klumpen« und »Schichten« nenne ich das energetische Informationsfeld. Wenn Leute fragen, wie meine Heilgabe funktioniert, antworte ich: »Wenn ich den Heilungsprozess anschiebe, werden der Patient (oder die Mehrzahl der von Leid betroffenen Menschen) und ich eins, unsere energetischen Informationsfelder verschmelzen miteinander. Dann werden die Krankheiten des anderen (bzw. der Mehrzahl der Patienten) zu meinen Krankheiten. Während der Sitzung ›drücken sich‹ mir alle Probleme derjenigen ›ein‹, die sich um Hilfe an mich gewandt haben. Dann verändere ich unsere – aus irgendeinem Grund ungünstige – Einheit, ich korrigiere sie. Das ist alles. Ich nehme die Korrektur an mir selbst vor. Und gemeinsam werden wir gesund.«

Aber was bedeutet dieses »Ich korrigiere«? Ich trete in keinen Kampf mit der Krankheit, egal, ob sie physischer oder psychischer Natur ist, ich gebe dem Patienten einfach seine Gesundheit zurück. Denn Gesundheit bedeutet Harmonie seines energetischen Informationsfeldes. Gesundheit bedeutet an allen Polen, an jedem Punkt dieses sichtbaren und unsichtbaren Raumes, der den Menschen ausmacht, harmonische Information.

Krankheit ist eine Störung der Harmonie, eine Verzerrung in der Information.

Jede Zelle des menschlichen Körpers erzeugt in jedem Augenblick ihres Lebens Schwingungen, die von ihr eine Information an die anderen Zellen weitergeben darüber, was in ihr vorgeht und was sie von ihnen braucht. Analog dazu nimmt sie in jedem Augenblick deren Informationen auf und verarbeitet sie. Die elektrischen Impulse, die Nährstoffe, die Flüssigkeiten, die Ströme der feinstofflichen Energien, die die Zellen untereinander austauschen – all das macht den Kern und den Grund und die Folge und die Fähigkeit des Informationsaustausches in einem menschlichen Organismus aus. Wenn all das als koordinierter, »harmonischer« Prozess abläuft, ist alles in Ordnung, und wir sind gesund. Wenn die Information auf ihrem Weg Hindernissen oder »Filtern« begegnet oder an der falschen Stelle abfließt, das heißt, wenn sie entstellt oder nicht vollständig weitergegeben wird oder verloren geht, dann werden wir krank.

Der Mensch ist nicht etwa ein lebendiges, »aus Eiweiß bestehendes Gebilde«, sondern ein Gebilde aus harmonisch funktionierender Information.

»Harmonische Information«! Darin liegt das Geheimnis der Heilung, die durch meine Gabe bei der Arbeit mit dem Patienten in Gang gesetzt wird. Ich ordne die verzerrten

»Daten« im energetischen Informationsfeld des Kranken und stelle seine gestörte Harmonie wieder her. Ich helfe dem Patienten, wieder so zu sein, wie ihn unser Schöpfer erschaffen hat. Sein Körper und seine Seele werden gesund, der Mensch gewinnt seine geistigen und physischen Kräfte und die rechte Sicht auf seine Probleme zurück.

Kann man dann aber, wenn das so ist, nicht auf die gleiche Weise ein »krankes«, unglückliches Leben heilen? Gesunde Körper bedeuten Harmonie. Für ein »gesundes« Leben oder Schicksal gilt dasselbe. Ihr Schicksal, liebe Leserin, lieber Leser, besitzt einen »Körper«. Er besteht aus einer Vielzahl von »Organen« und »Gliedern«, die aus Ihrem materiellen Wohlergehen, Ihrem persönlichen Leben, Ihrer Bildung, Ihrem Berufsstatus und Ihren Beziehungen zu den Menschen bestehen, die Sie umgeben. Tausend verschiedene Dinge machen den Lebensweg eines modernen Menschen aus. Er ist dann glücklich, wenn der »Körper« seines Schicksals gesund ist; wenn sich alles am rechten Ort befindet, zur rechten Zeit kommt und geht und das rechte Maß hat; wenn dieses »Alles« so funktioniert, dass sich die Energien und Informationen unterschiedlicher Art in den verschiedenen Lebenssphären harmonisch untereinander austauschen. Erfolg im Leben, Wohlstand, Liebe, ein glückliches Familienleben, wohlwollende Beziehungen zu den verschiedensten Menschen – sie sind das Ergebnis einer solchen Harmonie.

Wovon träumen wir denn nun aber allesamt? Jeder Traum hat eine wichtige, bestimmende Konstituierende, die die Grundlage des ersehnten Glückes bildet. »Ich möchte ein

Star werden.« »Ich träume von einem Leben in Paris.« »Ich möchte ein hoch bezahlter Profi werden.« Genau darauf konzentriert sich dann meist unsere Aufmerksamkeit. Dabei wollen Sie sich doch aber sicher nicht, wenn Sie Ihr Ziel nach vielen Kämpfen erreicht haben und zum Beispiel in Paris angekommen sind, mit Hunderten von Problemen beschäftigen, die sich ums reine Überleben drehen: wovon Sie leben sollen, wie Sie sich mit den Menschen verständigen können, wohin Sie gehen sollen! Oder wollen Sie, kaum haben Sie die lang ersehnte Liebe gefunden, mit Ihrem Geliebten in einem kleinen Mietzimmer wohnen und von ein paar Cent leben? Oder, wenn Sie erfolgreich Karriere als Manager gemacht haben, immer einsam und allein bleiben?

Nein, das wollen Sie mit Sicherheit nicht.

Sie müssen sich also klar werden über das, was den Kern Ihres Lebenstraums ausmacht.

Der Kern ist, dass Sie ein »gesundes« und in jeder Hinsicht harmonisches Leben führen möchten.

»Herstellung von Harmonie«, das ist der Zauberstab für die Transformation und »Heilung« Ihres Lebens! Darin liegt das Geheimnis für den richtig formulierten Lebenstraum! Seine Verwirklichung und das Glück sind ein und dasselbe, wenn dieser Traum Harmonie für Ihr *gesamtes* Leben beinhaltet. In Ihrem Leben sollte alles da sein, was Sie haben möchten, und nicht nur das, was Sie sich am meisten wünschen.

Seien Sie nicht kleinlich, wenn es um Ihr neues Leben geht: Bestellen Sie gleich alles auf einmal. Nehmen Sie alle Facetten Ihres Lebens unter die Lupe.

Ihr Lebenstraum muss so formuliert sein, dass er Sie in eine reiche und harmonische Wirklichkeit führt.

> *»… und als Kaninchen sagte: ›Honig oder Kondensmilch zum Brot?‹, war er so aufgeregt, dass er sagte: ›Beides!‹«*
>
> Alan Alexander Milne, *Pu der Bär*[6]

Schieben Sie es nicht auf die lange Bank, überlegen Sie es sich am besten gleich: Wie, wo und mit wem möchten Sie leben, was möchten Sie haben, womit wollen Sie sich beschäftigen, welchen Lohn oder welches Einkommen erhalten? Stellen Sie, zumindest gedanklich, eine Liste von all dem zusammen, was Ihnen für die Organisation eines harmonischen und folglich glücklichen Lebens unabdingbar erscheint.

Eine Wohnung? Ein Auto? Eine gut bezahlte und interessante Arbeit? Eine bessere Gesundheit? Urlaub an den besten Kurorten der Welt? Ein großes Wochenendhaus auf dem Land? Gute Freunde? Ein Partner? Gesunde, fröhliche und kluge Kinder?

Was noch?

Tragen Sie, ohne zu zögern oder zu zweifeln, alles in die Liste ein, was Sie für notwendig halten. Die einzige Bedingung lautet: Ihre Forderungen müssen für Sie realistisch sein. Und das bedeutet, dass sie dem Maßstab Ihres Schicksals entsprechen müssen. Wenn Sie Geld brauchen, sollten Sie nur so viel »bestellen«, wie Sie wirklich zum Leben brauchen, und nicht eine Million Dollar oder mehr. Wenn Sie Ingenieur von Beruf sind und eine gute Arbeit möchten, dann sollten Sie nicht von einem Posten als Direktor einer großen Fabrik träumen. Wenn Sie eine Wohnung brauchen, dann denken Sie nicht an eine Villa im protzigsten Reichenviertel.

Dabei geht es gar nicht darum, dass sich nicht auch ein fantastischer Traum verwirklichen könnte, im Gegenteil (es würde allerdings bei *für Sie* unangemessenen Forderungen zu lange dauern). Das Problem liegt eher darin, dass dann Ihre Unversehrtheit gefährdet wird. Das energetische Informationsfeld jedes Menschen hat eine bestimmte vorgegebene Kapazität, die den Maßstab der Persönlichkeit bestimmt, das heißt die Fähigkeit, mit Dingen, Geldsummen und sozialen Beziehungen einer bestimmten Ebene umzugehen. Wenn Sie Dinge in Ihr Leben einladen, denen Sie nicht gewachsen sind, dann bewirken diese eine Verzerrung Ihres Energiefeldes, und Krankheiten, Traumata, Unannehmlichkeiten, Konflikte, Skandale und heftige Auseinandersetzungen sind die Folge. Daher sagt man auch: Schuster, bleib bei deinen Leisten.

»›Es ist eine Tatsache‹, sagte Kaninchen. ›Du sitzt fest.‹

›Das kommt alles daher‹, sagte Pu verärgert, ›dass man Vordereingänge hat, die nicht groß genug sind.‹

›Das kommt alles daher‹, sagte Kaninchen streng, ›dass man zu viel isst. Ich dachte vorhin schon‹, sagte Kaninchen, ›wollte aber nichts sagen‹, sagte Kaninchen, ›dass da einer von uns beiden zu viel isst‹, sagte Kaninchen, ›und ich wusste, dass ich nicht derjenige war …‹«

Alan Alexander Milne, *Pu der Bär*[7]

Lassen Sie sich Zeit, beginnen Sie mit dem, was Sie wirklich so brauchen wie die Luft zum Atmen. Wenn Ihr Leben (und das energetische Informationsfeld) das aufnimmt, dann wachsen Ihre Kräfte und Ihre Erfahrung, und das Energiefeld erweitert sich. Erst dann kann man auch über mehr, über größere Summen oder einen Aufstieg auf der sozialen Leiter nachdenken. Vielleicht wollen Sie all das dann ja aber gar nicht, weil Sie glücklich sind mit dem, was Sie haben …

Jetzt ist der Moment gekommen, die ketzerische Frage zu stellen: »Sind wir eigentlich verrückt geworden? Ist die Erfüllung eines Lebenstraumes, in dem alles enthalten ist, denn überhaupt möglich?«

Lassen Sie uns ein wenig darüber nachdenken!

Die Wirklichkeit des »Unmöglichen«

»›Ach, dagegen lässt sich nichts machen‹«, sagte die Katze, ›hier sind alle verrückt. Ich bin verrückt. Du bist verrückt.‹
›Woher weißt du denn, dass ich verrückt bin?‹, fragte Alice.
›Musst du ja sein‹, sagte die Katze, ›sonst wärst du doch gar nicht hier.‹«

Lewis Carroll, *Alice im Wunderland*[8]

Wenn wir etwas haben wollen, das wir noch nie hatten, dann müssen wir ein wenig »verrückt« werden. Wir müssen anfangen zu denken und zu handeln, wie wir noch nie gedacht und gehandelt haben. Wir müssen über das hinausgehen, was wir in diesem Augenblick sind.

Jeder von uns lebt in einer Welt von sehr persönlich geprägten Vorstellungen. »So ist das Leben, da kannst du nichts dran ändern.«, »So darf er nicht reden!«, »Dieser Lohn ist mehr als eine Schande.«, »Entweder Freund oder Feind.« »Müh und Fleiß bricht alles Eis.«, »Wenn man dich beleidigt, gib dasselbe zurück.«, »Ich muss das jeden Tag tun.« Und so weiter und so fort. Der Mensch lebt wie ein vorprogrammierter Biomechanismus. Die Rufe des Lebens beantwortet er mit einer Auswahl von streng festgelegten Verhaltensreflexen. Er schaut nie zu einer Seite, die laut »Programm« nicht vorgesehen ist. Er lässt tausend wunderbare Gelegenheiten, sein Leben zu verwandeln, ungenutzt verstreichen. Er war der nachgiebige Lehm in den Händen vieler, vieler Leute – der Eltern, der Erzieher, der Lehrer, älterer Freunde und Kollegen –, die ihn gelehrt haben, nach dem »richtigen« Schema zu leben und zu arbeiten. Und seit sich die entstandene Form gefestigt hat, sieht, hört und fühlt er gar nicht mehr, was »sich nicht gehört« oder »nicht nötig ist«.

Oft geschieht Folgendes: Im Laufe eines Tages folgt der Mensch unentwegt, fast unbewusst und freudlos den in ihm angelegten Lebensalgorithmen. Automatisches Aufstehen am Morgen, Morgengymnastik, Dusche, mechanisch verrichtete Arbeit, dann schnell wieder nach Hause, dort der alltägliche Stress und die funktionale, gefühllose Erfüllung der familiären Pflichten … Wenn es gelingt, alles so zu tun, »wie es sich gehört«, dann fällt er abends sehr müde und zufrieden aufs Sofa vor dem Fernseher und döst mit einem Seufzer der Erleichterung ein. Wenn aber auch nur die kleinste Sache schiefgeht, wirft ihn das völlig aus der Bahn,

 Akzeptiere deine inneren Überzeugungen nicht blind als gegeben. Überprüfe ihre Richtigkeit und revidiere sie, falls notwendig. Dann wirst du verstehen, was dich festhält.

Wie oft verhindern unsere inneren Überzeugungen, dass wir unsere Flügel ausbreiten! Lügnerische Vorurteile, ungerechtfertigte Ängste und begrenzende Vorstellungen peinigen uns, lauter Sätze wie »Das ist gut und das schlecht«, »So und nicht anders«, »Ich muss«, »Ich darf nicht«, »Ich kann nicht«, »Das ist schlecht«. In bestimmten Lebensphasen mögen sie unumgänglich, nützlich und richtig sein. Aber dann kommt die Zeit, wo sich alles ändert: Was uns einmal geholfen hat, uns zu entwickeln und tapfer unseren Weg zu gehen, verwandelt sich in etwas, das unsere Kräfte bindet. Diese Überzeugungen zapfen unserem Lebensfeld die Energie ab, ständig geben wir ihnen etwas von unserer Energie. Damit wir auf dem von uns gewählten Weg weitergehen können, müssen wir diese Überzeugungen überwinden. Das scheint jedoch fast unmöglich. Wenn andere diese Zapfstellen gebaut hätten, dann würden wir sie empört mit einer kräftigen Handbewegung beiseitefegen: »Sag mir gefälligst nicht, wie ich zu leben habe!« Sagen wir aber zu uns selbst: »Ich kann nicht!«, wie sollen wir dann können?

Um uns von unseren Begrenzungen zu befreien, müssen wir uns verändern, wir müssen anders denken lernen. Der erste Schritt auf dem Weg zum Erfolg in dieser Hinsicht ist, dass wir uns selbst zuhören und verstehen, was uns festhält.

und seine Ruhe ist dahin: Sorgen, Zweifel, Ängste überwältigen ihn …

Geben Sie zu: Das ist kein Leben. Ein solcher Mensch lebt nicht, er *passt sich an*, und deshalb ist er zutiefst unglücklich. Meinen Sie, er kann an eine glückliche Veränderung seines Lebens glauben? Wird er sich etwa trauen, es zu verändern? Ein Nachdenken darüber führt ihn unausweichlich zu dem Schluss: »Bin ich denn verrückt? Das ist nicht möglich!«

Uns interessiert die harmonische, glückliche Wirklichkeit unserer Bestimmung, zu der uns unser Lebenstraum führt. Stellen wir uns einmal folgende Frage: »Gibt es eine solche Wirklichkeit?« Unsere Überzeugungen, Prinzipien und Vorstellungen – alles, was in uns den sogenannten gesunden Menschenverstand bildet – flüstern uns ins Ohr: »Du warst noch nie in einer solchen Wirklichkeit! Du hast sie weder je gesehen noch erlebt! Es kann sie gar nicht geben!«

Es ist natürlich schwer, sich vorzustellen, dass wir alles in unserem Leben haben könnten. Erfolg, einen guten Familienzusammenhalt, treue Freunde, eine interessante Arbeit, eine noch interessantere Freizeit, Reisen in ferne Länder, tolle Erlebnisse, wundersame Wandlungen … Kurz gesagt: ganz vieles von all dem, was einen Menschen glücklich macht. Es ist schwer, sich ein Leben vorzustellen, in dem Ärger und Unbilden fehlen und in dem wir keine Gegner haben. Natürlich gibt es Ärger und Unbilden! Aber stellen Sie sich ein Leben vor, in dem Sie – wie mein guter Bekannter Michail Veller in einem seiner Bücher schrieb – »ohne Regenschirm trocken durch den Regen gehen«. Sie lösen alle Widersprüche mit Leichtigkeit, Sie haben keine Feinde und erleben keine Verluste. Nennen Sie mir einen absoluten und unwiderruflichen Beweis dafür, dass ein solches Leben nicht möglich ist. Was widerlegt auf überzeugende Weise, dass Sie in einer glücklichen, harmonischen Wirklichkeit, frei von allen Unannehmlichkeiten, leben könnten?

Es gibt keinen solchen Beweis, und Sie können es nicht widerlegen.

> *»Jonathan sprach von einfachen Dingen – dass Möwen zum Fliegen da sind, dass die wahre Natur ihres Wesens Freiheit ist, dass sie alles, was dieser Freiheit im Wege steht, abtun müssen, Sitten und Bräuche und jegliche Bedrängnis.«*
>
> Richard Bach, *Die Möwe Jonathan*[9]

Und wenn wir nun unsere ganze mentale Ausrichtung fallen-lassen, dann spüren wir, dass wir schon immer in der Wirklichkeit des »Unmöglichen« lebten und es auch jetzt tun. Sie ist noch nicht in Erscheinung getreten, aber sie bedrängt uns von allen Seiten, sie durchdringt uns, umhüllt uns, umarmt uns. Sie ist um uns, sie existiert für jeden von uns und ist für jeden einzigartig, besonders, *individuell*. Wir gehören zu ihr, und sie ist jederzeit bereit, unsere aktuelle Wirklichkeit durch sich zu ersetzen. Verstehen Sie? In jedem Moment, innerhalb einer Sekunde, kann sich alles für Sie auf die glücklichste Weise verwandeln! Dafür müssen Sie nichts tun. Sie müssen nur die Welt mit anderen Augen betrachten. Dann werden Sie auf die natürlichste Weise anders leben und handeln. Sie werden »zum Fliegen da« sein, und das Unmögliche wird möglich für Sie.

»Na gut«, sagen Sie, »wenn nichts beweist, dass eine reiche und harmonische Wirklichkeit ein Mythos ist, dann nehmen wir mal an, sie existiert. Aber was soll ›anders leben und handeln‹ heißen? Es ist zweifelhaft, dass ein Lebensalgorithmus existiert, bei dem sich eine Wirklichkeit des ›Unmöglichen‹ manifestiert. Wir sind ihm bisher nicht begegnet, also gibt es ihn auch nicht!«

Und wieder antworte ich Ihnen mit denselben Fragen, die ich bereits gestellt habe. Nennen Sie mir einen absoluten und unwiderruflichen Beweis dafür, dass ein solcher Algorithmus nur Geschwätz oder ein reines Märchen ist. Gibt es etwas, das die Existenz eines *Weges*, der zu Ihrer glücklichen, harmonischen Wirklichkeit führt, auf wirklich überzeugende Weise widerlegt?

Es gibt keinen solchen Beweis, und Sie können es nicht widerlegen.

»Die Kunst des Fliegens ist real und jederzeit für jeden erlernbar, dem der Sinn danach steht; das hat nichts mit der Zeit zu tun.«

Richard Bach, *Die Möwe Jonathan*[10]

Der Weg zur Wirklichkeit des »Unmöglichen« und ihre Manifestation existieren. Sie halten ein Buch in den Händen, in dem die Grundprinzipien für eine *konstruktive Lebensstrategie* dargelegt sind. Das genau ist der Algorithmus für die Verwirklichung Ihres Lebenstraums. Lesen Sie weiter. Schritt für Schritt, von Kapitel zu Kapitel, wird jeder von Ihnen ganz natürlich, spontan und auf seine individuelle Art und Weise seine *persönliche* glückliche Wirklichkeit manifestieren. In Wahrheit ist sie ja längst dabei, sich zu formen. Ich sagte schon: Wenn Ihr Glaube Ihnen dieses Buch in die Hände gelegt hat, dann hat die Transformation bereits begonnen. Es kann sehr gut sein, dass Ihre Schiffe das Ufer mit wehenden Segeln erreichen und sich Ihre Träume in Leben verwandeln, sobald Sie das Buch fertig gelesen haben.

Daher wollen wir jetzt die Grundprinzipien für die Verwirklichung des »Unmöglichen« studieren. Davor allerdings wollen wir behandeln, was sozusagen die »Lokomotive« bildet, die die Bestandteile unseres Lebens in die glückliche Wirklichkeit fährt. Es geht daher zunächst um die Grundlage des Lebenstraums, die Grundlage für das ersehnte Glück, die »Bestimmung« heißt.

Kapitel II

Seien Sie sich der hohen Bedeutung Ihres Lebens bewusst

Was ist der Sinn Ihres Lebens?

> *»An Gott zu glauben, ist unmöglich. Nicht an ihn zu glauben, ist absurd.«*
>
> Voltaire

Meist beginne ich Heilbehandlungen mit einem vertraulichen Gespräch mit dem Patienten. Die erste Frage, die ich dem Kranken stelle, lautet dann: »Was meinen Sie, was ist der Sinn Ihres Lebens? Warum sind Sie auf die Erde gekommen, wozu leben Sie?« Das tue ich aus gutem Grund: Hinter jeder – egal, ob physischen oder psychischen – Krankheit steckt eine unvollkommene (oder besser gesagt: »eingeschränkte«) *Sicht auf das Leben*. Die Antworten auf meine Frage fallen sehr unterschiedlich aus. Die einen sprechen von Selbstverwirklichung in jeder Hinsicht, andere davon, dass sie einen Sinn darin sehen, Nachwuchs zu haben: »Man muss seine Kinder aufziehen und gut erziehen!«. Andere wieder sagen ganz einfach: »Ich will alles vom Leben, was ich kriegen kann!«. Egal, wie hoch oder wie niedrig die Lebensziele meiner Patienten auch gesteckt sein mögen, ihre

Antworten decken nicht den wahren Sinn des menschlichen Lebens auf. Und darin liegt die Ursache allen Leidens. Außerdem auch der Grund dafür, dass sich ihre Träume nicht erfüllen.

Der Weg zur Gesundheit und der Weg zu einem »gesunden« Leben beginnt mit dem rechten Verständnis dessen, wie die Welt beschaffen ist, und mit der eigenen Rolle in dem unendlichen Lebensstrom. In dieser Welt ist alles eins, alles ist in einer unendlichen Vielzahl von energetisch-informatorischen Verbindungen miteinander verknüpft. Noch dazu haben die Wissenschaftler schon vor geraumer Zeit verstanden, dass unser Universum nach dem Prinzip eines Hologramms aufgebaut ist. Das bedeutet, dass jeder seiner Punkte die Information über das große Ganze in sich trägt. Verstehen Sie, was das bedeutet? Jeder Mensch, jedes Teilchen seines Körpers, jedes noch so kleine Fragment seines inneren Ichs weiß alles! Über die gesamte ihn umgebende Unendlichkeit mitsamt Vergangenheit, Gegenwart und Zukunft! Und das ist noch nicht alles. Heute schon gibt es gut begründete wissenschaftliche Theorien darüber, dass die Informationsgrundlage des Weltgefüges aus dem absoluten Nichts hervorgegangen ist. Und wir müssen davon ausgehen, dass es einen höheren Willen und eine Art höheren Verstand gibt, so dass dieses »Hervorgehen« geschehen konnte. Diese beiden haben aus dem Nichts zuerst die Informationsmatrix der Welt und dann ihren materiellen »Überbau« geschaffen.

Als Bezeichnung für diesen Verstand und diesen Willen verwenden die Menschen seit Jahrhunderten das Wort »Gott«.

Der Mensch trägt jedes – kleinste oder größte – Informationsteilchen der Welt in sich. Das bedeutet, dass er Gott in sich trägt und dass er jeder beliebigen, noch so schweren oder großen Aufgabe gewachsen ist.

Wir sind Kinder des allmächtigen, allgütigen und zum Wohle aller tätigen Schöpfers, der alles vermag, der in jedem von uns existiert und den wir in uns entdecken müssen. Und wenn wir dies tun, wenn wir also unser wahres Ich entdecken, dann werden wir sowohl die Vernunft als auch die Kraft und die Macht haben, unsere Entwicklung klar auszurichten, die Geschicke der Welt zu lenken und das Böse im Namen des Guten zu besiegen.

Das höchste Ziel jedes menschlichen Wesens ist es, sich selbst zu kennen und in sich den großen göttlichen Willen und die große göttliche Vernunft zu entdecken.

Wenn es uns gelingt, dieses Ziel zu erreichen, werden wir nie mehr krank sein, und alle unsere glücklichen Träume werden Wirklichkeit.

Werden Sie eins mit Gott

> *»Es kommt nicht darauf an, ob du an Gott glaubst. Wichtig ist, ob Er an dich glaubt.«*
>
> K. S. Melichan

Zweifellos ist dieser Weg – der Weg zur Erkenntnis unseres göttlichen Ursprungs, zur Entwicklung des Göttlichen in uns – außerordentlich schwer. In meinen früheren Büchern habe ich in groben Zügen eine Vorstellung davon gegeben. Das übersteigt die Kräfte von so manchem, auch weil es uns aus dem Alltagsleben mit seinen ganz aktuellen Gegebenheiten herausholt und uns dazu zwingt, unsere Gewohnheiten, Wünsche, Lebensumstände und innersten Neigungen aufzugeben, was fast unmöglich scheint. Aber wie leben wir, wenn wir diesen Weg nicht einschlagen, und was können wir erreichen? Wir sagten es bereits: Unsere begrenzten Vorstellungen von der Welt und den Menschen hindern uns daran, in unserem Leben die Wirklichkeit unseres Lebenstraums zu erkennen und wahr werden zu lassen. Sie sorgen für eine unendliche Vielzahl an Problemen, Unannehmlichkeiten und Nöten. Lassen Sie uns einmal genauer hinschauen, wie das vor sich geht.

Wir sind Bewohner des Universums, unser Zuhause ist die ganze Welt. Das eigentliche Problem liegt darin, dass wir uns dessen nicht bewusst sind. Das Bewusstsein des Menschen ist sozial bedingt. Das bedeutet, dass sich der Mensch nicht als Unendlichkeit sieht, sondern als Teil seines sozialen Umfelds. Darin bildet er den kleinen, engen Raum des menschlichen Ego aus.

Die Unendlichkeit Mensch wird so zu einem fest umgrenzten Umfang von Schwingungen. Er trennt sich von der Einheit mit dem allumfassenden Dasein ab (in dem sich viele, viele andere Menschen befinden) und ist nicht mehr frei, sondern begrenzt. Sein »Wohnareal« ist über die Maßen verengt. Er stellt so etwas dar wie einen Einsiedlerkrebs, der sich in der Muschel stereotyper Vorstellungen vor der »gefährlichen« Vielfalt der Welt versteckt. Was aber könnte verletzlicher sein als das Häuschen eines Einsiedlerkrebses? Aus der schützenden Hülle seiner Muschel kann der unglückselige Krebs kaum herausschauen. In der endlosen Masse der ständig wechselnden äußeren Ereignisse fällt es ihm sehr schwer, die eigentliche Gefahr zu erkennen. Außerdem kann er, falls ihm das Häuschen einmal keinen Schutz bieten sollte, nicht aus ihm fliehen.

Dieses »Muschel-Ego« leistet dem Menschen einen ausgesprochen schlechten Dienst. Erstens verengt und verzerrt es seine Sicht auf die Welt. Und schon hat er nicht die Kraft, eine echte Gefahr von einer nur scheinbaren zu unterscheiden und zu erkennen, was schlecht ist, die Gesundheit zerstört und die Möglichkeiten der eigenen Bestimmung dezimiert, und was Gutes bringt, heilt und Glück herbeiführt. »Mit den Ohren werdet ihr hören, und werdet es nicht verstehen; und mit sehenden Augen werdet ihr sehen, und werdet es nicht vernehmen«, grämte sich Jesus über die Menschen (Matthäus 13,14). Zweitens hindern die engen Grenzen des Ego den Menschen daran, seinen Nächsten zu verstehen: Er kann sich nicht in ihn hineinversetzen. Und schon beginnt er zu urteilen. Und wird ärgerlich. Und zornig. Und schreit irgendwann los … Dabei entstehen schlechte Schwingungen und eine negative Ausrichtung gegenüber den fremden »Muscheln«, und das macht ihn extrem verletzlich. Und warum? Weil Gleich und Gleich sich gern gesellt. In dem Augenblick, wo wir böse werden, dringt auch noch fremde Wut in uns ein wie ein Einbrecher ins eigene Haus, verstärkt alles, was an Negativem in uns vorhanden ist, und greift unsere psychische und physische Gesundheit an.

Und noch etwas. Die Normen, Vorstellungen, Überzeugungen und Wünsche des Ego zwingen uns zu einem äußerst angespannten Leben. Sie jagen uns förmlich – weiter, schneller, höher, stärker! – durchs Leben, aber damit kommen wir nicht zurecht, das schaffen wir nicht. Ein ungünstiger Verlauf der Dinge, die Unabdingbarkeit, schwierige, verantwortliche Entscheidungen zu treffen, die Notwendigkeit, um jeden Preis einen Konkurrenten zu übertreffen, einen Vorsprung zu gewinnen, oder verpasste Gelegenheiten beunruhigen uns und bringen uns dazu vorwärtszustürmen. Wir leben unter schrecklicher Anspannung und strahlen in riesigem Umfang negative Gedanken und Emotionen aus.

Und damit verletzen wir uns und alle, auf die wir sie lenken …

Unsere Aufgabe ist es, die Grenzen unseres Ego nach Kräften auszudehnen, unser Bewusstsein zu erweitern und uns die Unendlichkeit und den Einfluss unseres Schöpfers bewusst zu machen. Wie aber können wir das tun, wenn der Weg der geistlichen Selbstverwirklichung doch nur wenigen vorbehalten ist und wir ein gewöhnliches »weltliches«, ruhiges und glückliches Leben führen und führen möchten?

Die Antwort auf diese Frage ist einfach.

Gerade unser Alltagsleben ist der Weg zu Gott, zur Erkenntnis unserer göttlichen Möglichkeiten, ob wir das nun wollen oder nicht. Wir setzen uns ein Ziel und bewegen uns auf dieses hin. Wir versuchen, unsere Wünsche, von denen wir immer jede Menge haben, zu verwirklichen. Wir lernen, eignen uns verschiedene Arten von Tätigkeiten an, reisen, kämpfen, verlieben uns. Wir erleiden Niederlagen und siegen; wir erkranken und überwinden die Krankheiten; wir gewinnen etwas und verlieren es wieder … Wir leben. Und innerhalb dieses Karussells (oder im Auge des Sturms, in dem es niemals absolut ruhig zugeht) erlangen wir unsere unschätzbare Erfahrung. Sie verändert unsere Vorstellungen von der Welt, unsere Beziehung zu Menschen und zu uns selbst. Immer wieder zwingt sie uns, alles um uns herum mit neuen Augen zu betrachten. Sie gibt uns eine ungeahnte Kraft, schenkt uns Fähigkeiten, die wir nie zuvor hatten. Sie macht uns weiser. Sie erweitert die Grenzen unseres Ego, erweitert unser Bewusstsein.

Und genau das ist der Weg zu unserer geistlichen Selbstverwirklichung, zu Gott.

Das Leben selbst ist die wunderbare Möglichkeit, in uns und außerhalb von uns Gott zu entdecken.

Etwas anderes ist es, dass wir oft unbewusst, also irgendwie handeln. Mit Elan verlieren wir uns in Zweckdienlichem, ändern chaotisch die Richtung, rennen mit dem Kopf durch die Wand, bleiben irgendwo unsicher stecken. Irgendwo anders wieder vergeuden wir unsere Kräfte und halten uns ewig an Orten auf, die nicht unbedingt günstig für uns sind. Wenn wir dagegen jeden Schritt bewusst tun, jedes eigene Wort und jede eigene Tat in Zusammenhang damit sehen, dass das menschliche Leben einen höheren Sinn hat, dann ändert sich plötzlich alles. Denn Gott führt uns alle an der Hand. Seine Wege sind unsere Wege. Seine Ziele sind unsere Ziele. Seine Bestrebungen sind die Grundlage für unsere Wünsche und Neigungen. Wir müssen nur in uns hineinhorchen und begreifen, was wir – und Er! – wirklich brauchen.

Was aber ist dann der erste Schritt auf diesem Weg?

Treffen Sie bei jedem Ihrer Vorhaben Ihre Entscheidung zugunsten des Allerhellsten, Reinsten und Höchsten, das in Ihnen steckt. Das ist nicht nur der Anfang Ihres Weges zu sich selbst, es ist auch der Anfang Ihres direkten, erfolgreichen Weges zu Ihrem Lebenstraum und die Grundlage für jedes richtige und effektive Tun. Alles andere führt früher oder später zu Enttäuschungen, zum Scheitern von Plänen und zu Not. Treffen Sie Ihre Wahl zugunsten des Besten, das Sie vollbringen können, und tun Sie es. Dann werden die Wege, die Sie im Leben einschlagen, Sie direkt zum Erfolg führen. Schließlich leben wir in einem von Gott gemachten Universum, und unser Leben unterliegt dem großen Gesetz der Entsprechung: Unsere Wege und Vorhaben stimmen immer mit Seinen Bestrebungen überein. Wenn wir Hand in Hand mit Ihm gehen und versuchen, mit Ihm Schritt zu halten (was bedeutet, dass wir nach bestem Verständnis und nach besten Kräften versuchen, so gut zu handeln, wie es uns nur möglich ist), dann sichern wir uns eine so starke Unterstützung, wie sie uns niemand sonst auf dieser Welt geben kann.

Können wir dann etwa scheitern auf unseren Wegen? Kann dann etwa Platz sein in unserem Leben für Einsamkeit, Abwesenheit von Liebe, Elend, Zwietracht und Feindschaft? Nein! Der Weg Gottes ist der Weg, auf dem wir in allen Bereichen des menschlichen Lebens Harmonie erlangen. Und unsere Träume handeln, wie gesagt, genau davon.

Wenn wir beginnen, mit dem Bewusstsein zu leben, dass es das wundersame Phänomen der höheren Präsenz gibt, dann bekommen wir die Möglichkeit, Ihn zu suchen und um Rat zu fragen, Ihn um Hilfe zu bitten und sie zu bekommen. *Und dann wird zu einem von uns ein Gebet kommen, ein anderer wird sich womöglich in eine Meditation versenken* … Wenn es Ihnen schlecht geht und Sie vieles in Ihrem Leben verändern müssen, dann ziehen Sie sich bitte zurück, beruhigen Sie sich, entspannen Sie sich. Versuchen Sie, die unruhigen Gedanken loszulassen und *beten Sie* (selbst wenn Sie militanter Atheist sind!) oder bitten Sie um Rat … Schließlich haben Sie einen – sehnlichen, glücklichen – Lebenstraum, der sich anscheinend partout nicht verwirklichen lässt. Sagen Sie im Stillen: »Was soll ich tun?«, berichten Sie von Ihrer Schwierigkeit. Tun Sie sich diesen Gefallen: Lassen Sie sich von dem größten Wunder dieser Welt berühren. Wer urteilt über Sie, wer ohrfeigt Sie? Niemand außer Ihnen selbst. Fragen kostet nichts. Wenden Sie sich mit offenem Herzen und mit guten Absichten an Gott, lassen Sie alle Vorurteile, Vorstellungen und kategorischen Verneinungen fallen wie alte Kleider. Dann erfüllt sich das Versprechen von Christus: »Bittet, so wird euch gegeben; suchet, so werdet ihr finden, klopfet an, so wird euch aufgetan« (Matthäus 7,7).

Werden Sie eins mit Gott, sichern Sie sich die Unterstützung und den Rat dieser höchsten Macht. Das ist der Garant für den Erfolg auf dem Weg zum Lebenstraum.

 Glaube an die Kraft des Allerhellsten, Reinsten und Höchsten, das in dir enthalten ist. Diese Kraft schützt dich auf allen Wegen deines Lebens. Sie führt dich ins Licht, wenn du dich in der Dunkelheit verlaufen hast. Sie hebt dich auf, wenn du gefallen bist. Und sie verwandelt dich, dein Leben und die Welt um dich herum auf wundersame Weise, wenn du dich an sie wendest und sie an die erste Stelle deines Lebens setzt.

Lasst uns das nicht vergessen und immer daran denken. Dann wird zu einem von uns ein Gebet kommen, ein anderer wird sich womöglich in eine Meditation versenken, und wieder ein anderer wird eine Wahl treffen zugunsten des Besten, was er tun kann, und sich abwenden von dem, was unterhaltsamer, aber deutlich ungünstiger ist. So wird die Flamme des geistigen Strebens, die in jedem Menschen vorhanden ist, hell und klar brennen. Diese Flamme kann Wunder vollbringen.

Entdecken Sie Ihre Bestimmung

»Keine Tätigkeit kann von Dauer sein, wenn ihr nicht das inne-re Interesse des Menschen zugrunde liegt.«

Lew N. Tolstoi

Unsere Welt ist ein komplexes Gebilde, und unser Schicksal ist mitunter nicht vorhersehbar. Wir können die Folgen unserer Handlungen nicht vorhersehen, manchmal können wir nicht wissen, ob wir richtig handeln, und machen Fehler. Wir sehen und wissen *nicht alles* (auch wenn, wie schon erwähnt, die göttliche Fähigkeit zu der herrlichen, unfehlbaren Spontaneität des Handelns in uns angelegt ist). Gerade deshalb können viele von uns die Wirklichkeit des »Unmöglichen« nicht erkennen und ihren Lebenstraum nicht verwirklichen. Aber hören Sie mit dem Glauben an den höheren Willen und die höhere Vernunft in die Stille Ihres Herzens hinein. Sie werden sehen: Für jeden von uns gibt es einen Leuchtturm, der unablässig unseren Lebensweg beleuchtet. Es ist ein Leitstern, der uns beständig in jeder Sekunde den rechten Weg zeigt. Wenn Sie sich in der angezeigten Richtung bewegen, werden Sie alles finden, wovon Sie träumen.

Was für ein Leuchtturm, was für ein Leitstern soll das sein?

Auf der Erde herrscht ein besonderes psychologisches Gesetz: Die Menschen sind von Gott so geschaffen worden, dass jeder von ihnen eine Bestimmung hat. Das ist das Eigentliche im Leben – der Beruf, die Beschäftigung, die Art von Tätigkeit, nach der sich die individuelle Seele sehnt. Jeder Mensch verfügt über genau die »Werkzeuge« (die physischen Voraussetzungen, die intellektuellen Fähigkeiten, den Charakter, das Temperament, die Fertigkeiten und Talente), die sich in der Verwirklichung seiner Bestimmung am effektivsten entfalten. In jeder anderen Tätigkeit sind sie längst nicht so wirksam wie in dem, was für sein Leben von eigentlicher Bedeutung ist. Wenn jemand genau das tut, dann handelt er mit Begeisterung. Und alle Arbeit, die er dabei leistet, verläuft, mitsamt Energie- und Kraftaufwand, für ihn natürlich. Sie ist dann keine Sache, sondern eine Lebensweise. Von einer solchen Arbeit, die noch so schwer oder kompliziert sein kann, wird man nicht krank oder »sterbensmüde«. Wenn aber jemand nicht das tut, was für ihn bestimmt ist, dann leidet er, quält sich, und es geht ihm schlecht. Wer als Denker erschaffen wurde, flieht vor harter körperlicher Arbeit. Wer physisch stark und dazu in der Lage ist, langwierige körperliche Anstrengungen aufzubringen, wird sich kaum freudig hinsetzen, um ein Traktat über den Sinn des Lebens zu schreiben. Jemand, der von Natur aus Geschäftsmann ist, wird weder philosophischen Beschäftigungen anhängen noch gern Waren irgendwo auf- oder abladen … Die alten indischen Weisen nannten die Bestimmung das »Gesetz« des menschlichen Lebens. Nicht umsonst sagten sie: »Das eigene Gesetz ist das beste, selbst wenn es schlecht befolgt wird. Jedes fremde ist gefährlich.«[11]

Einmal kam eine Frau mit einer schweren Depression zu mir in die Praxis.

»Ich weiß nicht, was mit mir los ist«, sagte sie, »ich weine und weine, jeden Tag fließen die Tränen …«

Als wir uns ein wenig unterhielten, erfuhr ich, dass sie von Beruf Historikerin und Archivarin war. Sie liebte diese Arbeit sehr und übte sie mit Freude und Begeisterung aus. Aber dann änderten sich die Zeiten, ihre Stelle fiel einer Kürzung zum Opfer. Da beschloss sie, Kosmetikvertreterin in einem Marketing-Netzwerk zu werden. Und was geschah? Sie konnte mit den Leuten nicht so umgehen, wie es die neue Arbeit erforderte. Sie blieb auf ihrer Ware sitzen. Jeder Kontakt mit einem potenziellen Kunden versetzte sie in Stress. Abends kam sie nach Hause, legte sich – müde, zerschlagen und krank – ins Bett und weinte. Und sie wusste keinen Ausweg aus ihrer Lage.

»Hören Sie«, sagte ich, »Sie haben die falsche Tätigkeit. Sie entspricht Ihnen nicht, lassen Sie sie sein. Ihre Bestimmung liegt nicht darin, Geschäfte zu machen. Finden Sie eine Arbeit, die Ihnen am Herzen liegt. Vielleicht etwas, das mit Sachbearbeitung oder Bibliothekswesen zu tun hat. Sobald Sie sich dazu bekennen, werden Sie die richtige Beschäftigung finden, und Ihr Leben kommt wieder in Ordnung.«

Nach der Heilbehandlung gingen wir auseinander. Zwei Wochen später rief meine Patientin bei mir an und teilte mir fröhlich mit:

»Jetzt arbeite ich schon seit zehn Tagen als Sachbearbeiterin bei einer Firma! Die Arbeit gefällt mir, es geht mir blendend! Haben Sie Dank!«

Es kann vorkommen, dass die unentbehrlichen Qualitäten nicht genügend entwickelt sind. Wenn jemand jedoch seine Bestimmung erkannt hat und die akute Notwendigkeit verspürt, sie zu entwickeln, dann wird er sich leicht verwirkli-

chen. Einer meiner Patienten, ein 30-jähriger Mann von ath-
letischem Körperbau, arbeitete seit einigen Jahren als
Ingenieur in einem Forschungsinstitut. Er war unglücklich.
Im Privatleben funktionierte nichts, er erkältete sich oft und
war dann lange krank, häufig entzündete sich ein chronischer Herpes auf den Lippen. Während der Heilbehandlung
erkannte ich, dass er von Natur aus ein Kämpfer, ein Kraft-
mensch war, und riet ihm, sich mit fernöstlichen Kampf-
künsten zu befassen. Er befolgte meinen Rat und erreichte
binnen kürzester Zeit hervorragende sportliche Ergebnisse
(da ist sie: die Fähigkeit, die Qualitäten, die für die Verwirklichung der eigenen Bestimmung unabdingbar sind, schnell
zu entwickeln). Danach ordnete er sein Leben ohne mein
Dazutun selbst. Er erhielt eine Lizenz als Wachmann, kündigte bei seinem Forschungsinstitut, arbeitete eine Zeit lang
für einen Wachschutz und wechselte dann zur Polizei. Jetzt
hat er eine glückliche Familie und zieht einen Sohn groß,
Erkältungen und Herpes gehören der Vergangenheit an.

Jetzt müsste eigentlich klar geworden sein, warum ich die
Bestimmung im ersten Kapitel als »Lokomotive« bezeichnet
habe, die die Bestandteile Ihres Lebens in eine glückliche
Wirklichkeit transportiert. Unsere Bestimmung lässt uns immer das Ziel vor Augen haben. Wir lernen neue Tätigkeiten,
erwerben unabdingbare Fertigkeiten. Wir versuchen etwas
zu erreichen, zu erschaffen, zu vollenden. Nun müssen wir
noch das Haus bauen, den Baum pflanzen, das Kind großzie-
hen oder das Buch schreiben … Wenn das Ziel da ist, stehen
auch die Mittel zur Verfügung – das Geld, die Apparaturen,
die Werkzeuge und Vorrichtungen, sozialen Beziehungen,

unerwarteten Möglichkeiten und Perspektiven. Alles ordnet sich nach und nach zu dem harmonischen Ganzen der »unmöglichen« Wirklichkeit.

Verlieren Sie sich nicht bei der Wahl des Eigentlichen

»Der Mensch muss dem Klang der Zeit lauschen und seinen Weg gehen.«

Michail Prischwin

Nun wissen wir also, wie wir das Eigentliche in unserem Leben, wie wir unsere Bestimmung suchen müssen. Dabei müssen wir jedoch auf Folgendes achten: Es kann passieren, dass uns auf dieser Suche irgendwelche hartnäckigen – wenn auch immer nur flüchtigen! – Wünsche überkommen. Solche Wünsche können so stark sein, dass sie als das Eigentliche maskiert daherkommen. Lassen Sie sich deshalb Zeit und führen Sie versuchsweise folgende Meditation und Technik der Versenkung durch, die ich »Erfüllung der Wünsche« genannt habe.

Übung: Erfüllung der Wünsche

Setzen oder legen Sie sich hin, schließen Sie die Augen, entspannen Sie sich und versuchen Sie zu verstehen, was Sie beunruhigt, besorgt, beängstigt, was an Ihnen zerrt oder Sie beharrlich bedrängt. Dann stellen Sie sich vor, dass alle Ihre Probleme gelöst und Ihre Wünsche erfüllt sind, dass Sie sich in absoluter Sicherheit und in einer freundlichen, sorgenfreien Zukunft befinden. Sie und Ihre Angehörigen, um die Sie sich sorgen, sind gesund und wohlauf. Sie haben alles, was Sie brauchen; für Sie ist gesorgt. Sie besitzen die Vorzüge und Eigenschaften, die Sie nicht haben, aber gern besitzen möchten. Die Menschen, die Ihnen nicht wohlgesinnt waren, sind zu Ihren Freunden geworden oder gar nicht mehr da. Lassen Sie alles los, was Sie zu anscheinend unaufschiebbaren Überlegungen nötigt; alles, was nicht in umfassendem Sinn Ihr Leben betrifft. Vergessen Sie alle Kränkungen und vor allem jeden Zorn und alle Rachegefühle. Und vergessen Sie solchen »Kleinkram« wie den Wunsch nach dem Besitz teurer Kosmetik, einer hochwertigen Stereoanlage oder eines Autos (Sie haben diese Dinge bereits!). Wenn Sie sich nun in Gedanken alle Ihre Wünsche erfüllt haben, dann stellen Sie sich das Leben vor, das Sie in solchem *Wohlstand* und in einer so ausgeglichenen, ruhigen, wohlwollenden Verfassung führen. Sie haben keine Wünsche mehr offen, alles ist gut, Sie haben alles, Sie leben im Überfluss. Und trotzdem fehlt etwas, oder?

Was fehlt, sind Sie als der Schöpfer Ihres Lebens. Was fehlt, ist Ihr Interesse für dieses Leben im Überfluss, Ihre Begeisterung am Leben, die Freude, etwas zu erschaffen. Deshalb stellen Sie sich bitte jetzt die Fragen, die Sie schon kennen: »*Was macht mir Freude? Was möchte ich gern erschaffen? Was möchte ich für andere tun? Was kann ich am besten, was tue ich gern? Was möchte ich wissen, was möchte ich – in mir und außerhalb von mir – verbessern oder verändern?*«

Im Zustand der Versenkung während der Meditation »Erfüllung der Wünsche« werden Sie garantiert wahrhaftige Antworten auf Ihre Fragen bekommen, Antworten, die nicht von flüchtigen Wünschen verfälscht sind. So werden Sie Ihre wahre Bestimmung finden.

Verirren Sie sich nicht auf Ihrer Suche, lenken Sie sich nicht mit anderem ab – tun Sie es nicht so »wie alle« und vertrauen Sie keiner fremden Meinung. Die Suche nach der Bestimmung ist Ihr zutiefst eigenes, persönliches Unterfangen. Womöglich unterscheidet es sich von denen aller Menschen, mit denen Sie zu tun haben, die Sie kennen, mit denen Sie vertraut sind, von denen Sie gelesen haben oder von denen Ihnen erzählt wurde oder die Sie im Fernsehen gesehen haben. Auf der Suche nach Ihrer Bestimmung müssen Sie Ihrer Intuition vertrauen und in sich hineinhorchen (davon, wie man das tut, wird später die Rede sein).

Nicht einmal auf die Menschen, die Sie lieben, dürfen Sie hierbei hören. Eine meiner Patientinnen beklagte sich einmal:

»Ich liebe und schätze meinen Mann sehr, aber er erniedrigt mich permanent, er bringt mich ständig zum Weinen. Ich bin Hausfrau, wir haben zwei kleine Kinder, und ich verbringe den ganzen Tag mit ihnen, gehe mit ihnen spazieren, spiele mit ihnen. Außerdem bügle ich, räume das Haus auf, koche … kurz, ich habe immerzu etwas zu tun. Und dann sagt mein Mann zu mir: ›Ich bringe das Geld nach Hause, ich arbeite, *ich bin ein Macher* (Himmel, was für ein scheußliches Wort!), während du ein Niemand bist, ohne Ausbildung, ohne Beruf. Ohne mich wärt ihr verloren. Deshalb setz dich hin und schweig!‹ Ich finde das so furchtbar beleidigend.«

»Meine Liebe«, sagte ich, »nehmen Sie diese Beleidigungen nicht persönlich. Ihr Mann verwechselt die Bedeutung von ›Bestimmung‹ und ›Beruf‹. Dabei ist das nicht dasselbe. Ihre Bestimmung sind Taten der Liebe, die Fürsorge für andere, für die Kinder und für Ihren Mann. Sie sind die Beschützerin des Herdes, die Frau und Mutter. Seien Sie stolz auf das, was Ihr Leben ausmacht, es ist von großer Bedeutung. Erzählen Sie Ihrem Mann davon. Es ist eher wahrscheinlich, dass er ohne Sie und Ihre liebende Fürsorge verloren wäre. Schützen Sie sich und gehen Sie leichten Herzens weiter auf Ihrem Weg. Früher oder später wird Ihr Mann begreifen, was Sie für ihn und Ihre Kinder bedeuten. ›Ihr seid das Salz der Erde. Wo nun das Salz kraftlos wird, womit soll man's salzen? … Ihr seid das Licht der Welt. Es kann die Stadt, die auf einem Berge liegt, nicht verborgen sein.‹ (Matthäus 5,13f.) Denken Sie an diese Worte aus der Bibel.«

Suchen Sie nach Ihrer Bestimmung, finden Sie sie um jeden Preis und folgen Sie dem Leuchtturm, den Gott für Sie aufgestellt hat, vertrauensvoll ans Licht. Dies ist der einzig wahre Weg zu Ihrem Lebenstraum.

 Wenn jemand leidenschaftlich einem Ziel zustrebt, kann er Wunder vollbringen. Finde, was dich erfüllt, finde das Leitmotiv deines Lebens.

Hört auf euch, liebe Freunde. Was macht euch Freude? Was möchtet ihr gern erschaffen? Was möchtet ihr gern für andere tun? Was könnt ihr am besten, was tut ihr gern, was möchtet ihr wissen, was möchtet ihr in euch und außerhalb von euch verbessern oder verändern? Denkt darüber nach, was das Ziel eures Lebens ist. Stellt es klar, groß und bewusst vor euch hin.

Sucht die Beschäftigung, die für euch wichtiger und interessanter ist als alles andere auf der Welt. Ein echtes, starkes, ehrliches, beständiges Interesse ist das Lackmuspapier, das Hinweisschild dafür, dass ihr auf eurer Suche auf dem richtigen Weg seid. Egal, um was es sich handelt, ihr verwirklicht euch bei dieser Tätigkeit mit der maximalen Bandbreite und Kraft, in ihr enthüllen sich die in euch vorhandenen Talente, euer kreativer Anfang. Hier seid ihr am stärksten, am erfolgreichsten und klügsten, bedeutender als ihr wärt, wenn ihr etwas anderes tun würdet. In ihr bringt ihr die äußersten Anstrengungen auf und übertrefft dabei auch schon mal eure eigenen Möglichkeiten. Ihr lebt innerlich reich und begeistert, ihr atmet frei, ihr seid glücklich. Und jeder eurer Tage wird zu einem freudigen und sicheren Schritt hin zu einer glücklichen Zukunft.

Keine Angst vor Veränderungen!

»Der Verlust eines Ziels dient einzig und allein dazu, dass man sich nun ein neues Ziel zu suchen beginnt.«

Anonym

Das kann schon passieren. Man lebt und findet sein Leben absolut gelungen, wenn auch vielleicht nicht gerade glücklich, aber doch in Ordnung und plötzlich … ganz unerwartet ändert sich etwas in einem entscheidend, die Wahrnehmung der Welt ist nicht mehr harmonisch. Man begreift plötzlich, dass man nicht dahin gegangen ist, wohin man eigentlich sollte, man hat sich irgendwann in der Wahl der Bestimmung getäuscht. Oder man entdeckt in sich eine Gabe, ein Talent, das einen auf neue Wege und zu neuen Zielen führt …

So ist es irgendwann mir ergangen. Als ich meine Gabe entdeckte, stellte sich meine innere Welt auf den Kopf. Ich wurde zu einem ganz anderen Menschen: Meine Interessen, meine Sichtweisen, meine Bestrebungen änderten sich. Ja und? Ich bekam keine Angst, verlor nicht die Fassung, erlaubte es mir nicht, unentschieden stehen zu bleiben. Ich änderte einfach entschieden mein Leben: Ich gab meine Arbeit beim Fernsehen auf (die ich gern tat, die mir gefiel und mir ein ganz ordentliches Einkommen verschaffte) und begann, mich mit der Heilkunst zu beschäftigen. Seitdem hat mein Leben – beruflich und privat – eine neue Harmonie gewonnen und ich bin wirklich glücklich.

Ein guter Bekannter von mir ist ein Profi im Literaturgeschäft, er ist Schriftsteller. Als er 35 war, hatte er als Manager auf der Karriereleiter bereits beachtliche Höhen erreicht: Man hatte ihn zum Abteilungsleiter einer großen Handelsgesellschaft ernannt. Genau in dem Moment begriff er: Er wollte und konnte gute, interessante Bücher schreiben. Er versuchte es zunächst mit einer kleinen Erzählung, die sofort in einer großen Literaturzeitschrift abgedruckt wurde … So etwas kann vorkommen: Jemand entdeckt plötzlich neue Fähigkeiten und Möglichkeiten in sich, die schon ganz und gar »ausgebildet« sind. Ohne jede Vorbereitung oder Ausbildung beginnt er die für ihn neue Arbeit auszuüben, als hätte er sie sein Leben lang getan. Das ist tatsächlich eine Gottesgabe. Mein Bekannter lehnte den neuen Posten entschieden ab, kündigte bei der Firma und widmete sich ganz dem Schreiben. Dabei hatte er schwere Zeiten durchzustehen – kein Geld und dazu Unverständnis seitens der Verwandten und Freunde, die ihn dafür verurteilten. Aber nach und nach ordnete sich sein Leben, der professionelle Erfolg kam, glückliche Wendungen im Privatleben folgten.

Welchen Schluss sollen wir daraus ziehen? Haben Sie keine Angst vor Veränderungen der Umstände, vor eigenen Fehlern oder vor etwas, das zu Ihnen kommt, obwohl Sie es nicht erwarteten und womöglich gar nicht haben wollten. Verfallen Sie nicht in Panik, suchen Sie weiter nach Ihrer Bestimmung und – wenn Sie sie gefunden haben – werden Sie ihr nicht untreu. Verraten Sie nicht Ihren Traum. Denken Sie dran: Jede Veränderung ist es wert, dass wir sie uns optimistisch anschauen.

Nicht selten kommt es vor, dass jemand ganz plötzlich begreift: Jener Leitstern, dessen Licht ihm so lange den Weg beleuchtet hat, ist erloschen, und die Bestimmung ist vollendet. Das Haus ist gebaut, der Baum gepflanzt, der Sohn erwachsen und selbstständig, das Buch geschrieben ... Was nun? Man muss sich eine neue Bestimmung suchen, ein anderes glückliches Leben finden! Hier ein charakteristisches Beispiel für eine solche Situation.

Da gibt es ein Ehepaar, das ich seit vielen Jahren kenne. Er war Parteimitglied ziemlich hohen Ranges, sie unterrichtete Marxismus-Leninismus an einer Hochschule. Dann kam die Perestroika, ihre Berufe wurden nicht mehr gebraucht, man schickte die beiden freundlich, aber bestimmt in Pension. Eigentlich war doch mit einem Mal alles, was den Sinn und Wert ihres Lebens ausgemacht hatte, kaputtgegangen. Aber sie erlaubten es sich nicht, den Kopf hängen zu lassen. Er beschäftigte sich plötzlich mit Heilkräutern, begeisterte sich außerdem für Philosophie und begann, eine Vielzahl von philosophischen Werken zu verschlingen. Sie fing an, Gedichte zu schreiben, und da sie Talent hatte, erschien bald ein Sammelband mit ihren Werken. Diese Leute erlauben es sich nicht zu murren: »Die Sowjetmacht hat uns alles gegeben, und jetzt haben wir nichts mehr ...« Sie denken nicht in diese Richtung. Sie schauen nicht zurück, sie sind den neuen Anforderungen des Lebens gewachsen. Sie haben sich ein zweites Leben aufgebaut (oder es in sich entdeckt?), und sie sind glücklich. Jetzt sind sie 76 Jahre alt und immer noch jung. Sie erleben jeden Tag als interessant, angefüllt und schön. Sie werden lange leben, denn ihr Interesse für die Welt und für das, was in ihnen steckt, nährt sie energetisch, gibt ihnen Kraft und Gesundheit.

 Keine Angst vor Veränderungen! Eine Wandlung der Umstände ist auf jeden Fall eine wunderbare Möglichkeit, einen neuen, glücklichen Lebensweg für sich zu entdecken.

Die Leute haben Recht, wenn sie sagen: »Was Gott auch tun mag, es ist immer zum Besten!« Wir dürfen keine Angst vor Veränderungen haben. Wir müssen ihnen mutig entgegentreten, uns dabei erfahren und unsere innere Welt neu entdecken und neu erschaffen. In Wandlungen geht der Mensch durch ganze Etappen der Selbstwerdung, er durchlebt neue Leben in sich und außerhalb von sich.

Äußere Veränderungen unterstützen das innere Wachstum ebenso, wie inneres Wachstum im äußeren Leben Wandlungen hervorruft. Deshalb ist ein Wechsel der gewohnten Umstände entweder ein Wink des Schicksals in dem mitunter nicht leichten Prozess unseres Werdens oder das Ergebnis unseres insgeheimen Strebens nach innerer Ausdehnung. Er bedeutet die Suche nach dem wahren Weg.

Auf alle Fälle ist er gut und nützlich. Schütze dich also ruhig, aber hab keine Angst vor Veränderungen!

Erlauben Sie sich nicht, in Unentschiedenheit stecken zu bleiben, sich zu grämen und zu verzagen. Schwören Sie nicht auf Ihr Schicksal, während Sie auf dem Sofa liegen. Bewegen Sie sich, überlegen Sie, erschaffen Sie (um ein kreatives Lösen von Problemen wird es später gehen), suchen Sie sich eine neue Bestimmung, bauen Sie sich ein neues Leben auf. Dann wird das Glück eines Tages mit Sicherheit an Ihre Tür klopfen.

Sie sind einzigartig

»Jeder Mensch hat seine Geschichte, die keiner anderen gleicht.«
Alexis Carrel

Jetzt haben wir, liebe Leser, schon ganz schön viel Arbeit hinter uns gebracht. Vieles von dem, was Sie unbedingt auf Ihrem Weg zur Verwirklichung Ihres Lebenstraums brauchen, haben Sie schon erfahren. Lassen Sie uns die Ergebnisse noch einmal aufzählen.

- Sie haben Ihren Traum formuliert und in Gedanken die Wirklichkeit des »Unmöglichen« erkannt: Ihr in allen Bereichen harmonisches, reiches und glückliches Leben.
- Sie haben eingesehen, dass die Manifestation dieser »unmöglichen« Wirklichkeit in Ihrem aktuellen Leben möglich ist und dass dem nichts im Wege steht. Damit Ihr Lebenstraum wahr werden kann, müssen Sie einfach nur dieses Buch lesen und beobachten, wie die Neuorganisa-

tion Ihrer inneren Kräfte Schritt für Schritt vonstattengeht und wie Sie sich daran gewöhnen, nur das zu tun, was Ihrem tiefsten inneren Bedürfnis entspricht.

- Sie haben verstanden, dass Sie als Pfand auf dem Weg zu Ihrem Glück Ihre Wahl zugunsten des Hellsten, Reinsten und Höchsten treffen müssen, das in Ihnen steckt. Diese Entscheidung macht Sie eins mit Gott, so dass Ihnen auf dem Weg zu Ihrem Lebenstraum die Unterstützung der höchsten Kraft der Welt zur Verfügung steht, denn Sie können Ihn um Hilfe und Rat bitten. Ihre Entscheidung führt Sie auf dem Weg zu Ihrer Selbstverwirklichung und befähigt Sie dazu, Gott in sich zu finden.

- Sie haben eingesehen, dass der Weg zu einer glücklichen Wirklichkeit über die Suche nach der Bestimmung führt (die Übung »Erfüllung der Wünsche« wird Ihnen dabei helfen). Wenn Sie Ihre Bestimmung verwirklicht haben, werden Sie zehnmal stärker, erfolgreicher, klüger und bedeutender als Sie es bei einer anderen Tätigkeit sein könnten. Wenn Sie Ihrer Bestimmung folgen, sind Sie effektiver, und Sie gehen geradewegs auf Ihr Glück zu. Jetzt wissen Sie genau, was das Eigentliche in Ihrem Leben ist.

- Sie sind überzeugt, dass Sie vor den Veränderungen der Umstände in Ihrem Leben keine Angst zu haben brauchen. Jede solche Wandlung kann eine wunderbare Möglichkeit sein, einen neuen, glücklichen Weg für das eigene Leben zu finden. Wie könnten Sie auch Veränderungen fürchten, wenn Sie sie doch durch die Verwirklichung Ihres Lebenstraums selbst in Gang setzen!

 Wenn der Leitstern erlöscht, muss man sich einen neuen suchen. Wenn es so scheint, als würden sich keine neuen Gelegenheiten bieten, um das Glück zu finden, muss man eine Gelegenheit suchen! Man muss einen neuen Himmel und eine neue Erde suchen, einen anderen Lebenssinn, ein anderes Interesse, ein anderes Ziel anstelle der verlorenen.

Das ist schwer und scheint unmöglich. Genauso ist es, wenn wir uns an den Haaren aus dem Sumpf ziehen sollen, wie Baron Münchhausen es getan hat. Dabei ist es ihm sogar geglückt! Und uns wird es genauso gehen! Hauptsache, wir erinnern uns: Das Leben eines Menschen besteht nicht aus der Menge an gelebten Jahren, sondern aus dem, womit sie angefüllt waren. Auf der Stelle stehen zu bleiben bringt nichts.

Vor allem müssen wir mit uns selbst sprechen, in uns hineinschauen, uns zuhören, zu uns kommen, uns selbst verstehen. Und uns die Frage stellen: »Wozu lebe ich? Was möchte ich? Was interessiert mich?« Die Antworten sind in uns vorhanden, wir müssen nur fragen, mit dem aufrichtigen Wunsch, eine Antwort zu bekommen, und dem Glauben daran. Eines Tages geschieht dann die innere Wandlung. Und da erweist sich, dass es das gibt – diese bestimmte Tätigkeit, Arbeit, Mission, dieses Hobby, egal, was es ist –, was uns ein neues Leben, einen neuen Himmel und eine neue Erde eröffnet. Und schon haben wir ein verrücktes Interesse und ein großes Ziel, mit einem neuen Leitstern, der uns ab jetzt durch das Leben geleiten wird!

Jetzt möchte ich Sie einladen, sich vor einen Spiegel zu stellen und Ihr Spiegelbild anzuschauen. Sehen Sie sich einfach nur an, ohne jedes Vorurteil, ohne Kritik und Bewertung, ohne Ihre körperlichen Vorzüge oder Mängel zu beurteilen, ohne nach den Falten im Gesicht zu suchen, ohne daran zu denken, wie klug und findig oder dumm und unpraktisch, schlecht oder gut Sie doch sind.

Schauen Sie hin, Sie sind ein Mensch. Sie sind nur einer von mehreren Milliarden Menschen auf der Erde, aber keinem von ihnen gleichen Sie. Sie sind ein einmaliges, einzigartiges menschliches Wesen, wie es kein zweites auf der ganzen Welt gibt. Und Sie verfügen (was Sie auch über Ihre Mängel denken mögen, wie unzufrieden Sie auch mit Ihrer Figur, Ihren intellektuellen Fähigkeiten oder Charaktereigenschaften sein mögen) über eine ungeheure Menge an Qualitäten. Oder etwa nicht? Denken Sie darüber nach, überschlagen Sie, was Sie alles können, wie viel Sie wissen – lauter Dinge, die niemand sonst auf der Welt kann und weiß. Sie verfügen über ein Riesenpotenzial. Sie können Ihr ganzes Leben verändern, Glück erwerben, Ihr eigenes, einzigartiges Glück, das nie irgendjemand anders so erleben wird wie Sie. Sie können sich verändern und sich zwar vielleicht nicht von allen, aber von einer Menge Mängel befreien, die Sie quälen. Schließlich und endlich »tragen« Sie »Gott in sich«, wie die alten Rishi sagten, und Sie können Gott in sich entdecken und zu Ihm werden!

Erkennen Sie die hohe Bedeutung Ihres Lebens an.

Seien Sie stolz auf sich, lieben Sie sich. Denken Sie an Ihre Qualitäten. Ich kannte Leute, die sich für dumm hielten, weil sie keine Differentialgleichungen lösen konnten, dabei hatten sie eine großartige Intuition und praktische Auffassungsgabe. Sie verzichteten auf wunderbare Arbeitsangebote, die ihnen eine Zukunftsperspektive, den Aufstieg auf der Karriereleiter boten, einfach nur, weil sie sich selbst nicht schätzen wollten und konnten. Ich habe junge Leute getroffen, die meinten, sie seien hässlich, obwohl sie bei all ihren Unvollkommenheiten so bezaubernd waren, dass von irgendwelchen Minderwertigkeitskomplexen nicht die Rede hätte sein dürfen. Sie verbauten sich den Weg zum persönlichen Glück, nur weil sie sich selbst nicht lieben konnten.

Machen Sie nicht den gleichen Fehler. Sie werden geliebt, Sie werden aus dem einzigen Grund geschätzt, dass Sie sind, wer Sie sind, aus dem einzigen Grund, dass es so jemanden wie Sie nicht noch einmal gibt. Weil Sie – und jeder auf seine Weise – schön, klug und stark geschaffen worden sind. Das Universum, die große Einheit allen Lebens schaut mit liebevoller Zärtlichkeit auf Sie, kennt Sie, denkt an Sie, beschützt Sie. Gehen Sie in einen Sommerwald. Spüren Sie, wie ein warmes Lüftchen Ihr Gesicht zart umspielt, wie behutsam die sich beugenden Zweige der Birken Sie streicheln, wie zart die Sonnenstrahlen wärmen! Wie schön die Vögel für Sie singen, wie zutraulich das Eichhörnchen vom Baum herunterschaut! Ist das etwa keine Liebe?

Schätzen Sie sich, schätzen Sie Ihr Leben, freuen Sie sich daran, dass Sie auf der Erde leben, dass Sie *existieren*. Und seien Sie gewiss: Wie unvollkommen Sie sich auch manchmal vorkommen mögen – Sie sind es wert, glücklich zu sein, Sie sind es wert, Ihren Lebenstraum zu verwirklichen. Warum das so ist, wurde bereits gesagt. Sie können es weiter oben nachlesen.

Wenn Sie jetzt vom Spiegel wegtreten und – wie ich sehr hoffe! – ein neues Verständnis für Ihre Rolle und Ihre Bedeutung in der Welt bekommen haben, stellt sich eine neue Frage: Was jetzt? Wie lautet denn nun der Algorithmus der Manifestation des »Unmöglichen« in meinem Leben? Wie soll ich – stündlich und tagein, tagaus – leben, um meinen Lebenstraum zu verwirklichen?

Lesen Sie weiter: Es ist das Thema der folgenden Kapitel.

Teil II
Im Einklang mit dem Lebenstraum

Kapitel I

Ändern Sie Ihre Beziehung zur Vergangenheit

Machen Sie einen Platz frei für das kommende Glück

Vor einigen Jahren durchlief eine Frau bei mir eine Serie prophylaktischer Heilbehandlungen. Sie sah bei den Sprechstunden zwar vielleicht nicht gerade depressiv, aber doch ernsthaft besorgt aus. Ich fragte sie nicht, was los sei, denn ich sah, dass sie gesund war. Was sie so bedrückte, würde nicht zu ernsthaften Verzerrungen ihres energetischen Informationsfeldes führen. Unser Umgang war rein funktional. Aber vor der letzten Behandlung erzählte sie dann doch von ihrem Problem:

»Sehen Sie, meine Tochter ist schon erwachsen und selbstständig. Sie hat seit fünf Jahren einen Freund, der viel älter ist als sie, fast in meinem Alter … Alles lief wunderbar zwischen ihnen, sie wollten sogar schon heiraten. Aber vor kurzem sagte mir meine Tochter: ›Ich habe mich verändert und brauche ein anderes Leben. Und darin kann ich *ihn* nicht sehen …‹ Als wäre sie aus der gemeinsamen Geschichte herausgewachsen, wenn man das so sagen kann … Sie will ein neues Leben, und ich kann sie verstehen. ›Du musst mit ihm reden‹, riet ich ihr. Sie tat es, und er antwortete ihr: ›Ich möchte nur eins: Du sollst glücklich sein. Deshalb gebe ich dir alle Freiheit. Lebe, wie du willst, such dir eine neue Liebe. Aber solange du sie nicht gefunden hast, bleib mit mir zusammen.‹ Jetzt läuft alles wie gehabt, und nach meinem Gefühl ist das verkehrt … Im Leben meiner Tochter ändert sich nichts. Es ist, als würde ihr Freund ihr die Sicht verdecken und ihr keine Gelegenheit geben, sich zu entfalten. Sie leidet sehr (und ich mit ihr!): Das letzte Leben passt nicht mehr, ein neues ist noch nicht da. Mir scheint, dass sie, damit eine neue Liebe zu ihr kommen kann, die alte Beziehung beenden muss. Was meinen Sie, stimmt das?«

»Sie haben vollkommen Recht«, antwortete ich. »Damit im Leben etwas Neues entstehen kann, muss man zuerst einen Platz dafür frei räumen und sich von unnötigem Alten befreien.«

Dieses Gespräch fiel mir wieder ein, als ich über die Wirklichkeit des »Unmöglichen« nachdachte. Eine glückliche, reiche, harmonische Wirklichkeit kann sich im Leben nur dann manifestieren, wenn man ihr einen Platz frei räumt. Aber was heißt das eigentlich? Muss man seine Familie verlassen, alte, treue Freunde verjagen, eine gewohnte und geliebte Arbeit kündigen? Auf gar keinen Fall! Die Tochter meiner Patientin hatte versucht, ihr *Problem* zu lösen (wie man das effektiv tun kann, ist das Thema des nächsten Teils dieses Buches). Sie hatte versucht, die Disharmonie in ihrem Leben aufzuheben. Wenn aber das »Alte« in unserem Leben harmonisch ist und uns glücklich macht, dann muss es an seinem Ort bleiben. Letztlich geht es darum, dass wir mit unserer inneren Welt arbeiten. Und in ihr müssen wir dem Prinzip folgen, das ich in der Begegnung mit der Patientin formulierte. Wir müssen uns von bestimmten hinderlichen Gewohnheiten des Verstandes und der Gefühle (von »überflüssigem Altem«) befreien, die uns daran hindern, den Lebenstraum Wirklichkeit werden zu lassen.

Können Sie sich daran erinnern, dass wir sagten, wir müssten ein wenig verrückt werden? Wir müssen uns eine etwas andere – und uns bislang nicht vertraute – Beziehung zu bestimmten Dingen erarbeiten, die eine grundlegende Bedeutung haben. Dann verwandelt sich alles wie von selbst auf die glücklichste Weise.

Um einen Platz für das kommende Glück frei zu machen, müssen wir uns zuallererst von den negativen Auswirkungen der Vergangenheit befreien.

Jeder von uns hat irgendwann in seinem Leben Unannehmlichkeiten und Leid erlebt, plötzliche Wutanfälle gehabt und solche Fehler gemacht, dass es ihm peinlich, manchmal sogar entsetzlich peinlich war. Das ist schon lange vorbei, es ist Vergangenheit. Das Schlimme aber ist, dass das menschliche Gedächtnis alle Erlebnisse sorgfältig aufbewahrt. Manchmal fördert es die unangenehmsten Bilder aus unserer Vergangenheit zutage, die mithin in das Verstandes- und Gefühlsfeld von heute eindringen. Es tut dies so klar, dass wir uns davon vollkommen in Besitz nehmen lassen. Wir »haften« an unseren Erinnerungen, erleben das ganze Unglück und die Folgen der Fehlschläge noch einmal, als würde alles gerade jetzt erst geschehen. Und dann passiert etwas sehr Unangenehmes: Wir sind wieder beleidigt, haben Angst, bedauern, was wir getan haben; wir streuen uns, wie man so schön sagt, »Asche aufs Haupt« … Und vor allem neigen wir in einer solchen Lage dazu, uns auf der Grundlage unserer negativen Erlebnisse zu beurteilen. Das Ergebnis ist, dass unser Selbstwertgefühl sinkt und wir denken, dass wir so schlecht sind, dass wir gar kein Glück verdienen. Durch die Brille unserer früheren Erlebnisse schauen wir nun auch auf unser heutiges Leben. In diesem Zustand sucht uns dann bestimmt so ein widerwärtiger Gedanke auf wie: »Ich habe mein Leben verpfuscht!«, und unseren Lebenstraum vergessen wir für eine lange Zeit.

Die Vergangenheit nimmt also ganz selbstverständlich den Platz ein, an dem eigentlich die wundersame Verwandlung unseres Lebens vonstattengehen soll. Die Vergangenheit lässt nicht zu, dass sich unser Lebenstraum in der Wirklichkeit manifestiert.

Es wird jedem einleuchten, dass infolge dieser durch die früheren schlimmen Gefühle verursachten »Gemütsbewegungen« des Menschen sein energetisches Informationsfeld gestört wird, und zwar häufig für eine lange Zeit. Diese Störungen stellen die Grundlage für die verschiedensten Erkrankungen dar.

Erlauben Sie Ihrer negativen Vergangenheit niemals, Besitz von Ihnen zu ergreifen! Das Gedächtnis bewahrt die Erinnerungen an die unangenehmen Erlebnisse nicht deshalb auf, um Ihnen die Tür zu einem glücklichen Leben zu versperren und womöglich einen Invaliden aus Ihnen zu machen. Wir haben unser Gedächtnis, damit sich unsere Lebenserfahrung erweitert, damit wir weiser werden. Für den

Erwerb von Erfahrungen und Weisheit aber brauchen wir uns nicht mit der Vergangenheit zu belasten und sie noch einmal ganz zu durchleben. Wenn unangenehme Erinnerungen hochkommen, dann haben Sie das Recht – und die Pflicht! –, die Tatsachen gelassen anzuschauen, Ihren Fehlern Rechnung zu tragen und gesunde Schlüsse für sich daraus zu ziehen. Lassen Sie sich dabei nicht emotional vom Fluss der Bilder mitreißen, die vor Ihrem inneren Auge vorüberziehen. Schauen Sie einfach nur hin. Sie sehen den Menschen, der Sie in der Vergangenheit waren. Sie sehen all seine Kränkung, seine Schmach, seine Scham, aber diese haben keine Macht über Sie. Denn das da war eine ganz andere Person! Das sind nicht mehr Sie! In jedem Augenblick erneuern und verändern Sie sich, erweitert sich Ihr Horizont. Und genau aus diesem Grund dürfen Sie sich und Ihr gegenwärtiges und zukünftiges Leben nicht auf der Grundlage all der schlimmen Dinge beurteilen, die Ihnen zugestoßen sind.

Bei einer solchen Herangehensweise haben die »alten Götter«, die Götter der Vergangenheit, keine Macht mehr über Sie. Sie haben nur auf die Person von damals Einfluss, die Sie mit Ihrem inneren Auge vor sich sehen.

Danach können Sie zu sich selbst sagen: »Einen solchen Fehler macht ein kluger Mensch nur ein Mal, das wiederholt sich nicht.« Das ist alles! Für jedes Erlebnis, jede Erfahrung braucht man das nur ein einziges Mal zu tun. Und sollte genau dieselbe Erinnerung Sie wieder aufsuchen: Bitte ignorieren Sie sie. Ihr »Tatsachen-Gedächtnis« steht Ihnen immer zur Verfügung, Sie können jederzeit darauf zurückgreifen.

 Lebe nicht in der Vergangenheit. Verankere dich nicht in ihr. Du hast das ganze Leben vor dir. Erlaube deinen Erinnerungen nicht, dich auf deinem Lebensweg aufzuhalten.

Hier geht es um Stillstand in der Entwicklung, um die Unmöglichkeit zu handeln, kreativ und glücklich zu sein. Du musst deine Lage ändern. Schau dich von außen an: Du bist schön, du bist bedeutend, du bist zu vielem fähig, das ganze Leben liegt vor dir! Und ungeachtet aller Verluste, aller Einbußen und allen Unglücks musst du doch auf jeden Fall leben!

Du bist der Kapitän deines Schiffes, der Kapitän deines Lebens. Zögere nicht, gib das Kommando: »Anker lichten!«, und fahre deinem Glück entgegen. Guten Wind und viel Erfolg auf deinem Weg!

Aber Ihre Emotionen in Bezug auf die vergangenen Ereignisse sind ausgelebt, sie sind nicht mehr vorhanden. Aus der negativen Vergangenheit haben Sie alles herausgeholt, was Sie für Ihr weiteres sorgenfreies Leben benötigen, Sie brauchen sie nicht mehr, jetzt schadet sie Ihnen nur noch.

So werden Sie in Ihrem Leben nicht nur für die Manifestation einer glücklichen Wirklichkeit einen Platz frei räumen, sondern Sie ziehen auch noch einen nicht unerheblichen Nutzen daraus.

An dieser Stelle möchte ich gern extra auf den besonderen Umstand eingehen, wenn jemand einen geliebten Menschen verliert. Dazu möchte ich Sie an folgendes Gespräch aus einem meiner früheren Bücher erinnern:

»… Er trauert, leidet an der Unwiderruflichkeit des Verlustes, sein Herz ist zerrissen von dem Wunsch, um jeden Preis das verlorene Glück zurückzugewinnen, und dem kaum auszuhaltenden Bewusstsein darüber, dass das nicht geht … Er lebt mit diesem Schmerz und muss lange, womöglich bis ans Ende seiner Tage, damit leben und Frieden damit schließen … Mit der Zeit lässt der Schmerz nach, er beruhigt sich, manchmal gelingt es ihm zu vergessen; so vergehen die Jahre … Man sagt, die Zeit heilt alle Wunden. Ja, das tut sie, aber nicht ganz und gar. Seine Erinnerung lässt nicht locker … Er erinnert sich an die besten Tage, die er mit dem Menschen verbracht hat, der jetzt nicht mehr ist; in Gedanken kehrt er zu dem tragischen Tod des geliebten Menschen zurück, stellt sich vor, wie doch alles ganz anders hätte kommen können, wenn er anders gehandelt oder geredet hätte. Die Gedanken kommen und gehen, sie kommen wie-

der, und wieder drehen sie sich im Kreis, in dem schon be-
fahrenen Gleis … Das Leben zieht an ihm vorüber …«

Was macht man mit einer tatsächlich tragischen Erfahrung? Liebe Leser, selbst unsere schwersten Verluste stellen
sich nicht unserem Leben entgegen. Wir haben nicht das
Recht, ihnen das zu erlauben. So schwer es uns auch fallen
mag, wir müssen dem treu bleiben, was wir über unser Verhältnis zur Vergangenheit gesagt haben.

Nutzen Sie die Vergangenheit, um gesund und glücklich zu werden

Ganz wichtig für unser Verhältnis zur Vergangenheit ist, dass
wir uns die Erinnerungen erlauben, die uns auf unserem Weg
zum Glück stärken und die Wirklichkeit des »Unmöglichen«
zu manifestieren helfen. Jeder von uns hat jede Menge Erinnerungen solcher Art. In unserem Leben gab es Erfolge, Sie-
ge, es gab die Liebe. Wir können auf viele – edle, mutige,
gute – Taten stolz sein. Wir haben nicht nur einmal im Leben
Erfolg gehabt.

Irgendwann mussten Sie einem Freund in der Not helfen
und kamen damit bestens zurecht. Irgendwann haben Sie jemandem Ihr Mitgefühl geschenkt und wegen ihm etwas für
Sie Kostbares hergegeben. Irgendwann einmal mussten Sie
Ihren ganzen Willen, Ihren ganzen Mut aufbringen, um ein
sehr schwieriges Problem in Ihrem Leben zu lösen oder eine
höchst komplizierte Aufgabe zu erledigen – und Sie haben
es geschafft. Irgendwann einmal hatten Sie richtig Glück –

einfach nur Glück! – und bekamen etwas, wovon Sie schon lange geträumt hatten … Erinnern Sie sich daran, erinnern Sie sich, wie stark, klug, mutig oder erfolgreich Sie waren – schließlich ist das geschehen, es ist Ihres, Sie sind so! Verbessern Sie damit Ihr Selbstwertgefühl, lernen Sie, Ihrer Kraft zu vertrauen, stärken Sie den Glauben an Ihren glücklichen Stern.

Genau so – im Vertrauen auf sich und (im besten Sinne!) *zufrieden mit sich* drücken Sie Ihrem Leben die Wirklichkeit Ihres Lebenstraumes ein.

Erinnern Sie sich daran, wie Sie glücklich waren – und das waren Sie, nicht nur einmal in Ihrem Leben! –, und denken Sie daran, dass das Glück, wenn es einmal da war, mit Sicherheit wiederkommen wird. Es ist ein Gesetz des Lebens: Zum Menschen gehört das Glück wie zu einem Vogel das Fliegen. Es ist immer in unserer Nähe und wartet darauf, dass wir ihm erlauben, in unser Leben zu treten. Und genau das tun wir gerade: Ganz sachte öffnen wir ihm die Tür zu unserem Leben.

Wie können wir das glücklichste Ereignis in unserem Leben finden, um es für die Verbesserung unserer seelischen Verfassung und unserer körperlichen Gesundheit zu verwenden?

Übung: Finde deinen Glücksankerpunkt

Setzen Sie sich in eine bequeme Position, so dass Sie Ihren ganzen Körper entspannen können, oder legen Sie sich hin. Schließen Sie die Augen, entspannen Sie sich, beruhigen Sie Ihre Gedanken und Gefühle. Man kann sich das Leben jedes Menschen als eine unendliche Menge von Punkten auf einer unendlichen Zeitachse vorstellen. Stellen Sie sich die horizontale Zeitachse Ihres Lebens vor. Beginnen Sie, sie gedanklich von der Gegenwart in die Vergangenheit zu verfolgen (oder beginnen Sie, wenn Ihnen das lieber ist, genau anders herum mit den Jahren der Kindheit, an die Sie sich erinnern können). Ihnen werden Erinnerungen kommen. Gleiten Sie mit Leichtigkeit über die Achse und beachten Sie nur die positiven Ereignisse, also die Punkte, an die Sie aus der Gegenwart gern zurückkehren würden, um die Situation und das Gefühl von damals noch einmal zu erleben. Horchen Sie aufmerksam in sich hinein, wenn Sie sich an diesen Punkten der Achse befinden. Wählen Sie aus den erwähnten Ereignissen das aus, wo Sie am umfassendsten Glück, Freude an Ihrer Gesundheit und Seelenruhe empfanden. Das ist Ihr Glücksankerpunkt. Versenken Sie sich in die Situation, vergegenwärtigen Sie sie sich in ihren Details, nehmen Sie die Gerüche und Geräusche wahr, fühlen Sie sie so tief, wie es nur irgend geht. Lassen Sie sich nicht beirren, falls dieser glückliche Zustand damals nur einen Augenblick gedauert haben sollte – darauf kommt es nicht an. Denn jetzt können Sie so lange in ihm verweilen, wie Sie wollen.

Bleiben Sie in Ihrem Glücksankerpunkt. Ruhen Sie sich dort aus, atmen Sie ruhig, erholen Sie sich, werden Sie gesund. Bleiben Sie in Ihrem glücklichen Hafen, solange Sie wollen (und so oft am Tag, wie Sie wollen) – 20 Minuten, eine halbe Stunde, eine Stunde –, bis Sie spüren, dass es genug ist. Und wann immer Sie ein Unwohlsein, ein Schmerz oder Müdigkeit plagen sollte, seien Sie gewiss: Das geht vorbei. Denn in Ihrem Glücksankerpunkt ruhen Sie sich nicht nur einfach aus, sondern Sie nutzen ein wirksames Mittel zur Selbstheilung!

So kann unsere Vergangenheit der Gesundheit dienen und die glücklichsten Wendungen in unserem Leben beschleunigen. Da wir nun aber schon mal bei der sinnvollen Verwendung unserer Erfahrungen aus der Vergangenheit sind, wollen wir gleich noch eine weitere erstaunliche Möglichkeit, positive Erinnerungen zu nutzen, unter die Lupe nehmen.

Nutzen Sie die Vergangenheit, um jünger zu werden

Waren Sie schon einmal »grundlos glücklich«, wie man so schön sagt? Voller Freude, nicht weil Sie etwas Gewünschtes erhalten haben, einen wichtigen Schritt auf der Karriereleiter getan oder nach langer Trennung einen geliebten Menschen wiedergetroffen haben, sondern einfach nur so *voller Freude*? So, dass jede Zelle in Ihnen sang, weil Sie lebten, weil Sie atmeten, irgendwohin gingen, schauten, redeten, lachten? So sind Kinder glücklich, das ist das Glück der Jugend. An der Schwelle zu unserem Leben und in unseren jungen Jahren füllen wir uns mit Lebensenergie an, wie ein Glas mit schäumendem Champagner angefüllt wird. Und um diesen Überschwang an Kraft und Lebensfreude zu fühlen, brauchen wir gar keinen Grund.

Mit den Jahren wird es dann immer schwieriger für uns. Die Lebenskräfte nehmen ab; wir erfahren, was – bei uns selbst und bei anderen – Müdigkeit, Enttäuschung, Zorn, Gereiztheit und Wut sind. Wir gewöhnen uns daran, unter ständiger Anspannung zu stehen: Denn schließlich fordern das unsere endlosen Aufgaben, Sorgen, Pflichten, Konkurrenzkämpfe (die wir uns womöglich selbst geschaffen haben). Wir glauben nicht mehr daran, dass »grundloses Glück« existiert, wir brauchen gewichtige Gründe, um uns freuen zu können. Wenn wir uns dann manchmal an die grundlose Freude der Jugend erinnern, kommen wir uns älter vor, als wir sind. Und wir wundern uns: Wie ist das passiert, dass wir bei all unserer Umsicht, Geschäftstüchtigkeit und Sparsamkeit eine solche Kostbarkeit verlieren konnten? Wir halten einen Augenblick inne und lächeln traurig und verloren. »Wo ist unsere Weisheit? Nur Müdigkeit blieb/ Die Ziele sind hin, die Gedanken nur dunkel …/ Wie geht das – erst Jugend und dann gleich das Alter?/ Nicht zu verstehen, nicht zu verstehen …«[12]

Wir müssen uns die Jugend, also die Fähigkeit, uns »einfach nur so« zu freuen, zurückerobern. Wenn wir diese »Rückeroberung« für immer vollzogen haben, werden wir nicht nur tatsächlich jünger und holen uns die Gesundheit unserer Jugend zurück, sondern wir rufen auch kreative

Kräfte in unser Leben, die die Verwirklichung unseres Lebenstraumes bedeutend beschleunigen.

Das ist unmöglich, sagen Sie? Liebe Leser, ich versichere Ihnen: Jeder beliebige Mensch kann sich die Jugend zurückholen, und mag er noch so alt sein. Die folgende Übung hilft mit Sicherheit.

Übung: Finde deinen Jugendankerpunkt

Reisen Sie gedanklich an Ihrem »Vergangenheitsstrahl« entlang (so nennen wir den Teil der Lebenszeitachse, den Sie auf der Suche nach Ihrem Glücksankerpunkt entlanggewandert sind) und achten Sie auf positive Erlebnisse, bei denen Sie sich absolut gesund und kraftvoll fühlten. In diesen Situationen waren oder fühlten Sie sich jung; es gab keine Krankheiten, die Sie beunruhigt hätten; Sie waren energiegeladen; Sie konnten große physische Lasten tragen, waren in bester körperlicher Verfassung. Ihr Schritt war leicht und federnd, der Atem frei, das Herz schlug kräftig und gleichmäßig. Sie fühlten sich leicht, schnell und gelenkig. In diesem Zustand kam es Ihnen womöglich so vor, als wären Sie jeder körperlichen Arbeit, jeder noch so schweren Reise gewachsen und könnten in jeder beliebigen Sportart eine gute Leistung erbringen. In einem russischen Song heißt es folgendermaßen: »Die Berge versetze ich mit eigener Hand, die Erde umrunde ich dreimal.«

Haben Sie solche Gefühle schon mal gehabt? Mit Sicherheit. Vielleicht nicht so klar, aber doch bestimmt ganz ähnlich und gar nicht unbedingt in der Jugend: Die Freuden körperlicher Gesundheit kann man in jedem Alter erleben.

Wählen Sie aus solchen Situationen, die Sie im Laufe Ihres Lebens erlebt haben, eine aus, in der Sie ausgeglichen und ruhig waren. Normalerweise spürt ein Mensch beim Anwachsen seiner körperlichen Kraft eine Gefühlserregung, er wird sehr aktiv, umtriebig, unternehmungslustig, ist ständig unterwegs und redet viel. Das ist nicht, was wir suchen. Uns interessiert das Gefühl einer ruhigen Kraft und die innere Sicherheit, dass wir vollkommen gesund sind. Aus genau diesem Grund habe ich in der Beschreibung des Zustandes, den wir finden sollen, den Ausdruck energie-»geladen« und nicht »überladen« oder »über die Maßen angefüllt mit Energie« verwendet.

Versenken Sie sich in den ausgewählten Zustand, genauso wie Sie es gemacht haben, als Sie die Situation im Glücksankerpunkt in maximaler Fülle nacherlebten.

Sie halten sich nun in Ihrem Jugendankerpunkt auf. Jetzt arbeitet der mächtige Mechanismus der Verjüngung in Ihnen. Der Zustand, in den Sie sich versetzt haben, ordnet Ihr energetisches Informationsfeld so, wie es »auf dem Höhepunkt« Ihrer körperlichen und geistigen Gesundheit war. Und dieses wiederum diktiert dem Organismus, so zu funktionieren, als wären Sie jung und absolut gesund. Auf diese Weise werden Sie tatsächlich jünger und gesünder und bekommen ein gutes Lebensgefühl.

Bleiben Sie so lange in Ihrem Jugendankerpunkt, wie Sie es für nötig halten, zeitliche Begrenzungen für diese Übung gibt es nicht.

Die Übung zeitigt ihre größte Wirkung, wenn Sie sie morgens und abends, also zweimal täglich, praktizieren, am besten direkt nach dem Aufwachen und vor dem Einschlafen. Anstatt morgens gleich nach dem Aufwachen aufzustehen, machen Sie die Übung ganz ruhig noch im Halbschlaf, an der Schwelle zwischen Schlaf und Wachsein. In diesem Zustand nehmen das Gehirn, das Nervensystem und der Körper die Information, die aus dem Jugendankerpunkt kommt, am klarsten und vollsten auf und speichern sie. Sie werden den ganzen Tag über gewissermaßen »gesund aussehen« und sich munter und jung fühlen. Abends suchen Sie bitte wieder den Jugendankerpunkt auf und lassen sich mit ihm in den Schlaf sinken. Sie brauchen nicht zu befürchten, durch die so gewonnene Kraft und Energie womöglich nicht schlafen zu können. Es handelt sich dabei um eine ruhige und gute Kraft, um heilende Energie. Wenn wir jung sind, schlafen wir ein, sobald der Kopf das Kopfkissen berührt hat, und wir schlafen ruhig und fest. Dasselbe geschieht, wenn Sie sich vor dem Einschlafen an Ihrem Jugendankerpunkt aufhalten. Im Schlaf werden sich Ihre Kräfte voll regenerieren, so dass Sie wunderbar und glücklich träumen können.

Kapitel II

Ändern Sie Ihre Beziehung zur Gegenwart

Gehen Sie in Resonanz mit den Schwingungen Ihres Lebenstraums

Wir haben gerade die Frage betrachtet, wie man positive Erinnerungen zur Verbesserung seines Befindens und zu einer schnelleren Verwirklichung seines Lebenstraumes nutzen kann. Bezüglich des eigenen Befindens sollte Ihnen nunmehr klar sein, worum es geht. Der Genesungsmechanismus wurde in der Beschreibung der Übungen »Finde deinen Glücksankerpunkt« und »Finde deinen Jugendankerpunkt« klar umrissen. Die Verwirklichung des Lebenstraumes jedoch ... Hat Sie nicht die Tatsache erstaunt, dass sich Ihnen, wenn Sie gesund und ruhig sind und auf Ihre Kräfte vertrauen, das »Unmögliche«, wie schon gesagt, als Realität buchstäblich in Ihr Leben »eindrückt«?

Genauso ist es, liebe Leser, und ebendieses Phänomen bildet den Kern des Algorithmus zur Verwirklichung Ihres Lebenstraumes. Ausgerechnet diese erstaunliche Erscheinung entscheidet letztendlich die Sache zugunsten Ihres Glückes. Deshalb wollen wir noch ein wenig genauer hinschauen.

Wir sagten ja bereits: Der Mensch besteht aus unterschiedlichen Energien. Sein Körper ist ein Gebilde aus »dichter« Energie. Seine Gedanken, Gefühle und seine Seele umgeben den Körper in Schichten aus »feiner« (feinstofflicher) Energie. Dieses ganze komplexe System befindet sich in ständigem Wandel, und so sendet es auch ständig unterschiedliche Schwingungen in seine Umgebung aus. Wenn jemand im Zustand des Ego-Bewusstseins ist, dann empfindet er sich in seinen Schwingungen als geschlossenes System. In Wahrheit aber strahlt sein energetisches Informationsfeld in die Unendlichkeit, und Veränderungen dieses Feldes wirken sich auf das ganze Universum aus.

Stellen Sie sich das nur vor! Unsere Welt ist so geschaffen, dass es in unserem »kleinen« Leben nichts Lokales gibt, – alles ist global! Woran auch immer wir denken mögen, was auch immer wir sagen oder tun –, alles wird sofort zu einem Teil des einen Informationsfeldes, zu einem Teil des Universums. Wir sind eins mit ihm, und jeder Einzelne von uns ist ein unabdingbarer Teil von ihm … Auch in diesem Fall gibt es keine Entfernungen, keine endlosen Räume, alles ist nah!

Wie lange brauchen wir, um uns vorzustellen, wir seien auf einem Planeten, der Hunderte Millionen Lichtjahre von hier entfernt ist? Kaum einen Augenblick. Unser Denken wird nicht durch die Lichtgeschwindigkeit begrenzt. Im Handumdrehen befinden wir uns auf diesem Planeten, sind wir tatsächlich da. Und falls es dort Apparaturen gibt, die die Ankunft von Informationen messen können, dann »fühlen« sie uns: unser Gedanke und unser Ich sind dort. Wer wird danach noch glaubhaft behaupten können, wir seien ja bloß Bewohner der Erde? Wir sind ganz genauso Bewohner anderer Planeten!

Tatsächlich beeinflussen wir alles, was uns umgibt – das Sichtbare wie das Unsichtbare! Manche Schwingungen und energetischen Muster ziehen wir an, wir nähren und verstärken sie; andere stoßen wir ab, wir neutralisieren und schwächen sie. Dabei geschieht, wie schon mehrfach erwähnt, alles nach dem Prinzip der Ähnlichkeit. Wenn du das eine hast, wirst du auch das andere bekommen, sagt eine Redewendung. Dieses »andere« wird dem »einen« ähneln. Mit anderen Worten: Die Ereignisse und menschlichen Beziehungen in Ihrem Leben und die Einwirkungen verschiedener Kräfte auf Ihr Leben werden der Art von Schwingungen entsprechen, die Sie ausstrahlen. Ebenso entscheiden sich auch Ihr Wohlergehen und die Möglichkeit, lang ersehntes Glück zu erlangen.

Wenn Sie ständig gereizt, wütend oder neidisch sind, sich auf die Kränkungen konzentrieren, die Ihnen widerfahren sind, und Rachepläne schmieden … wenn Sie mit sich, den Menschen und dem Leben im Allgemeinen nicht zufrieden sind … wenn Sie meinen, Sie seien arm, sich übervorteilt und einsam fühlen und Sie immerzu darüber nachdenken … wenn Sie glauben, dass Sie immer nur Pech haben … wenn Sie mit aller Macht den Nebel fixieren und daran festhalten – wie wollen Sie da das Licht sehen? Wie soll es sich in Ihrem Leben manifestieren können?

Manchmal gestaltet sich das menschliche Leben gewiss nicht zum Besten. Wir mögen krank sein, gekränkt oder verlassen werden und uns in Verhältnissen befinden, in denen ständig jemand oder etwas unseren Ärger oder unsere Wut hervorruft. Ganz wichtig bleibt jedoch: Egal, in welchen Verhältnissen Sie sich gerade befinden – Sie *dürfen auf keinen Fall* negative Gefühle entwickeln, Sie dürfen nicht über das Schlechte in Ihrem Leben nachdenken. Wie ich weiter oben hoffentlich ausreichend erläutert habe, führt das nirgendwohin. Wenn wir immer weiter mit unseren vergangenen oder gegenwärtigen Nöten leben, ziehen wir noch größere Nöte an. Ist das jetzt klar? Genauso wenig Sinn hat es, sich mit positiver Autosuggestion zu befassen nach dem Motto, wie glücklich und zufrieden wir im Leben sind. Lügen Sie sich nicht an. Sollte in Ihrem Leben etwas nicht so sein, wie Sie es möchten, dann lassen Sie sich bitte in Ruhe und nehmen Sie erst einmal den aktuellen Stand der Dinge wahr. Doch ich wiederhole es noch einmal: Sie dürfen dabei nicht von Ihren Nöten leben!

Aber wie soll man denn dann leben?

Bleiben Sie nicht im Nebel und kämpfen Sie nicht gegen die Dunkelheit! Suchen Sie das Licht Ihres Lebenstraumes auf. Ein Unglück lässt sich nicht durch den Kampf gegen das Unglück beseitigen, sondern dadurch, dass wir Glück herbeiführen. Das Böse wird nicht durch das Böse besiegt, sondern durch das Gute. Misserfolg weicht nicht vor neuem Misserfolg zurück, sondern vor dem Glauben an den Erfolg.

»Das Schlimmste ist der Feind des Schlimmen« – welcher humoristische Aphorismus könnte treffender sein in seiner Unsinnigkeit als dieser?

Wir üben eine *konstruktive* Lebensstrategie. Sie sind der *Konstrukteur* Ihres Lebens und nicht das hilflose Opfer der Umstände, nicht der arme Unglückliche, der sein Schicksal zu beweinen hat. Wir dürfen uns nicht auf die schlechten Seiten des Lebens »einschießen« oder uns am Negativen festhalten, wir müssen uns unser Glück selbst schmieden, uns das Leben so erschaffen, dass es unserer tiefsten Sehnsucht entspricht. In diesem Buch geht es nur darum, was wir dafür tun müssen und was es heißt, uns zum Licht hin zu bewegen. Wir gehen nicht »fort von …«, sondern »hin zu …«. Wir fliehen nicht vor dem Elend, blicken nicht zurück und schlagen voller Angst nach hinten aus, sondern wir streben dem Glück zu. Konzentrieren Sie sich auf Ihr Streben.

Lassen Sie uns also mit unserer »Glücks«-Arbeit fortfahren. Die erste und wichtigste Verhaltensregel für unsere Beziehung zur Gegenwart und zu uns selbst lautet:

Verhaltensregel Nr. 1

Treten Sie in Resonanz mit den Schwingungen Ihres Lebenstraums. Stellen Sie sich vor, Ihr Traum sei bereits Wirklichkeit, versetzen Sie sich in diesen inneren Zustand und stärken Sie ihn.

Wenn Sie diese erste Regel anwenden, dann ziehen Sie Schwingungen, Energien und Kräfte an, die Ihren tiefsten Lebenswunsch ermöglichen. Damit wirken Sie sozusagen direkt darauf ein, dass das »Unmögliche« Realität werden kann. Die Effektivität dieser Regel ist ebenso phänomenal wie die Anziehung von Gleichem durch Gleiches in unserem Leben.

Wie können wir das nun ganz praktisch tun? Ganz einfach! Lernen Sie die im Folgenden beschriebene, unkomplizierte Übung und wenden Sie sie regelmäßig an, bis Sie sie nicht länger brauchen.

Übung: Im Einklang mit dem Lebenstraum

Bedenken Sie doch einmal, liebe Leser, wie Sie sich fühlen würden, wenn sich in Ihrem Leben vollständig und für immer das Glück als Wirklichkeit offenbaren würde. Vielleicht wäre Ihnen ruhig und froh zumute, und Sie würden auf Ihre Kräfte vertrauen. Energetisch und leistungsmäßig wären Sie auf der Höhe. Sie würden wohlwollend, ausgeglichen und ohne jede Anspannung mit Menschen umgehen. Sie würden ihnen demütig gegenübertreten und in ihnen all die guten Qualitäten wahrnehmen, auf die Sie früher nicht geachtet haben. Sie würden öfter lächeln … Und sonst? Sie würden sich nicht mehr sorgen, keine grundlosen Ängste mehr haben. Sie würden sehen, dass all die vielen wunderbaren Gründe, die Sie früher immer fanden, um sich ärgern und wütend und zornig sein zu können, nicht der Rede wert sind. Dass Sie vieles von dem »Schlechten« im Leben gar nicht zu beachten brauchen …

Denken Sie einmal darüber nach. Entspannen Sie sich, liegen Sie zu Hause still und mit geschlossenen Augen da und stellen Sie sich vor, das »Unmögliche« sei Wirklichkeit. Träumen Sie von dem

Leben, das Sie gern führen möchten. Davon, was Sie dann tun würden, wie Sie kommunizieren und lächeln würden. Wohin Sie gehen oder fahren würden, wie Sie mit Ihren Lieben und den Kollegen umgehen würden. Merken Sie sich, in welcher inneren Verfassung Sie sich befinden, wenn Sie ein so glückliches Dasein führen. Nehmen Sie die neuen, positiven Charaktereigenschaften wahr, die Sie vielleicht im Laufe dieser Arbeit an sich entdeckt haben.

Leben Sie ab jetzt jeden Tag, jede Stunde in diesem neuen inneren Zustand. Machen Sie diese Übung mindestens einmal pro Tag (zehn Minuten reichen schon), stärken Sie diese besondere seelische Verfassung in Ihrem Alltag und auf der Arbeit, entwickeln Sie die Charaktereigenschaften, die sich Ihnen im Verlauf der Übung erschließen.

Dabei möchte ich Sie jedoch warnen: Reden Sie sich nicht (und vor allem nicht ständig) ein, dass Sie in der Wirklichkeit des »Unmöglichen« leben. Damit würden Sie bleiben, wo Sie sind, damit kämen Sie nirgendwohin. Ihr Lebenstraum hat sich schließlich noch nicht erfüllt. Versperren Sie sich nicht den Blick durch Ihre Vorstellung, nehmen Sie alles so wahr, wie es tatsächlich ist. Andernfalls könnten Sie ernsthaft in Gefahr geraten. Ihre Wahrnehmung der Welt wäre verzerrt, Ihr Verhalten würde, wie die Psychiater es nennen, inadäquat. In einem solchen Zustand kann ein Mensch verhängnisvolle Fehler begehen …

Ebenso wenig sollten Sie eine gehobene Stimmung forcieren und den fröhlichen, glücklichen Menschen spielen. Sie sollten nicht laut reden und lachen, schnell gehen oder viel gestikulieren, wenn es Ihnen gar nicht entspricht. Jeder Mensch hat sein eigenes Temperament, seinen natürlichen Rhythmus, seine ihm eigenen Verhaltensweisen. Bleiben Sie Sie selbst und seien Sie dabei in Resonanz mit Ihrem Lebenstraum.

Ihre Aufgabe besteht ganz einfach darin, sich in Einklang mit dem erwünschten Glück zu bringen, die notwendige innere Verfassung zu erkennen, sie sich zu merken, sie zu stärken und sich im jetzigen Leben ganz darauf einzustimmen.

Befolgen Sie diese fundamental wichtige Regel über Ihr Verhältnis zur Gegenwart und zu sich selbst: Leben Sie im Einklang mit Ihrem Lebenstraum. Sie werden schnell sehen, dass sich Ihr Leben auf die wundersamste Weise zu ändern beginnt.

Wenden Sie sich nur dem zu, was Sie stärkt

Wenn Sie versuchen, in Resonanz mit den Schwingungen Ihres Glücks zu leben, dann werden Sie sehr schnell mitbekommen, dass das gar nicht so einfach ist. Es ist durchaus schwierig, in guter Stimmung zu bleiben, wenn man auf dem Weg zur Arbeit zum Beispiel eine halbe oder ganze Stunde in überfüllten öffentlichen Verkehrsmitteln verbringt. Es scheint unmöglich, ausgeglichen und ruhig zu bleiben, wenn man es in der U-Bahn mit rücksichtsloser Rempelei zu tun bekommt oder ein Vorgesetzter ungerechtfertigt an einem herumnörgelt. Es ist nicht leicht zu lächeln, wenn man müde ist. Und noch weniger leicht, ruhig und im Vertrauen zu bleiben, wenn wir eine große, schwere Aufgabe vor uns oder ein schwieriges Problem zu lösen haben …

Und dennoch: Es ist möglich. Und es zu ermöglichen, ist unsere einzige Chance, um uns für immer von dem Gedrängel in U-Bahnen und Bussen, von der Gemeinheit uns bekannter und unbekannter Menschen und der Nörgelei von Vorgesetzten sowie von Müdigkeit, Sorgen und Ängsten zu befreien.

Damit wir die nötige innere Einstellung bewahren und mit unserem ganzen Sein eine glückliche Wirklichkeit anziehen können, müssen wir in unserer Arbeit mit der inneren Welt noch ein paar weitere Regeln befolgen. In diesem und in weiteren Kapiteln werden wir uns eine nach der anderen anschauen.

Verhaltensregel Nr. 2

Wenden Sie sich in Ihrem Leben dem zu, was Sie unterstützt, Ihnen Freude schenkt und Ihre Energie anhebt oder vermehrt. Halten Sie es ab sofort wie eine aufgegangene Blüte, die sich zur Sonne hinwendet.

Dazu gilt es, nach fünf sehr wichtigen Grundprinzipien zu leben.

1. Suchen Sie in allem die guten Seiten und konzentrie-
ren Sie sich ganz darauf, sobald Sie sie gefunden haben

Es mag paradox klingen, aber jedes beliebige Ereignis, jeder
Umstand, und sei er noch so negativ, hat etwas Gutes an
sich. Suchen Sie es. Das kann eine aus einem Scheitern er-
wachsene, neue Lebenserfahrung sein. Es kann ein unter einer chaotischen und beunruhigenden Peinlichkeit verborgen
liegender Grund sein zu lachen. Es kann die Möglichkeit
sein, mit jemandem eine grundlegend andere, *konstruktive*
Beziehung einzugehen (oder das Zeichen, dass der Kontakt
zu ihm ein für alle Mal abgebrochen werden muss). Es kann
sein, dass die Vereitelung eines geschäftlichen Termins oder
einer Maßnahme Ihnen die Gelegenheit gibt, endlich einmal
an die frische Luft zu kommen oder liegen gebliebene Hausarbeit zu erledigen.

Vor einigen Jahren bekam ich das Buch *Pollyanna* der
amerikanischen Schriftstellerin Eleanor Porter in die Hände.
Ich las es mit größtem Vergnügen. Darin ist die Rede von
einem lieben kleinen Mädchen, einer fröhlichen, quirligen,
ganz großen Optimistin. Ihr Papa hat ihr ein Spiel beige-
bracht, das daraus besteht, dass »man sich immer freuen
soll, auch wenn es vielleicht gerade nichts gibt, worüber
man sich freuen kann«. Pollyanna ist früh verwaist, zuerst
hat sie die Mutter, dann den Vater verloren. Aber das Mädchen verliert auch nach dem Tod der Eltern den Mut nicht
und folgt strikt den Regeln des »Papa«-Spiels.

»...man gewöhnt sich so daran, etwas zu suchen, worüber
man sich freuen kann, und fast regelmäßig findet man auch

etwas, nur muss man oft lange genug danach suchen«[13], sagt sie.

Pollyanna muss im Haus einer strengen, unfreundlichen Dame wohnen, die ihre Tante ist und Polyanna im kältesten und am kärgsten ausgestatteten Zimmer einquartiert. Und was sagt unsere Heldin dazu?

»…aber dann dachte ich zufällig daran, wie ungern ich meine Sommersprossen im Spiegel sehe, und dann sah ich auch die reizende Aussicht vom Fenster aus – da wusste ich, ich hatte die Dinge gefunden, über die ich mich freuen konnte. Du siehst, wenn man nach frohen Dingen sucht, dann vergisst man das Unangenehme …«[14]

Als einmal draußen schlechtes Wetter ist, sagt sie: »Nicht wahr, heut ist es nicht so schön, […] aber ich bin doch froh, dass es nicht immer regnet.«[15] Und als sich eine alte Pessimistin bei ihr darüber beklagt, dass die Nelken in ihrer Vase schon am Abend verwelken, ruft das kleine Mädchen: »Aber Sie müssen sich doch freuen, dass sie verwelken! … Dann haben Sie das Vergnügen, wieder neue zu bekommen!«[16]

Na, und so weiter. Ich denke, die Einstellung ist Ihnen klar. *Pollyanna* war übrigens in Amerika zu Beginn des 20. Jahrhunderts so populär, dass es das Buch innerhalb von sieben Jahren auf 47 Auflagen brachte! In Wahrheit wissen die Menschen, was sie zum Glück brauchen, sie vergessen ihre *wahren* Bedürfnisse nur immer zu schnell wieder. Es genügt, sie – selbst in allegorischer Form – an dieses »Wahre« zu erinnern, und schon hören sie hungrig zu. Sie wollen es ja eigentlich …

Menschen, die Pollyannas Spiel spielen, finden sich auch unter meinen Patienten. Eine Frau, die an einer chronischen, aber heilbaren Krankheit litt, sagte zu mir: »Wissen Sie, ich bin jetzt zwar schon lange krankgeschrieben, aber mir scheint, dass es zum Besten ist. In der letzten Zeit war ich so müde von der Arbeit gewesen! Jetzt bin ich froh, dass ich einen Grund habe, zu Hause im Bett zu liegen und mich auszuruhen. Außerdem habe ich die wunderbare Möglichkeit bekommen, mit Ihrer Hilfe meine Wehwehchen für immer zu heilen.«

Diese mentale Einstellung – die Gewohnheit, Ereignisse und Begegnungen von der positiven Seite zu sehen – ist ein großartiges Instrument für die Manifestation des »Unmöglichen« in der Wirklichkeit. Eine strikte Befolgung dieses Prinzips lohnt sich.

2. Schätzen Sie, was Sie an Gutem bereits haben

Fallen Sie bitte nicht dem Irrtum vieler anderer Glücksuchender anheim, die vor lauter Träumen über die Zukunft ganz vergessen, die Werte, über die sie schon verfügen, zu schätzen. Das, was sie haben, nehmen sie als Selbstverständlichkeit und nicht als glückliches Geschenk des Lebens, für das man dankbar sein sollte. »Ach das …«, sagen sie. »Das hatte ich doch schon immer, was soll es mir denn nützen!«

Und wie es nützt!

Da lebt jemand in einer winzigen Einzimmerwohnung, die sich in einem alten fünfstöckigen Plattenbau befindet. Er träumt von einer Wohnung in einem Wolkenkratzer, der vor kurzem im Stadtzentrum gebaut worden ist. Verächtlich betrachtet er die alten Wände seiner Behausung. Er kümmert sich nicht um sie, macht kaum sauber, renoviert nicht. Manchmal vergisst er sogar, die Tür abzuschließen, wenn er zur Arbeit geht.

Er verhält sich gegenüber seiner Wohnung so, als bräuchte er sie nicht.

Dabei ist sie sein einziges Zuhause und leistet ihm unschätzbare Dienste. Er hat ein Dach über dem Kopf, er ist vor Kälte, Wind und Regen und vor fremden Blicken geschützt. Hier kann er sich von der Arbeit ausruhen und Energie auftanken. Er hat einen Ort, an den er Freunde einladen kann und an den er sich zurückziehen, wo er sich konzentrieren und Pläne für die Zukunft schmieden kann.

Seine Wohnung ist eine wunderbare Grundlage für die Manifestation des »Unmöglichen«. Aber daran denkt er nicht. Stattdessen imprägniert er die Mauern seiner Behausung mit den Schwingungen seiner Unzufriedenheit und Verachtung. Und genau solche Schwingungen geben sie ihm zurück. Denn eine Wohnung sammelt und saugt die ganze Information auf, die jemand mit sich bringt und ausstrahlt, während er sich in ihr aufhält. Eine »verachtete« Wohnung kann ihrem Bewohner bei der Verwirklichung seines Lebenstraums nicht helfen, sie wird ihm im Gegenteil hinderlich sein. Niemals wird er zu Hause den Weg zu seinem Glück finden. Niemals wird ihm im Traum eine glänzende Idee kommen (wie es mitunter geschieht, wenn jemand dringend nach der Lösung einer Aufgabe oder nach dem Ausweg aus einer misslichen Lage sucht).

 **Zürne nicht, sei nicht böse, sei nicht neidisch, schade niemandem – denn du erntest, was du säst.**

Ein Kennzeichen des Menschen ist es, dass er krank wird, wenn er wie ein Kranker denkt, fühlt und handelt. Unsere Gedanken, Gefühle und Taten sind – leider sehr, sehr häufig! – krank. Nicht jeder, aber viele von uns sind aggressiv, aufbrausend, reizbar, neidisch. Die Menschen fügen sich selbst durch ihre eigene Wut und Ungeduld gegenüber anderen und der Welt oder dadurch, dass sie andere bedrängen, Schaden zu. Sie vernichten die Erde, auf der sie leben, die Luft, die sie atmen, das Wasser, das sie trinken.

Wir ernten, was wir säen, und wir säen, was in uns ist.

Höre auf dich, auf die Stimme des Herzens, auf die Stimme des Gewissens. Handle nach allerbestem Vermögen. Dann wirst du echte Heilung erfahren.

Würde er sich seinem Zuhause gegenüber so verhalten wie gegenüber einem Menschen, der ihm nahesteht und mit dem er ständig im Kontakt ist, würde er sich gut um es kümmern, dann wäre alles anders. Seine Wohnung würde ihm seine gute Beziehung zu ihr hundertfach mit Fürsorge und Unterstützung vergelten. Und er könnte, sozusagen ohne das Haus zu verlassen, seine Träume in die Wirklichkeit bringen.

Aber dieser Mensch schätzt nicht, was er hat, und bringt sich so um die Möglichkeit, es sich zunutze zu machen.

Sie haben nur einen alten Anzug und können sich keinen neuen kaufen? Diesen Anzug haben Sie, und er ist noch völlig in Ordnung. Was macht Sie so unzufrieden? In ihm können Sie ins Theater gehen, zu einem Rendezvous, zu einem Arbeitstreffen, und Sie werden gut darin aussehen. Sehen Sie es also von der guten Seite, achten Sie nicht auf das Alter und die Menge der Kleidungsstücke. Eines Tages werden Sie in Ihrer einzigen »guten« Hose, Weste und Jacke Ihr Glück finden. Sind Sie arm, verfügen aber über eine gute Gesundheit und eine gesunde Lebenseinstellung? Freuen Sie sich über Ihr wunderbares Befinden und den guten Energiehaushalt. Das sind hervorragende »Instrumente«, um im Leben erfolgreich zu sein. Sie haben Talent, aber keinen Erfolg? Beglückwünschen Sie sich dazu, dass Ihnen das Schicksal eine Gabe geschenkt hat, der Erfolg wird sich früher oder später schon einstellen.

Überlegen Sie und erinnern Sie sich, was es in Ihrem Leben an Gutem gibt. Seien Sie dem Schicksal dankbar dafür. Schätzen Sie diese Dinge, verhalten Sie sich liebevoll und fürsorglich ihnen gegenüber. Sie sind die Grundlage, auf der sich Ihr Glück manifestieren kann.

3. Nehmen Sie jede noch so geringe Kleinigkeit wahr, die Sie gut machen, und loben Sie sich dafür

Wir sprachen bereits am Ende des ersten Teils dieses Buches darüber: Seien Sie stolz auf sich. Zögern Sie nicht und stellen Sie sich immer wieder selbst auf einen Sockel, liebe Leser. Loben Sie sich auch für die kleinsten Dinge, die Sie erreichen. Sie leiten auf der Arbeit eine Abteilung und schaffen es mit Leichtigkeit, mehrere Arbeitsprojekte gleichzeitig zu betreuen – klopfen Sie sich in Gedanken täglich selbst auf die Schulter. Ihre Frau hat Sie gebeten, die Gummidichtung des Warmwasserhahns auszuwechseln, und Sie haben ihr ihre Bitte schnell und gekonnt erfüllt – würdigen Sie diese kleine Demonstration Ihres Könnens, seien Sie zufrieden mit sich. Sie haben die richtigen, tröstlichen Worte für einen guten Bekannten gefunden oder in einer Gruppe von Freunden einen Witz so erzählt, dass alle gegrölt haben vor Lachen – freuen Sie sich an sich.

»Wenn du dich selbst nicht lobst, wer sollte es dann tun«, sagt man, aber das ist nicht der Punkt. Vielleicht lobt man Sie ja sogar für eine gut ausgeführte Arbeit, wahrscheinlich sogar. Viel wichtiger ist, dass Sie sich selbst gutheißen. Denn so wenden Sie sich den starken und hellen Seiten Ihrer Persönlichkeit zu. Sie verachten sie nicht wie vorher, sondern entdecken sich selbst neu als klugen, starken, geschickten, guten, fröhlichen Menschen. Sie lernen Ihre eigenen Fähigkeiten vollwertig einzusetzen. Sie werden sicherer und stärker. Ihre Sicherheit, dass Ihr Lebenstraum Realität werden kann, wächst.

Und diese Sicherheit ist berechtigt. Schlussendlich liegt das Große vom Kleinen nur einen Schritt entfernt. Wenn Sie mit einer Dichtung so gut zurechtkommen, werden Sie Ihren Lebenstraum ebenso gut verwirklichen können!

4. Denken Sie daran, wie wunderbar vielfältig und reich Ihr Leben ist

Sie sehen fern, hören Radio, lesen die Zeitung, surfen im Internet … Die Medien und das weltweite Netz machen es uns möglich, eine Vorstellung davon zu bekommen, wie komplex, vielfältig und unvorhersehbar das Leben auf dem Planeten Erde ist. Was für eine Unmenge an Ereignissen, Veränderungen und Verflechtungen von menschlichen Schicksalen geht auf ihr vor sich, Tag für Tag, Stunde um Stunde, Minute für Minute!

Und wir stehen inmitten dieser Welt. Unser Leben ist ebenso vielfältig in seinen Erscheinungen und unvorhersehbar wie das Leben insgesamt. Können Sie sich erinnern, wie oft Sie wundersame Wandlungen von Umständen erlebt haben, die alles um Sie herum und in Ihnen verändert haben? Wie oft haben Sie in einer schwierigen Situation wie aus dem Nichts Hilfe und Unterstützung erfahren? Wie oft haben Sie völlig unerwartet Freude oder Erfolg erlebt?

Die Gelehrten wissen schon seit langem, dass wir in einer Welt nicht linearer Wechselwirkungen leben. Das bedeutet, dass es »in ihr sehr schwierig ist festzustellen, ob es Ursachen gibt, die bestimmte Erscheinungen und Prozesse hervorrufen. Die Verbindung zwischen Ursache und Wirkung hat einen unbestimmten Charakter, sie ist nicht eindeutig.«[17]

Mit anderen Worten: Im Leben eines Menschen ist alles möglich. Ohne ersichtlichen Grund kann alles geschehen. Und da das Leben so wunderbar reich ist, geschieht dieses »Alles« immerzu …

Sie dürfen vor diesem Phänomen keine Angst haben. Ja, wenn alles möglich ist, dann können ja nicht nur Erfolg und Gelingen grundlos zu uns kommen, sondern auch Krankheiten, Not und Unglück. Natürlich, aber nicht zu Ihnen. In Ihrem Leben bezieht sich das »Alles ist möglich« auf die Verwirklichung des »Unmöglichen«, auf die Manifestation Ihres Lebenstraums. Das ist ganz unzweifelhaft so. Denn Sie verwandeln durch die Arbeit mit diesem Buch den Aufbau Ihres energetischen Informationsfeldes. Ab jetzt ziehen Sie nur noch das Beste an. Die reiche Vielfalt des Lebens wird für Sie ausschließlich eine glückliche sein.

Glauben Sie, leben Sie mit der Überzeugung, dass im Leben alle, auch die freudigsten Dinge, Ereignisse und Wandlungen möglich sind. Wenn wir an etwas glauben, kommt es auch zu uns. Vergegenwärtigen Sie sich, dass das Leben unendlich vielfältig und reich ist, und Sie werden Erfolge ohne Ende haben. Dann werden Ihre mutigen Träume Wirklichkeit.

»Wie geht das vor sich?«, können Sie nun fragen. Die Erkenntnis über die Nichtlinearität der Welt und die reiche

Vielfalt des Lebens ist die Antwort. Sie lautet so: »Zerbrechen Sie sich nicht den Kopf! Es hat keinen Sinn, Sie kommen sowieso nicht darauf. Wenn der Prozess beginnt, werden Sie alles von selbst merken. Und Sie werden wissen, was Sie zu tun haben.«

Da fällt mir ein ganz nichtiges, aber typisches Beispiel einer solchen glücklichen Wendung ein. Vor einigen Jahren erzählte mir eine Patientin:

»Vor Jahren habe ich geträumt, ich würde mir zum Winteranfang einen neuen Wildledermantel leisten. Er war hellbraun und hatte so einen Pelzbesatz. Aber ich konnte einfach kein Geld zurücklegen, denn ich musste meinem Sohn das Studium finanzieren … Als ich im November meinen Lohn bekam, berechnete ich alle notwendigen Ausgaben. Übrig blieben nur 3000 Rubel für meinen Traum. Das bisschen Geld steckte ich in die Tasche, durchforstete die Geschäfte und verlor alle Hoffnung. Überall hingen Wildledermäntel, und zwar genau solche, wie ich einen brauchte. Aber sie kosteten 12 000 oder 20 000. Und ich wollte so gern einen neuen! … Was sollte ich tun?

Da kam mir plötzlich die Erkenntnis: Es kann nicht sein, dass ich keinen für 3000 bekomme! Überall hängen sie in den Läden herum, es gibt sie wie Sand am Meer. Das heißt, irgendwo muss es etwas geben, das für mein Portemonnaie passt!

Und was soll ich Ihnen sagen? Ich fand einen! Ich war noch nie in diesem einen Geschäft im Souterrain gewesen, ich gehe nicht gern in Kellern einkaufen. Aber diesmal habe ich mich überwunden und meinen neuen Wintermantel gerade dort gefunden! Es war genau so einer, wie ich ihn wollte, und ich bekam ihn für 3000 Rubel!

Denn ich wusste: Irgendwo gibt es einen in diesem Meer von Mänteln, bestimmt finde ich einen!«

So hilft uns der Glaube an die reiche und glückliche Vielfalt des Lebens, unsere Träume zu verwirklichen.

5. Finden Sie eine Aufgabe für sich, eine Leidenschaft, ein Hobby, etwas, das Ihnen das Herz wärmt

Schaffen Sie sich in Ihrem Leben eine »glückliche Insel«, auf der Sie sich in Ihrer arbeits- und hausarbeitsfreien Zeit mit etwas beschäftigen können, das Ihnen Freude macht und seelische Erholung bietet.

Mögen Sie Sport? Gehen Sie auf einen Sportplatz oder in eine Turnhalle, um Tennis oder Tischtennis, Fußball, Volleyball, Basketball oder Badminton zu spielen. Tun Sie dies am besten unter der Anleitung eines Trainers (und nicht selbstständig, womöglich im Hof, auf brachem Gelände oder auf einem heruntergekommenen Sportplatz). So vermeiden Sie nicht nur Überanstrengung und Unfälle, sondern Sie stärken Ihre Gesundheit und lernen gesunde Bewegungsabläufe.

Tun Sie gern etwas für Ihren Körper? Gehen Sie in ein Fitness-Center, machen Sie Aerobic, Body Shaping, Pilates, Yoga, Krafttraining, gehen Sie schwimmen. Stellen Sie sich ein Programm nach Ihrem Geschmack und nach dem Rat eines Fitness-Spezialisten zusammen. Eine bessere Gesundheit und Kondition, sowie ein sehr gutes Lebensgefühl werden Ihnen sicher sein.

Mögen Sie Tiere? Legen Sie sich eine Katze oder einen Hund zu; kaufen Sie sich einen Papagei oder einen Kanarienvogel. Kümmern Sie sich um sie, mit Freude, Begeisterung und Liebe. Lesen Sie Bücher über den Umgang mit Tieren, geben Sie Ihren Lieblingen das Richtige zu fressen. Kümmern Sie sich um ihre Gesundheit, gehen Sie mit ihnen zum Tierarzt. Der Umgang mit »unseren kleinen Brüdern« wird Ihnen jede Minute das Herz wärmen …

Kurz, finden Sie eine Lieblingsbeschäftigung für sich. Lernen Sie Schach spielen. Kaufen Sie sich einen Fotoapparat und beschäftigen Sie sich mit Fotografie. Sammeln Sie Briefmarken oder seltene Bücher. Stricken Sie oder beschäftigen Sie sich mit Perlenstickerei. Lernen Sie kochen und machen Sie Ihrer Familie eine Freude mit einem auserlesenen Gericht. Tun Sie, was Sie wollen, Hauptsache, es gefällt Ihnen und Sie haben immer Zugang zu Ihrer »glücklichen Insel«.

Finden Sie am besten gleich die Zeit, sich Ihre Freizeitbeschäftigung so zu organisieren, dass Sie dabei glücklich oder zumindest zufrieden und begeistert sein können. Auf diese Weise füllen Sie sich mit »gesunder« Energie an, Sie stärken Ihre positive Ausrichtung »im Einklang mit dem Lebenstraum« und gehen mit großen Schritten auf Ihr ersehntes Glück zu. Schließlich ist die Beschäftigung mit einem Hobby tausend Mal besser, als Bier mit den Kumpels zu trinken oder darüber zu grübeln, wie »bescheuert« doch das Leben ist, oder mit der Familie oder den Nachbarn über gemeinsame Bekannte, berühmte Politiker und Stars zu lästern.

Letzteres führt uns zur dritten, sehr wichtigen Regel auf dem Weg zu einer »glücklichen« Lebensweise.

Erhalten Sie die Grundlage für das Glück in sich aufrecht

Diese Kapitelüberschrift will sagen, dass wir nichts tun sollen, was unseren Blick vom Licht in die Dunkelheit wendet, uns die Freude nimmt und damit auch die Möglichkeit, unseren Traum zu verwirklichen.

Verhaltensregel Nr. 3

Meiden Sie die Kontakte, die Ihnen Ihre positive Energie nehmen. Vermeiden Sie Umstände, unter denen Sie diese selbst fortgeben würden.

Hierzu sollte man sich an drei Grundprinzipien halten.

1. Verkehren Sie nicht mit Leuten, die negativ denken

Wenn das Leben gerade mal nicht glatt läuft, wenn Sie müde sind oder irgendetwas Sie mutlos gemacht oder geärgert hat, scheint es natürlich passend, mit jemandem zu sprechen, der in einer ähnlichen Verfassung ist. Er wird Ihnen bestätigen, dass das Leben eine endlose Kette von kleineren und größeren Unglücken und Unannehmlichkeiten ist. Er wird Ihnen erzählen, wie ihn irgendwann irgendwer betrogen oder verraten hat. Zusammen können Sie darüber philosophieren, dass die Menschen nicht Gottes beste Kreaturen sind und es verdienen, verurteilt zu werden. Dann werden Sie zu konkreten Beispielen übergehen, die Sie beide kennen. Sie kritisieren, verurteilen und brandmarken diese Leute, spucken verächtlich aus … und dann gehen Sie, vollkommen befriedigt über das gegenseitige Einvernehmen, wieder auseinander.

Während eines solchen Austauschs kommt es Ihnen so vor, als würden Sie Ihrer Seele Ruhe gönnen und positive Energie tanken. Wenn Sie aber nach einem solchen Gespräch wirklich in sich hineinhorchen, dann werden Sie feststellen, dass Ihr Wunsch zu leben, kreativ zu sein, Gutes zu tun und zu lächeln, plötzlich ganz schön abgenommen hat. Und falls Sie in dieser Lage schnell etwas entscheiden oder erledigen wollen, dann wird es mit einem Aufschrei, mit Ärger und dem Wunsch geschehen, irgendjemanden zu beleidigen und zu verletzen.

In Wirklichkeit haben Sie Ihrer Seele keine Ruhe gegönnt. Die Seele ruht sich nur dann aus, wenn Sie sich mit Freude, »gleichmütigem Annehmen« (weiter unten werde ich diesen Begriff erläutern) und Liebe anfüllen. Sie haben keine positive Energie getankt. Positive Energie leitet sich aus Freude, Ausgewogenheit und Liebe ab, die es in Ihrem Gespräch nicht gab. Sie haben Ihr energetisches Informationsfeld mit negativen Energien versorgt, die Ihr Gesprächspartner ausstrahlte. Damit hat er auch Ihre eigenen negativen Energien verstärkt, Ihre unglückliche Stimmung unterstützt und in Ihrem Feld Punkte geschaffen, an denen fremde Negativität eindringen kann. Sie sind verwundbarer und schwächer geworden. Und von dem Weg abgekommen, der Sie zum Glück führt.

Nun kann es hier überhaupt nicht darum gehen, Ihren Gesprächspartner zu beschuldigen. Sie allein haben ja die Wahl getroffen, sich ausgerechnet mit ihm auszutauschen. Sie waren in dieser Stimmung, es entsprach Ihrem spontanen Wunsch, es war Ihre Wahl. Und Menschen, die negativ denken und jederzeit bereit sind, Sie von dem schlimmstmöglichen Verlauf der Dinge zu überzeugen, gibt es zuhauf. Sobald in Ihnen auch nur der entfernte Wunsch oder Gedanke daran auftaucht, sich mit ihnen auszutauschen – sie werden sofort zur Stelle sein.

Sich von anderen mit negativer Energie zu nähren, kann auch zu einer schädlichen Gewohnheit werden. Sie gibt ja tatsächlich Kräfte, auch wenn sie schlecht sind und nicht nur das Beste in Ihnen, sondern auch Ihren Körper zerstören. Hier ein abschreckendes Beispiel einer extremen solchen Neigung.

Ich kannte eine alte Frau (eine Verwandte von Freunden), die zwei bis drei Mal pro Woche auf den Friedhof ging, um dort einer Trauerfeier beizuwohnen. Sie stand dann etwas abseits der trauernden, weinenden Menschen und nahm ihren Schmerz, ihr Leid und ihre Trauer in sich auf. Von solchen »Unternehmungen« kehrte sie gut gelaunt, mit rosigen Wangen und glänzenden Augen nach Hause zurück. Sie fühlte sich, wie sie sagte, »besser denn je« …

 **Die Zeit ist der Stoff des Lebens, der gegenwärtige Augenblick dagegen das Leben selbst.**

Fühle, schmecke, höre und umarme den jetzigen Augenblick. Du gehst zur Arbeit. Nimm die Frische des Sommermorgens wahr, den Schwung des eigenen Schritts, die positiven Signale deines Körpers, das Rascheln der grünen Blätter, den Atem des leichten Windes, die zarten Sonnenstrahlen – das ist dein Leben, so wie es jetzt ist, freue dich daran. Du bist, du lebst, du gehörst dir selbst, verweile bei dir, hier und jetzt. Lasse dich nicht von deinen Gedanken fortholen in die Zukunft: Nimm dir Zeit für die Planung bevorstehender Dinge, fälle deine Entscheidungen und handle so, dass du dein Tun und seine Folgen in jedem Moment und bei jedem Schritt erfährst. Verlasse die Gegenwart nicht für die Vergangenheit: Geschehenes zu analysieren und Fehler zu untersuchen ist wichtig und muss im rechten Moment erfolgen. Sobald der Moment aber vorbei ist, musst du weitergehen.

Diese Frau litt an einer Vielzahl chronischer Krankheiten (damit bezahlte sie dafür, dass sie nach solchen »Heil«-Spaziergängen für eine halbe Stunde guter Laune war). Sie hatte nie ein gutes Wort für andere übrig, tat nichts Gutes, lebte einsam und allein. Außer einem kleinen Zimmer in einer Kommunalwohnung und dem Friedhof vor dem Fenster hatte sie gar nichts.

Ein solches Leben ist nichts für Sie, nichts für Menschen, die von der Verwirklichung ihres Lebenstraums träumen.

Erlauben Sie sich nicht, sich von schlechten Gedanken und Gefühlen überwältigen zu lassen. »Nähren« Sie nicht die schlechten Energien von Kritik, Schmerz und Kummer. Und ziehen Sie keine Menschen an, die negativ denken.

2. Bemitleiden und beklagen Sie sich nicht

Wenn Sie sich selbst bemitleiden, strahlen Sie Schwingungen der Schwäche und Unfähigkeit aus (die wiederum analoge Schwingungen und entsprechend unangenehme Kontakte und Ereignisse anziehen). Sie stärken dann in Ihrem Bewusstsein das Bild vom Unglück. Dasselbe geschieht auch dann, wenn Sie jemandem leidenschaftlich von Ihren Unannehmlichkeiten erzählen.

Die Klage hat noch weitere unangenehme Folgen. Wenn Ihr Gesprächspartner negativ denkt, bekommen Sie das, wovon wir gerade sprachen: Sie nähren sich mit »bösen« Schwingungen und werden dadurch verwundbarer und schwächer. Wenn es sich aber um einen Freund oder sonst sehr nahen Menschen handelt, der ehrlich mitfühlt, zuhören und Sie mit Worten trösten kann, dann … ja, dann wird Ihnen mit Sicherheit leichter zumute, denn Sie erhalten durch diesen Kontakt positive Energie. Aber hält das lange an? Am besten ist es, die eigene innere Quelle zu nutzen, aus der Sie immer und überall Lebenskräfte schöpfen können. (Wir werden jetzt lernen, sie zu finden und zu verwenden.) Falls Sie sie vergessen haben oder es Ihnen zu mühsam ist, sie zu nutzen, dann werden Sie die barmherzige Hilfe eines anderen Menschen sehr bald wieder benötigen. Und dann wieder … Bis Sie nach und nach zu einem Energievampir werden.

Bemitleiden und beklagen Sie sich nicht. Suchen Sie nach der unerschöpflichen Quelle Ihrer eigenen inneren Kraft und verwenden Sie sie. Leben Sie nicht auf Kosten des Mitgefühls anderer.

Und da die Rede gerade von Vampiren ist …

3. Pflegen Sie keinen Umgang mit Energievampiren

Es gibt energetisch geschwächte Menschen, die ihr Energiedefizit auf Kosten der Energie anderer auffüllen. Im Prinzip sind sie krank, und viele von ihnen »nähren sich« unbewusst. Aber das ändert für Sie nichts. Der Umgang mit Vampiren nimmt Ihnen für eine gewisse Zeit Ihre Kraft und jede Möglichkeit, an sonstwie geartete Träume zu denken. Und wenn Sie ständig mit solchen Leuten zu tun haben, werden Sie ernsthaft krank.

Wie handelt ein Energievampir, und woran erkennt man ihn? Lassen Sie uns überlegen.

Um einem anderen schnell Lebensenergie abzuzapfen, muss man starke Gefühle bei ihm hervorrufen, die auf einen selbst gerichtet sind. Mit guten Gefühlen dauert das zu lange. Damit er sich an einem erfreut, zusammen mit ihm lacht, Liebe ausstrahlt, muss man viel für ihn tun, und das dauert und ist schwer. Hingegen Ärger hervorzurufen, ihn zu beleidigen und zu verletzen, ihn außer sich zu bringen, geht leicht. Ein paar Worte reichen schon aus!

Ein Energievampir handelt folgendermaßen. Er fängt einen Streit an und beleidigt Sie mit den schlimmsten Worten. Er will Sie im tiefsten Innern treffen. Er wirft Ihnen absurde Beschuldigungen ins Gesicht. Er behelligt Sie so lange mit endlosen Vorwürfen, bis Sie explodieren. Es schüttelt Sie geradezu von dem Vampir. Sie sind empört. Sie sind bis ins Innerste erschüttert. Sie haben Tränen in den Augen, die Hände zittern, die Finger werden kalt, Ihre Gesichtsmuskeln zucken unkontrolliert. Sie fühlen, dass Sie zu nichts mehr Kraft haben: Sie können nicht arbeiten, sich nicht ausruhen, sich auf nichts konzentrieren, das Sie wieder zu sich bringen könnte. Der andere hat Sie bis auf den Grund »ausgetrunken«.

Nach einer Weile stellen Sie mit Erstaunen fest, dass Ihr Beleidiger sich so verhält, als wäre nichts gewesen. Er ist direkt lieb zu Ihnen und bittet um Verzeihung. Er ist zufrieden, er strahlt sogar …

Das ist leicht zu erklären. Der Energievampir hat sich auf Ihre Kosten gut »versorgt«. Und nach einem ordentlichen Mahl sind Menschen meist sehr gut gelaunt …

Vampire werden in öffentlichen Verkehrsmitteln grob, sie meckern und schlagen Lärm, wenn sie Schlange stehen, sie behelligen ihre Angehörigen zu Hause, machen anderen das Leben in der Arbeit unerträglich. Aber sie sorgen nicht nur für Aufruhr oder Beleidigungen. Das Arsenal ihrer Mittel zum Abpumpen von Energie ist extrem reichhaltig. Die einen führen endlose Gespräche mit Ihnen über ihre Sorgen und Krankheiten, sie beklagen sich, beweinen sich, jammern. Sie drücken aufrichtig Ihr Mitgefühl aus, geben Ratschläge, hören geduldig zu, dann jedoch spüren Sie, dass es reicht, dass es zu viel ist: Das Treffen dauert zu lange, Sie sind müde, Ihr Kopf wird heiß, aber es wäre unhöflich, das Gespräch abzubrechen, schließlich geht es dem anderen schlecht, er braucht Unterstützung, es wäre also nicht nett … Und schon hängen Sie schlaff auf Ihrem Stuhl herum, Ihnen wird übel, Sie sind blass, während Ihr Gegenüber redet und redet, mit rosigen Wangen, aufgemuntert und satt … Es kann auch sein, dass sich der Vampir gar nicht beklagt, sondern einfach nur erzählt: leeres, oberflächliches, banales Gerede, langwierige, langweilige Vorträge darüber, wie er was gemacht oder bekommen hat, wohin er gefahren ist … Sie quälen und langweilen sich, Ihnen wird ganz unwohl. Dabei wäre es Ihnen peinlich, diesen Alptraum zu unterbinden: Schließlich ist der Vampir Ihnen gegenüber freundlich, zutraulich und offen. Und außerdem verhält er sich sehr zuvorkommend, tut Ihnen kleine Gefälligkeiten, bringt Geschenke, ist immer freundlich und nett. Dass er jeden Tag ein bisschen zum »Plaudern« oder um eine zu rauchen kommt, macht doch nichts weiter …

»Macht doch nichts weiter!« Nach einer Reihe von solchen Treffen werden manche Menschen zu Invaliden …

Wichtig ist es, die Vorgehensweise des Vampirs zu begreifen. Dann werden Sie ihn, egal wie er sich verhält, zweifellos erkennen.

Vampire geben Ihnen immer ein Gefühl von Unbehagen, sie bringen Sie immer in eine unangenehme Lage, rufen in Ihnen immer entweder starke negative Gefühle oder einen versteckten Ärger hervor oder schaffen es, dass Sie sich im Kontakt mit ihnen quälen oder bedrückt werden. Ihnen wird immer ungemütlich oder schlecht mit einem solchen Menschen. Wenn Sie auseinandergehen, werden Sie erleichtert sein und zugleich jedes Mal feststellen, dass Sie ganz kraftlos sind.

Vermeiden Sie den Umgang mit Energievampiren. Brechen Sie, sobald Sie einen erkannt haben, den Kontakt unter allen Umständen ab und gehen Sie fort. Falls er zu Ihrer Familie gehört und Sie ständig mit ihm zu tun haben, müssen Sie lernen, im Umgang mit ihm Ihr inneres Gleichgewicht zu bewahren und ruhig zu bleiben. Dann geben Sie nichts von Ihrer Energie weg.

Wie können Sie das erreichen?

Lassen Sie alles durch sich hindurchfließen. Dabei kann Ihnen das Bewusstsein helfen, dass diese Person krank ist, die da herumschimpft, Ihnen den ganzen Abend etwas vorjammert oder Sie mit leerem Gerede peinigt. Höchstwahrscheinlich richtet sie das Unheil unbewusst an, sie muss sich behandeln lassen. Sie brauchen sich nicht zu ärgern, böse zu werden oder den anderen zu hassen: Kann man etwa auf Regen, starken Frost oder Windböen böse sein? Es gibt sie ganz einfach in unserem Leben. Ebenso werden manche Menschen wie aus dem Nichts von Krankheiten überfallen, die sie mitunter in Vampire verwandeln. Sie brauchen Behandlung und nicht Hass.

Wenn Sie innerlich ausgeglichen und ruhig sind, strahlen Sie nicht in Richtung des Vampirs aus, und er hat keinen Zugriff auf Ihre Energie. Aber passen Sie auf: Eine Demonstration äußerer Ruhe reicht als Antwort auf Beleidigungen und Beschimpfungen nicht. Es gilt, echte Seelenruhe zu erlernen.

Einen unschätzbaren Dienst im Selbstschutz gegen Energievampire, wenn man ihnen nicht aus dem Weg gehen kann, erweist Ihnen die Fähigkeit, mit negativen Gedanken und Gefühlen umzugehen. Darum wird es bei der Betrachtung der folgenden Regel gehen.

Kontrollieren Sie Ihre Gedanken und Gefühle

Im Prinzip ist der Kern der vierten Verhaltensregel schon in der Kapitelüberschrift enthalten. Dennoch wollen wir sie so klar wie möglich formulieren.

Verhaltensregel Nr. 4

Achten Sie darauf, woran Sie denken und welche Gefühle Sie dabei empfinden. Korrigieren Sie sich ständig, um sich positiv auszurichten.

Hierzu gilt es, fünf Grundprinzipien zu befolgen.

1. Nehmen Sie wahr, welche Gedanken Sie beherrschen

Der Verstand ist außerordentlich aktiv und somit auch außerordentlich laut. Der Mensch ist ein mentales Wesen, und der Verstand hat an allem teil, was in ihm oder außerhalb von ihm geschieht. Wir werden ständig einerseits von äußeren Eindrücken, Begegnungen und den unvermeidlichen Anforderungen des Alltags, andererseits von den Emotionen bombardiert, die durch die äußeren Ereignisse, durch körperliche Sehnsüchte oder durch eine von Herzensangelegenheiten verursachte Unruhe hervorgerufen werden.

Der Verstand beantwortet alle Bedürfnisse. Er schweigt nie. Er ist ein ununterbrochen laufender Computer. Er verarbeitet die unterschiedlichsten Informationen und gibt dann mit unwahrscheinlicher Geschwindigkeit auf dem »Bildschirm« unseres Bewusstseinsfeldes mentale Bilder der unterschiedlichsten Schattierungen aus. Wissenschaftler konnten bestimmen, dass uns im Laufe eines Tages mehrere Zehntausend Gedanken durch den Kopf gehen. Stellen Sie sich nur vor: mehrere Zehntausend! Und dabei weiß der Mensch – als Herr seiner selbst! – nicht, welche Informationen und Schlussfolgerungen ihm sein eigener Verstand »unterjubelt«, es sei denn, er achtet bewusst auf das, was dieser tut.

Der Verstand ist wie ein Kater, der seiner eigenen Wege zieht. Wohin er geht, weiß keiner, nicht einmal er selbst.

Das sieht dann zum Beispiel so aus. Sie nehmen ein Bad oder gehen zur Arbeit oder spülen gerade Ihr Geschirr. Sie haben gute Laune, Ihre Gedanken sind freundlicher Art. Sie erinnern sich an ein angenehmes Ereignis, dann fällt Ihnen das nächste ein. Schönes Wetter heute, die Sonne scheint, es ist warm … Der neue Freund der Tochter ist wirklich gut erzogen … Übermorgen ist Feiertag, da gibt's morgen im Büro eine kleine Party …Ach, und der Film im Fernsehen gestern war ja interessant … Aber wie sie den Helden, diesen Mann da, geschlagen haben! Was für brutale Leute! … In den Nachrichten hieß es, das Haus der Invaliden sei verbrannt – eine Fahrlässigkeit der Leitung! … Unser Abteilungschef hat seinem Vertreter gekündigt. Einfach nur so, das Schwein! … In dieser Welt gibt's keine Gerechtigkeit, wirklich nicht, und wenn ich's mir recht überlege: Man lebt gefährlich auf der Erde! Wer hat gesagt, wir lebten in der besten aller Welten? … O je, wieso tut mir jetzt der Kopf weh …

Ein derart unkontrollierter Verstand führt Sie in die dunklen Regionen des Bewusstseins, senkt die Laune schlagartig und verschlechtert das Befinden. Dabei ist im äußeren Leben gar nichts weiter vorgefallen, Sie haben gerade keine Probleme, alles läuft wie am Schnürchen. Und eben noch waren Sie gesund! Sie haben sich sozusagen selbst ein Bein gestellt.

Lassen Sie nicht zu, dass schlechte, *nicht konstruktive* Gedanken Sie übermannen. Bewachen Sie die Arbeit Ihres Verstandes. Seien Sie achtsam und aufmerksam im Umgang mit ihm. Es ist gar nicht schwer, versuchen Sie es. Denken Sie nur an Gutes. Das bedeutet nicht, dass Sie die realen alltäglichen Probleme ignorieren sollen. Die müssen Sie lösen und dabei alles nutzen, wozu Ihr Verstand in der Lage ist. Darüber jedoch wollen wir später sprechen. Jetzt geht es erst einmal um den Fall, wo Sie gerade keine Arbeit haben, die dem Verstand eine Anstrengung abverlangt, und keine Probleme, über die Sie konzentriert nachdenken müssten (das heißt keine *konstruktiven* Aufgaben). In einem solchen Fall wird Ihr Verstand »frei herumfliegen«. Bringen Sie ihn also dazu, dorthin zu »fliegen«, wo er eine »auf das Glück ausgerichtete« Haltung stärkt.

Dafür können Sie die zweite Verhaltensregel anwenden. Wir werden sie für die Arbeit am Verstand ein wenig abändern: »Wenden Sie sich *in Ihren Gedanken* dem zu, was Sie unterstützt, Ihnen Freude schenkt und Ihre Energie anhebt oder vermehrt.«

Und zu guter Letzt: Schauen Sich sich nicht all diese blutigen Actionfilme und Thriller an, in denen es um die wahnsinnigen Umtriebe von Verrückten und Mördern geht! Beachten Sie in den Nachrichten nicht all die schrecklichen Dinge, die am anderen Ende der Welt geschehen und in keiner Beziehung zu Ihnen stehen. Dann werden Sie ruhig schlafen, und Ihre Gedanken werden freundlich und leicht sein.

Wenn Sie nach dem gerade beschriebenen Prinzip leben, wird Ihr Verstand aufhören, der unordentliche und schlampige Herr Ihres Daseins zu sein. Er wird zu einem folgsamen und nützlichen Diener.

2. Denken Sie leidenschaftslos über potenziell problematische und gefährliche Lebenslagen nach

Mitunter üben Geschichten über Verbrechen, tragische Vorfälle und unerwartete Missgeschicke einen starken Eindruck auf uns aus. Und natürlich Erzählungen über das Schicksal der Opfer von tragischen Umständen. Vielleicht erzählen uns Bekannte davon, vielleicht lesen wir darüber. Vielleicht schauen wir uns einen auf ihrer Grundlage gedrehten Dokumentar- oder Spielfilm an. Vielleicht ergibt es sich auch, dass wir zu Augenzeugen, zu Zeugen fremden Leides werden …

Danach plagen uns eine Zeit lang Ängste und Befürchtungen. Es folgt der beharrliche Wunsch, sich selbst gegen derlei tragische Vorfälle zu sichern. Und schon gehen wir ans Werk. Wir vergegenwärtigen uns eine unangenehme Geschichte und gehen alle damit verbundenen Einzelheiten noch einmal durch. Diesmal jedoch stellen wir uns vor, wir seien die Opfer der Umstände oder des Verbrechens! Wir keuchen vor Sorge oder Angst oder auch aus einem einfachen Gefühl des Verlustes heraus. Und versuchen zu verstehen, was zu tun wäre, damit uns das nicht passieren kann.

Liebe Leser, bitte tun Sie sich das nie an! Natürlich ist der Wunsch, eine so harte Geschichte zu durchdenken, gerechtfertigt. Sie brauchen Antworten auf die Fragen: »Wie kann ich einem Überfall auf der Straße entgehen?«, »Was kann ich tun, wenn mich im Fahrstuhl jemand überfällt?«, »Wie muss ich mich auf der Fahrbahn verhalten, damit mich kein Auto anfährt?«, »Was tun, wenn ich einem Schwindel zum Opfer falle?«, »Wie gehe ich vor, wenn mir die Arbeit gekündigt wird?«. Und so weiter und so fort. Sie müssen unbedingt dafür sorgen, dass Sie sich nicht in Gefahr begeben, und Maßnahmen dazu ergreifen. Sie haben die Pflicht, ein paar Regeln zur eigenen Sicherheit aufzustellen.

Aber bitte *steigern Sie sich nicht* in Gedanken in dramatische oder tragische Situationen *hinein*! Stellen Sie sich nicht vor, Sie seien das Opfer! Das macht Sie kaputt, wirft Sie in einen Strom negativer Emotionen und reißt Sie fort von der Wirklichkeit Ihres Glücks. Sie ziehen damit Leid an.

Denken Sie leidenschaftslos über potenziell problematische und gefährliche Situationen nach. Betrachten Sie sie als Beobachter und nicht als Beteiligter. Steigern Sie sich nicht in sie hinein. Dann wird eine solche Beschäftigung konstruktiv und nützlich sein.

Und noch ein Rat. Nicht umsonst habe ich meine Überlegungen mit dem Wort »mitunter« begonnen. Erlauben Sie Ihren Gedanken nicht, mögliche Unglücksfälle zu Ihrem wichtigsten Thema zu machen. Um sich sinnvoll vor Gefahren schützen zu können, reicht es, wenn man sich ein einziges Mal konzentriert mit der entsprechenden Literatur befasst. Bücher zum Thema »Wie man sich in Extremsituationen verhält« gibt es mehr als genug im Handel.

3. Kontrollieren Sie Ihren Gefühlszustand

Starke negative Emotionen sind unsere schlimmsten, mitunter sogar tödliche Feinde. Sie sorgen dafür, dass wir uns auch unter den Menschen tödliche Feinde zuziehen. Sie können zu schweren, lebensbedrohlichen Krankheiten führen. Denn unser Zorn ist eine seelische Krankheit, die in der Seele ihre Wurzeln schlägt, aber im Körper wächst …

Negative Emotionen ziehen, wie schon mehrfach erwähnt, alle möglichen Leiden und Unbilden an. Nicht umsonst zählen die orthodoxen Christen zu den sieben Todsünden auch drei negative Gefühle: Zorn, Neid und Trübsinn. Es ist lebensnotwendig für uns, dass wir lernen, unsere Gefühle zu kontrollieren und vor allem keine negativen Gefühle entstehen zu lassen. Dabei dürfen wir sie jedoch nicht mit unserer Willenskraft unterdrücken und so unser inneres Wesen vergiften.

Wie können wir also mit unseren drei »Todes«-Gefühlen umgehen? Über den Trübsinn werden wir zu einem späteren Zeitpunkt sprechen. Jetzt lernen wir zunächst eine Technik für den universellen »Kampf« gegen Zorn und Wut. Wenn Sie das Prinzip, das der Übung zugrunde liegt, als Haltung zu allem einnehmen, was in Ihnen unerwünschte Reaktionen hervorruft, dann werden Sie sehr bald feststellen, dass sich in Ihrem Leben wunderbar positive Veränderungen vollziehen.

Übung: Umgang mit der Wut

Jemand hat uns verletzt, etwas anders gemacht, als er sollte, ist nicht zum vereinbarten Zeitpunkt am vereinbarten Ort gewesen, hat etwas Verkehrtes gesagt, und schon überschwemmt uns eine Welle der Wut. Wir sind ihrer nicht Herr, wissen nicht, woher sie gekommen ist, sind uns nicht bewusst darüber, wie sie sich unserer bemächtigt hat. Wir haben keine Kontrolle über ihre Kraft und halten es für normal, uns so vollständig von ihr erfassen zu lassen, dass wir in ihr untergehen. Wir unterwerfen uns der Wut widerspruchslos. Kaum steigt sie in uns empor, tun wir sofort alles, was sie uns diktiert. Wir explodieren, schimpfen fürchterlich herum, gehen womöglich mit den Fäusten auf unser Gegenüber los, schlagen alles um uns herum kurz und klein – im Zorn sind wir in der Lage, die verrücktesten Dinge zu tun!

Warum passiert das? Warum sind wir nicht Herr über unsere Wut? Warum hat sie, wenn sie kommt, sogar unbegrenzte Macht über uns?

»Er ist außer sich geraten«, sagt man über jemanden, der einen Wutanfall erleidet. Das heißt, er war bei sich, »in sich«, aber dann »kam die Wut«, und er »geriet außer sich«. Wohin ist er gegangen? Wahrscheinlich in den Wahnsinn …, aber das spielt keine Rolle. Wichtig ist, mit wem er ging. Was soll das heißen, mit wem? Mit der Wut natürlich! Von einem jähzornigen, aber im allgemeinen gutherzigen Menschen, der sich nach einem Gefühlsausbruch schnell wieder beruhigt, sagt man, »er kommt schnell wieder zu sich«, er ist nicht nachtragend. Er war zusammen mit der Wut fortgegangen und ist nun wieder zurückgekommen.

Die Wut hat solche Macht über uns, weil wir sie für einen natürlichen Teil unserer selbst halten und, sobald sie auftaucht, Hand in Hand mit ihr herumspazieren. Noch dazu hüllen wir uns in sie ein wie in ein Kleidungsstück und bewegen uns »in ihr«. Nicht umsonst gibt es auf Russisch einen so sprechenden Ausdruck wie »Er ist im Zorn«.

Wir meinen, die Wut sei eine natürliche Erscheinung unserer Natur, vom Wesen her ein unabdingbarer Teil unseres Ichs, der manchmal den Wunsch zeigt, ans Licht der Welt zu treten und die Zügel in die Hand zu nehmen. Und wenn das geschieht und die Wut Besitz von uns ergreift, dann glauben wir alles, was sie uns einredet, und tun alles, was sie will. Wir werden zu ihr.

Wenn wir etwas in uns für »uns eigen« halten, identifizieren wir uns damit.

Und wir werden zu dem, womit wir uns identifizieren.

Wir werden zur Wut.

Aber wir sind nicht die Wut.

Wir sind nicht die Wut! Um das zu verstehen, müssen wir einfach achtsam genug mit ihr umgehen. Beginnen Sie zu zählen, sobald Sie spüren, dass etwas Sie außer sich bringt – bis 10, bis 20, bis 30. Je stärker die Wut Sie überkommt, desto länger müssen Sie zählen. Verbieten Sie sich ein für alle Mal, irgendetwas zu tun oder zu sagen. Stehen oder sitzen Sie einfach da und zählen Sie, machen Sie das zu Ihrer Gewohnheit. Dann werden Sie begreifen, dass Sie Ihre Wut anschauen können. Jetzt dringt sie in Sie ein, jetzt erhebt sich ihre mächtige Welle in Ihrer Brust, jetzt überkommt Sie Empörung, Raserei oder der Wunsch zu explodieren … Halten Sie die Welle aus, lassen Sie sich nicht von ihr überrollen, beobachten Sie sie einfach nur. Lenken Sie sich nicht ab: Sie sehen sie und bleiben innerlich unbewegt. »Nicht klein beigeben – sich nicht ablenken – hinsehen«: das ist das wichtigste Prinzip. Schauen Sie einfach nur zu, und Sie werden sehen, dass die Wut nicht Ihre ist, sie ist etwas von Ihnen Losgelöstes, einfach eine

Schwingung, die keine Macht über Sie hat, aber etwas in Ihnen berührt hat. Außer diesem »Berührtsein« ist nichts da, kein fremder, böser Wille, keine Schuld – es ist nur Ihre innere Ordnung oder Disposition, die durch ein Wort oder eine Tat eines anderen verletzt wurde. Der erste Impuls, der erste Anfall negativer Gefühle vergeht sehr schnell, und dann wissen Sie, was Sie tun müssen, was Sie an sich ändern oder für sich klären müssen, damit die Wut Sie aus einem ähnlichen Grund nie mehr ärgern kann.

Dies ist ein erstaunliches Phänomen bei der meditativen Versenkung: Wenn wir das negative Gefühl innerlich unbewegt betrachten, dann geht es schnell vorbei, und eine absolute Klarheit, das Verständnis dessen, was die Aufregung herbeigerufen hat, nimmt seinen Platz ein. Betrachten Sie dagegen einmal die Freude und die Liebe zu sich. Sie werden mit Erstaunen feststellen, dass das positive Gefühl Sie nicht verlässt, es wird klarer und tiefer.

Diese Übung löst unsere Wut auf, sie vernichtet sie und festigt, entwickelt und verstärkt das Gute in uns.

Das Zählen gibt uns dabei die Möglichkeit, uns zu konzentrieren, Abstand von den negativen Gefühlen zu gewinnen und diesen Abstand zu wahren. Es gibt uns in unserem inneren »Unbewegtsein« einen Halt.

Sobald es Ihnen auf diese Weise geglückt ist, mit der heranrollenden Welle der Wut fertig zu werden, sprechen Sie bitte demjenigen, der diesen Gefühlsaufruhr in Ihnen hervorgerufen hat, in Gedanken oder auch laut Ihren Dank aus. Dieser Mensch hat Ihnen dazu verholfen, in sich hineinzuschauen und eine weitere Besonderheit Ihrer inneren Welt zu erkennen.

Falls Sie es nicht aushalten, dem Zorn leidenschaftslos zuzuschauen, agieren Sie ihn bitte trotzdem nicht verbal aus. Verlassen Sie den Gesprächspartner, der Sie so außer sich gebracht hat, so schnell es geht. Gehen Sie spazieren, gehen Sie in ein anderes Zimmer. Lösen Sie die emotionale Spannung durch heftige Bewegungen oder durch einen schnellen Lauf. Machen Sie Gymnastikübungen, atmen Sie tief durch. Erledigen Sie eine physisch anstrengende Arbeit. Schlagen Sie auf ein Kissen. Aber berücksichtigen Sie dabei, dass es ein spezielles Kissen »für den Zorn« sein muss. Sie »schlagen« all Ihre negative Energie dort hinein, deshalb ist es weder für Sie noch für irgendjemand anderen als Schlafkissen geeignet. Heben Sie es, weit entfernt von anderen Gegenständen, in einer dunklen Ecke auf.

Das Alleinsein und physische Anstrengung helfen sehr, um die erste Welle des Zorns zu beruhigen. Wenn Sie sich dann allerdings etwas beruhigt haben, müssen Sie weiter an sich arbeiten. Jetzt sind Sie in der Verfassung, den Zorn leidenschaftslos zu betrachten. Gehen Sie die Situation noch einmal durch und führen Sie das Gespräch mit demjenigen fort, der dieses negative Gefühl in Ihnen hervorgerufen hat.

Es gibt noch eine weitere wunderbare Möglichkeit, den ersten Ansturm von Zorn zu entschärfen. Gehen Sie zum Spiegel und schauen Sie Ihren Gesichtsausdruck an. Schauen Sie sich in die Augen. Ich garantiere Ihnen: Sie werden nach Gebühr würdigen, was für ein vernichtendes und gemeines Gefühl da von Ihnen Besitz ergriffen hat. Nach diesem ersten, starken Impuls werden Sie ihn unter Kontrolle bekommen.

4. Steigern Sie sich nicht in unsinnige Zustände

Welcher Zustand ließe sich als unsinnig bezeichnen?

Sie fahren mit dem Bus, neben Ihnen sitzt ein verdrießlich schweigender junger Mann. Plötzlich ruft er laut: »Ach, du bist es! Hallo!« und beginnt ein lebhaftes Gespräch mit einem unsichtbaren Gesprächspartner. Dabei schaut er gerade vor sich hin ins Nichts und lächelt breit.

Sie sind schockiert. Ihr Nachbar erzählt – so ohne Gegenüber – völlig grundlos etwas und antwortet auf nicht existente Fragen. Was ist das für ein unsinniger Zustand? Dann bemerken Sie, dass er einen kleinen Plastikstöpsel im Ohr hat, der zu einem Mobiltelefon gehört. Jetzt ist alles klar, der junge Mann spricht am Telefon …

Das, gelinde gesagt, merkwürdige Verhalten Ihres Sitznachbarn hat eine Erklärung gefunden, ergibt einen gesunden Sinn. Die Unsinnigkeit hört auf, unsinnig zu sein.

Ein unsinniger Zustand sind Gedanken, Emotionen und entsprechende Worte und Handlungen, in denen sich kein gesunder Sinn, keine Logik finden.

In einen solchen Zustand bringt Sie das Gefühl des Neides.

Der Neid ist das unsinnigste Gefühl, das man sich überhaupt vorstellen kann. Leider machen sich die Menschen nicht die Mühe, einen logischen Grund für das zu finden, was in ihnen vorgeht, wenn sie neidisch sind. Das ist sehr schade. Wenn sie sich darüber Gedanken machen würden, gäbe es viel weniger Neider auf der Welt. Niemand möchte sich gern für unvernünftig halten …

Lassen Sie uns ein wenig darüber nachdenken. Wenn jemand neidisch ist, heißt das, dass er sich über fremden Erfolg oder fremdes Gelingen ärgert. Er wird schlecht gelaunt und wütend: »Wie kann das sein! Der (die) hat *das* (eine schicke Wohnung, eine Pelzjacke aus Zobel, ein teures Auto, eine gute Gesundheit, ein blühendes Aussehen, einen Preis, eine Auszeichnung bekommen etc.), und ich nicht! Das Leben ist ungerecht! Er (sie) ist doch gar nicht anders als ich!«

Und genau in diesem »ist doch gar nicht anders als ich« liegt der grundlegende Fehler. Können Sie sich erinnern, liebe Leserin, lieber Leser, dass wir von Ihrer Einzigartigkeit sprachen? Jemanden wie Sie gibt es kein zweites Mal auf der Welt. Jeder Homo sapiens ist so einmalig wie Sie. Dieses Phänomen lässt sich leicht erklären. Die geniale Schöpfung unseres Schöpfers – der Mensch – ist ein hoch komplexes Wesen, ein Mikrokosmos mit Millionen von Geheimnissen. Wenn es heftig schneit, fallen Millionen von Schneeflocken auf die Erde – und keine zwei darunter gleichen einander. Genauso gibt es unter den Millionen Geheimnissen eines Menschen nicht ein einziges, das auch nur einem Geheimnis eines anderen gliche. Deshalb ist jeder von uns einzigartig, deshalb gleichen wir einander nicht.

Und das bestimmt die Einzigartigkeit der menschlichen Schicksale. Sie mögen mit einem anderen in derselben Stadt geboren sein, die gleiche Ausbildung erhalten haben, zusammen arbeiten und ihm womöglich äußerlich ähnlich sehen. Meinen Sie wirklich, dass Sie genau das Gleiche verdienen und unter genau den gleichen Umständen leben sollten? Nein, das meinen Sie nicht, das wäre ja auch unvernünftig!

Unser Leben ist ein Universum an Möglichkeiten, und diese Möglichkeiten sind für jeden von uns so einzigartig, wie jeder von uns einzigartig ist.

Und nun stellen Sie sich vor: Sie gehen mitten in einer Menschenmasse eine Straße entlang. Lauter Menschen-Welten, Schicksals-Universen kommen Ihnen entgegen, überholen Sie, gehen neben Ihnen her … Diese Welten und Universen sind Ihnen nicht fremd, aber sie sind … *anders*. Verstehen Sie? *Anders* heißt, sie unterscheiden sich von Ihrer inneren Welt, von dem Universum Ihres Schicksals. Sie stehen eigentlich mit Ihnen in keiner Verbindung. Was können Sie über sie sagen? Was wissen Sie über sie? Nur das, was Sie mit Ihren fünf Sinnesorganen wahrnehmen können, doch das reicht nicht aus, um einen Makrokosmos mit Millionen von Geheimnissen zu erfassen. Sie wissen nur das, was Sie denken, aber der menschliche Verstand, der sich im Bewusstsein des Ego befindet, kann die Welt mit den Möglichkeiten, die ihm zur Verfügung stehen, nicht erfassen, er kann das Universum nicht in sich aufnehmen.

Um Sie herum sind unbekannte Wesen mit nicht zu erkennenden Möglichkeiten. Die Schicksale dieser Wesen unterscheiden sich von Ihrem genauso wie der Lebensweg eines Außerirdischen von dem eines Menschen.

Von was für einem Vergleich von Wohlstand und Erfolg verschiedener Menschen kann da die Rede sein? Stellen Sie sich vor, Sie sehen ein grünes Männchen, wie es aus einem Raumschiff steigt. Kommt Ihnen da in den Sinn, Ihre Einkünfte und Erfolge mit denen des Außerirdischen zu vergleichen? Natürlich nicht, das wäre unsinnig! Werden Sie neidisch sein, weil er ein Raumschiff hat und Sie nicht? Wohl kaum! Vielleicht wünschen Sie sich auch so ein Raumschiff, aber Sie werden sich nicht ärgern und nicht über Ihr Schicksal klagen. Denn Sie können sich nicht vergleichen, Sie können nicht sagen: »Worin bin ich schlechter als er? Worin unterscheidet er sich von mir?«

Ihnen ist klar, dass sich das grüne Männchen *in allem* von Ihnen unterscheidet. Es ist anders. Wie könnten Sie da neidisch sein?

Dasselbe gilt auch im Verhältnis zum Wohlstand und Erfolg eines anderen Menschen! Auch er ist – wie der Außerirdische – anders, und zwar in jeder Hinsicht. Man kann von den Gütern träumen, die er besitzt. Aber sich zu ärgern, weil er besser lebt als man selbst? Das entbehrt jeden gesunden Menschenverstandes!

Deshalb habe ich den Neid als das unsinnigste Gefühl bezeichnet, das man nur haben kann. Und wenn man dann einmal weiterdenkt, muss man zu dem Schluss kommen, dass alle negativen Gefühle unsinnig sind. Sie sind nicht stichhaltig oder sind zumindest unlogisch, weil sie denjenigen, der sie ins Leben ruft, zugrunde richten. Er sägt damit sozusagen den Ast ab, auf dem er sitzt. Der Neid jedoch sticht auf dem Hintergrund dieses Gewühls an »Selbstmördern« mit seiner besonderen Unsinnigkeit hervor.

Seien Sie vernünftig und vergessen Sie den Neid ein für alle Mal. Leben Sie *konstruktiv*. Bewahren Sie die Energie, die Ihnen der Neid angesichts fremden Glücks nehmen würde. Bewahren Sie sie und nutzen Sie sie zur Erfüllung Ihres Lebenstraums.

5. Meditieren Sie

Wie Sie schon gesehen haben, fordert die Kontrolle über den Verstand und die Gefühle eine stets aufmerksame Haltung. Aber gelingt es Ihnen, die Aufmerksamkeit auf ein vorgestelltes oder wirkliches Objekt gerichtet zu halten? Diese Fähigkeit ist uns nicht natürlich gegeben, wir müssen sie entwickeln. Dafür gibt es eine spezielle Technik, die sich Meditation nennt.

Die Meditation ist eine Methode der Selbstregulierung, die darauf beruht, dass wir unsere Aufmerksamkeit steuern. Haben Sie schon versucht, die Übungen zu machen, die Ihnen helfen, das »Unmögliche« in der Wirklichkeit zu manifestieren? Zum Beispiel die Übungen »Finde Deinen Glücksankerpunkt« oder »Im Einklang mit dem Lebenstraum«? Normalerweise erfordert die Arbeit mit diesen Techniken eine Konzentration auf unsere dynamischen Gedankenbilder und/oder auf unseren Geisteszustand, auf die Atmung, auf die Körperwahrnehmung. In gewisser Weise sind alle Übungen, die ich im Laufe des Buches vorschlage, Meditationen.

Liebe Leser, meditieren Sie! Lesen Sie mehr darüber in der Fachliteratur. Eignen Sie sich Techniken an, die Ihnen zusagen. Machen Sie mindestens 15 Minuten am Tag Meditationsübungen. Sie werden bald ihre wohltuende Wirkung auf Sie selbst und auf Ihr Leben erfahren. Die Anstrengungen, die Sie auf das Erlernen der Techniken verwenden, machen sich hundertfach bezahlt. Erstens wird die Effektivität umso höher, je genauer Sie sie ausüben, und Ihr Lebenstraum wird umso schneller Wirklichkeit. Zweitens lernen

Sie – abgesehen von der dahinterliegenden Absicht – bei allen Meditationstechniken, sich zu entspannen; sie nehmen Ihnen die extreme nervliche und muskuläre Anspannung; sie stärken das Nervensystem, normalisieren den Blutdruck. Sie harmonisieren die Arbeit der rechten und linken Gehirnhälfte, was wiederum Ihr kreatives Potenzial, die psychische Flexibilität, die Kommunikationsfähigkeit und die Bereitschaft erhöht, adäquat mit einer gegebenen Situation umzugehen. Die Meditation wird sich sehr heilsam auf Ihre physische und psychische Gesundheit auswirken.

Dazu muss gesagt werden, dass es für den Anfänger kein einfaches Unterfangen ist, sich mental so klar auszurichten. Seine Gedanken werden sich in der ersten Zeit zerstreuen und umherwandern. Ich möchte Ihnen den Rat geben: Versuchen Sie nicht, gegen die Gedanken anzukämpfen oder sich aktiv von ihnen zu befreien. Lassen Sie sie ruhig kommen und gehen. Beobachten Sie sie einfach nur, und beginnen Sie mit der Technik dann, wenn sich das Denken ein wenig beruhigt hat. Falls Sie in Gedanken abgeschweift sind, kommen Sie sanft, ruhig und gleichmütig wieder zum Gegenstand Ihrer Übung zurück und fahren Sie mit der Übung fort.

Hierzu sind Beharrlichkeit und Geduld erforderlich. Vielleicht erschließen sich Ihnen solche Meditationsübungen nicht gleich von Anfang an. Vielleicht brauchen Sie ein paar Tage oder gar Wochen, um Ihren Verstand zu disziplinieren und zu lernen, die Ausrichtung des Geistes dauerhaft zu halten und sich auf ein bestimmtes Objekt zu konzentrieren. Hören Sie trotzdem nicht auf zu üben, tun Sie es regelmäßig und geduldig, und Sie werden garantiert Erfolg haben.

Ich möchte Ihnen von einer Meditation erzählen, die Sie immer ausüben können, egal wo Sie sich befinden oder womit Sie sich auch gerade beschäftigen mögen. Sie ist nicht ganz leicht, und es hat erst Sinn, sie zu lernen, wenn Sie sich bereits mit anderen Meditationsformen vertraut gemacht haben. Dafür aber erlaubt sie Ihnen, Ihr Leben so voll zu leben wie nur irgend möglich. Sie eröffnet Ihnen die Geheimnisse Ihres Körpers und Ihrer inneren Welt und lehrt Sie, andere Menschen zu verstehen. Ganz besonders erweist Ihnen diese Technik einen unschätzbaren Dienst, wenn Sie mitgenommen und müde sind, aber gerade keine Möglichkeit haben, sich zurückzuziehen oder auszuruhen. In einem solchen Zustand und in einer solchen Lage sollten Sie, wie Sie wissen, negativen Gedanken keinen Raum geben, zugleich gelingt es dann aber auch kaum, an Gutes zu denken. In der vorgeschlagenen Meditation erholen Sie sich in jeder Lebenslage seelisch, und Sie gewinnen genügend Kräfte, um Ihre Arbeit an der Manifestation des »Unmöglichen« in der Wirklichkeit fortzusetzen.

Übung: Es gibt nur den Augenblick zwischen Vergangenheit und Zukunft

Sie befinden sich in der Gegenwart und nicht irgendwo in der Vergangenheit oder in der Zukunft. Beruhigen Sie Ihren Verstand und leben Sie jeden Augenblick Ihres Lebens hundertprozentig. Schenken Sie ihm Ihre Aufmerksamkeit. Erkennen Sie ihn voll an, in der allumfassenden Wahrnehmung der inneren und äußeren Welt. Urteilen Sie nicht, analysieren Sie nicht, schalten Sie Ihr *Denken* aus. Tun Sie einfach aufmerksam, was Sie zu tun haben, und versuchen Sie, alles zu erfassen, was um Sie herum und in Ihnen vor sich geht. Eine solche Konzentration nennt man *allumfassend*.

»Ob Sie zur Wohnungstür oder ans Telefon gehen, jemanden zu Hause suchen, mit dem Sie reden können, in die Badewanne steigen, die Wäsche aus dem Trockner nehmen, zum Kühlschrank gehen, – Sie können alle Eile abwerfen, sich beruhigen und viel enger in Berührung kommen mit jedem gegenwärtigen Augenblick.«[18]

Wenn Sie sich im »Hier und Jetzt« befinden, nutzen Sie nicht mehr die Dienste des Verstandes. Der Verstand schweigt, Sie sind einfach wachsam; feinfühlig und ohne jede Beurteilung nehmen Sie die Wirklichkeit wahr. Deshalb sehen Sie alles, was in der wirklichen Welt um Sie herum und in Ihnen selbst passiert. Im Umgang mit Menschen sind Sie nicht voreingenommen. Sie sind vor allem ein leidenschaftsloser Beobachter, und deshalb sehen Sie den anderen genau so, wie er wirklich ist, und nicht so, wie Sie ihn sich vorher vorgestellt haben. Sie erkennen die wahren Bedürfnisse Ihrer Lieben, Ihr Umgang mit ihnen wird feinfühlig und richtig sinnvoll. Sie bemerken ebenfalls, welche Gedanken, Wünsche, Ängste, Sorgen und Freude oder Schmerz Sie aufsuchen. Was Sie beängstigt, täuscht, vom Weg abbringt, und was Sie aufmuntert, unterstützt, was Ihnen hilft, voranzugehen. Jetzt hören Sie gut auf Ihren Körper, Sie kennen seine Bedürfnisse und sehen seine vorher unsichtbaren Tränen. Sie wissen, was ihn vergiftet und krank macht und was er braucht, um gesund zu werden, was nützt und was schadet.

Stück für Stück entwickelt sich Ihre Fähigkeit, flexibel und spontan fehlerfrei zu handeln: Die Entscheidung rührt nicht aus einer Analyse der Situation, aus einer massiven Kopfarbeit, sondern aus der Erleuchtung. Wenn Sie in der Gegenwart leben, dann sind Sie diese Gegenwart, und Sie können absolut adäquat mit dem, was gerade geschieht, umgehen. Sie werden zum Herrn über Ihr Leben.

Lassen Sie sich das alte Gleichnis erzählen: Ein Wanderer war auf dem Weg durch die Taiga, als er plötzlich hinter sich ein Geräusch hörte. Er schaute sich um und sah, wie sich ihm in großen Sprüngen ein Tiger näherte. Panisch lief der Mann vor dem Raubtier fort. Er konnte schnell laufen, sich aber natürlich nicht mit dem Herrn der Taiga messen. Kurz bevor ihn der Tiger einholte, kam dem Mann eine rettende Idee: Er konnte sich von dem schrecklichen Verfolger losreißen, wenn er in den dichten Strauch dort hineinkroch, in den sein schrecklicher Verfolger nicht hineinpasste. Dort wäre er in Sicherheit. Mit letzter Kraft hechtete er nach vorn und verkroch sich in das Gestrüpp. Gerettet!

Da kam dem Mann aus den Büschen ein zweiter Tiger entgegen, während von hinten sein Verfolger wütend brüllte.

Machtlos ließ sich der Mann ins Gras fallen und sah sich um. Sein Blick streifte leer über die gefletschten Mäuler der schrecklichen Raubtiere und blieb dann auf dem Gebüsch hängen. In dem am nächsten stehenden Busch wuchs eine hellrote, saftige Beere, die den Mann anzustrahlen schien: Ihre weiche, halb im Schatten liegende Schale wurde von Sonnenstrahlen berührt.

»Ach«, rief der Mann aus, »was für eine wunderbare Beere!«, und ohne auf die Raubtiere zu achten, streckte er seine Hand nach ihr aus.

Die Tiger ließen von dem Mann ab und verschwanden nach einer Weile im Wald.

Jetzt zur Allegorie der Geschichte: Der Tiger, der den Mann von hinten verfolgt, ist das, womit sich der Mensch seelisch quält, wenn er an die Vergangenheit denkt: Schmerz aus Verlust, Bedauern über verpasste Gelegenheiten, Reue über Getanes. Der Tiger, der dem Wanderer aus dem Gebüsch von vorn entgegenkam, ist das, was den Menschen quält, wenn er an die Zukunft denkt: Angst vor möglicher Not oder Unbilden, Sorge um ein Gelingen des Lebens und des eigenen Tuns. Als der Mann die Beere entdeckte, trat er ins »Hier und Jetzt« ein und vergaß die Vergangenheit und die Sorgen um die Zukunft, und schon ließen die Tiger ihn in Ruhe.

Leben Sie in der Gegenwart. Und seien Sie glücklich.

Verwenden Sie Entspannung zur Erholung und als »glückliche« Autosuggestion

Jede Meditation, jede »glückliche« Übung beginnt damit, dass wir uns entspannen. Entspannung ermöglicht tiefe Konzentration. Wenn wir eine speziell darauf ausgelegte Technik einüben, erreichen wir diesen Zustand nicht nur schneller und effektiver, wir üben damit auch bereits eine vereinfachte Form der Meditation, da wir hier unsere Aufmerksamkeit auf die Körperempfindungen lenken. Der Nutzen einer bewussten Entspannung liegt jedoch nicht nur darin, dass sie die Meditationspraxis unterstützt. Entspannung hilft uns auch entscheidend dabei, gesund zu bleiben und positiv gestimmt und ausgeglichen zu sein. Die fünfte Verhaltensregel, die wir im Folgenden untersuchen werden, drückt diesen weiteren Baustein für eine glückliche Lebensweise aus.

Verhaltensregel Nr. 5

Sorgen Sie für sich, überanstrengen Sie sich nicht, und verwenden Sie eine Entspannungstechnik, um sich voll und ganz zu erholen und Ihre Kräfte wiederherzustellen. Verwenden Sie, wenn Sie ganz entspannt sind, positive Affirmationen.

Die Befolgung dieser Regel setzt voraus, dass man im täglichen Leben drei Grundprinzipien anwendet.

1. Harmonisieren Sie Ihr energetisches Informationsfeld durch Entspannung

Wie wir wissen, bedeutet Gesundheit, dass unser energetisches Informationsfeld harmonisch ausgerichtet ist. Im Laufe eines Tages sind wir aktiv, wir begegnen den verschiedensten Menschen, wir arbeiten. Wir verbrauchen unsere seelische, mentale, emotionale, vitale und physische Energie. Auf allen Ebenen unseres Seins erfahren wir die verschiedensten Einflüsse aus der Außenwelt – leichte Berührungen, Schläge, Zusammenstöße … All das stört die Harmonie der Information, aus der der Mensch besteht. Die körperliche, mentale und emotionale Müdigkeit, die wir am Ende des Tages empfinden, ist ein Signal dafür, dass die Harmonie unseres Feldes ziemlich stark gestört ist und dringend wiederhergestellt werden muss. Wenn wir das nicht tun, können wir krank werden.

Wie können Sie eine Krankheit abwenden, die Sie zu erfassen droht, wenn Sie übermüdet und von Gefühlen gebeutelt sind? Sagen Sie alle Außenkontakte ab, hören Sie mit allem auf, was Kraftaufwand bedeutet, und nähren Sie sich aus dem universellen Meer der Energie. Diese Nahrung füllt das Energiedefizit in den verschiedenen Bereichen Ihres energetischen Informationsfeldes wieder auf und kompensiert seine Störungen. Wie geht das nun vor sich?

Jeder von uns harmonisiert tagtäglich auf ganz natürliche Weise sein Energiefeld. Erinnern Sie sich an den Zustand, unmittelbar bevor Sie einschlafen. So kaputt und niedergeschlagen Sie sich auch ins Bett gelegt haben mögen, was für Gedanken und Gefühle Sie auch aufgewühlt und dazu gebracht haben mögen, sich im Bett umherzuwälzen –, wenn der Schlaf dann kommt, beruhigen und entspannen Sie sich sofort. Unruhe, Sorgen, Wünsche und Qualen verlassen Sie oder legen sich. Die Seele kommt ganz und gar oder zumindest relativ zur Ruhe. Falls überhaupt noch Gedanken da sind, bilden sie nur noch ein Raunen im Hintergrund, auf das Sie nicht mehr achten. Ihre Extremitäten werden schwer, die Bauch-, Brust-, Rücken-, Hals- und Gesichtsmuskeln glätten sich entspannt. Es scheint fast, als begännen die Muskeln erleichtert zu *atmen*. Davon werden sie warm und füllen sich mit einer gleichmäßigen besänftigenden Kraft und Ruhe. Jetzt schlafen Sie ein.

In dem beschriebenen Zustand (und im Schlaf, sofern er ruhig und tief ist) harmonisiert sich Ihr gesamtes energetisches Informationsfeld. Man könnte auch sagen: Alle Glieder in der Kette »Körper-Emotionen-Verstand-Seele« werden »repariert«. Die Anspannungen, die einen normalen Energie- und Informationsaustausch blockiert haben, legen sich, die unterbrochenen Verbindungen der Pole werden wiederhergestellt, die verschlackten Kanäle werden gereinigt – eine intensive energetische Versorgung findet statt.

Was wir eben beschrieben haben, ist der erstaunliche Selbstregulierungsprozess dieses hoch komplexen Systems, das sich »Mensch« nennt. Ohne dieses Phänomen könnte ein solches System gar nicht existieren, es würde binnen kürzester Zeit restlos versagen: Zuerst kämen Krankheiten, dann der Tod. Und die Grundlage dieser Selbstregulierung, dieses wirklich heilenden und rettenden Prozesses, ist die Entspannung. Die Entspannung wiederum – bzw. das Auflösen der Spannungen, die auf egal welchen Ebenen des Seins das Energiefeld stören – bildet die Grundlage für den Gesundungsprozess.

Die Kopfmenschen unter meinen Lesern wird dieses von mir gezeichnete Bild sicher gleich befremden: Wenn wir so wunderbar in der Lage wären, Harmonie herzustellen, warum wachen wir dann morgens so zerschlagen auf, warum werden wir überhaupt krank? Das liegt daran, dass die Selbstregulierung spontan und ohne unser bewusstes Dazutun vor sich geht. Aber dieser Prozess ist nicht nur eine Regulierung, die »von selbst« stattfindet, sondern auch »von uns aus für uns«, als vernünftige Fürsorge für unsere Gesundheit. Wir brauchen uns selbst, als bewusste, fürsorgliche, liebende Herren über unser Leben. Wenn wir dem Körper, den Gefühlen, dem Verstand und der Seele nicht helfen, die Harmonie wiederherzustellen, dann stellt sie sich eben genau so weit her, wie es ohne unsere Hilfe möglich ist.

Geben wir uns also diese Hilfe! Im Folgenden wird es darum gehen, wie wir das tun können.

Erstens: Überanstrengen Sie sich nicht, hetzen Sie sich nicht! Vergessen Sie nie Ihre Gesundheit und Ihr gutes Lebensgefühl. Wenn Sie beides verlieren, wird Ihnen sowieso alles egal sein, und Sie werden sich mit nichts beschäftigen können. Zweitens: Lernen Sie die folgende Übung zur Muskelrelaxation. Sie wird Sie in denselben Zustand versetzen, in dem Sie sich auch, wie oben beschrieben, unmittelbar vor dem Einschlafen befinden. In diesem Zustand können Sie sich ausruhen, erfrischen und sehr schnell, das heißt innerhalb von nur 15 bis 20 Minuten, Ihre Kräfte wiederherstellen.

Übung: Muskelrelaxation

Diese Methode der Selbstregulierung ist genial einfach und wirksam. Sie nimmt *nur* die Körpermuskeln in Arbeit und bewirkt, dass sich *alle* Bereiche des energetischen Informationsfeldes harmonisieren. Dabei geht man davon aus, dass unruhige Gedanken, Ängste, Gemütsbewegungen oder Aufregungen bei unterschiedlichen Muskelgruppen zu Verspannungen führen. Zum Beispiel zieht ein verängstigter Mensch automatisch den Kopf ein, als erwarte er einen Schlag, die Muskeln im Hals-, Nacken-, Schulterbereich versteinern. Wenn der Schreck vorbei ist, kann es sein, dass die muskulären Blockaden bleiben. Später verursachen sie dem Betroffenen nicht mehr nachvollziehbare Ängste, die Anspannung ist nun nicht mehr muskulär, sondern emotional. Wenn er sich dagegen bewusst entspannt und die Blockade löst, dann verlassen ihn die Unruhe und die »schrecklichen« Gedanken. Außerdem fließt in großzügigem Maße belebende Energie in den Körper und in das mentale und emotionale energetische Informationsfeld. Denn nun wird die Energie durch keinerlei Spannungen mehr blockiert.

Nehmen wir an, Sie kehren von der Arbeit nach Hause zurück. Stellen Sie sich unter die Dusche, am besten bei abwechselnd heißem und kaltem, am Schluss bei angenehm warm temperiertem Wasser. So spülen Sie die Sorgen des Tages ab und kommen zur Ruhe.

Legen Sie sich nun bitte mit leicht gespreizten Beinen hin, die Arme liegen seitlich des Rumpfes. Schließen Sie die Augen. Atmen Sie ruhig und gleichmäßig, rufen Sie bewusst ein Gefühl der Ruhe in sich wach. Sagen Sie sich: »Ich bin ruhig, ausgeglichen und entspannt.« Das können Sie mehrmals wiederholen, bis Sie diese Worte wirklich fühlen. Lenken Sie nun Ihre Aufmerksamkeit auf die Füße: »Die Zehen sind ganz entspannt.« Bewegen Sie sie am besten, als wollten Sie die ganze Anspannung abschütteln. »Die Füße entspannen sich und werden warm, sie werden ganz schwer. Die Waden entspannen sich und werden warm, sie werden ganz schwer. Die Oberschenkel entspannen sich und werden warm, sie werden ganz schwer. Meine Beine sind entspannt, sie sind warm und schwer.«

Nehmen Sie sich genügend Zeit. Fühlen Sie Ihre entspannten Beine. Lenken Sie nun Ihren inneren Blick weiter nach oben. »Das Gesäß und das Becken sind ganz entspannt. Das Kreuz entspannt sich. Der Bauch, die Brust, die Schultern entspannen sich.« Machen Sie zwischen den Affirmationen jeweils eine Pause, nehmen Sie wahr, wie jeder Körperteil antwortet. Sie können jede einzelne Affirmation mehrmals wiederholen. Um Bauch, Brust und Schultern wirklich zu entspannen, atmen Sie bitte einige Male ruhig, langsam und (ohne Anspannung) tief und natürlich ein und aus. Auch wenn Spezialisten für autogenes Training empfehlen, nur durch die Nase zu atmen, kann ich persönlich mich besser entspannen, wenn ich durch die Nase einatme und durch den Mund ausatme. Probieren Sie aus, was für Sie besser ist. Atmen Sie bitte nur nicht durch den Mund ein, denn das entspricht nicht unserer Physiologie und schadet eher. Wünschenswert ist hier die Bauchatmung, bei der man den Einatem wie mit einer Pumpe in die Bauchhöhle zieht. Dabei hebt sich zuallererst der Bauch und nicht die Brust. Dann erst verteilt sich die Luft und füllt auch die

Brust. Beim Ausatmen senkt sich zuerst der Bauch, Brust und Schultern folgen nach. Auf diese Weise wird Ihre Atmung tiefer, was wiederum zu tieferer Entspannung führt.

Aber weiter im Text. »Das Herz schlägt ruhig und gleichmäßig.« Das ist ein wichtiger Satz. Nehmen Sie Ihr Herz wahr: Es ist gesund und stark, es schlägt ruhig und gleichmäßig. Lenken Sie jetzt Ihre Aufmerksamkeit auf die Hände, schütteln Sie Ihre Finger, schütteln Sie alle Anspannung ab: »Die Finger sind entspannt und schwer. Die Hände sind entspannt und schwer. Die Arme sind warm, schwer und entspannt.«

Nehmen Sie Ihren Nacken wahr. Spüren Sie, wie entspannt er ist und dass er den Kopf nicht tragen muss, der sich ja auf dem Kissen »fläzt«. »Mein Nacken ist entspannt.« Vergessen Sie den Rücken nicht: »Die Rückenmuskeln entspannen sich nach und nach vom Kreuz bis zum Nacken.«

Lassen Sie nun bitte die Gesichtsmuskeln los. Entspannen Sie Ihre Wangen, so dass Sie das Gefühl haben, als würden sie herunterhängen. Dabei lässt der Unterkiefer los, die obere und die untere Zahnreihe entfernen sich voneinander. Öffnen Sie nicht den Mund, es geht nur darum, die Kiefer loszulassen. Die Zunge dreht sich entspannt nach oben, die Zungenspitze liegt hinter den oberen Vorderzähnen am Gaumen. »Meine Wangen sind warm.« Wandern Sie in Gedanken noch weiter nach oben: »Die Augenmuskeln sind entspannt. Die Schläfen sind schwer, die Augen entspannt.« Und als Letztes: »Die Stirn ist kühl.« Beachten Sie bitte: »Das Gesicht ist warm«, aber »Die Stirn ist kühl.«

Atmen Sie ganz natürlich, gleichmäßig und ruhig weiter.

Sie können diesen entspannten Zustand genauso gut auch dadurch herbeiführen, dass Sie sich liebevoll hartnäckig jedem einzelnen Körperteil zuwenden und sagen: »Entspanne dich!« Der Körper antwortet Ihnen ganz sicher, denn es ist ja schließlich *Ihr* Körper. Diese Methode können Sie selbstverständlich auch mit dem, was oben beschrieben ist, kombinieren.

Beenden Sie die Entspannung mit der Affirmation: »Mein ganzer Körper ist entspannt und ruht sich aus. Er ist jetzt in einem gesunden Gleichgewicht. Ich bin ruhig.« Und nun sprechen Sie bitte irgendein Wort, das zur Devise des erreichten Zustands wird, laut und deutlich aus. Zum Beispiel »Ruhe!«. Wenn Ihr Körper mit der Zeit diesen Zustand tiefer Entspannung »im Gedächtnis behält«, dann wird dieses Wort zu einem Schlüsselwort, mit dem Sie sich schnell von muskulärer Anspannung befreien können. In dem Moment, wo Sie es aussprechen, werden Sie bereits entspannt sein!

Wenn Sie diesen tiefen Entspannungszustand erreicht haben, können Sie darin verweilen, solange Sie wollen. Lassen Sie ein angenehmes, beruhigendes Bild vor Ihrem inneren Auge entstehen und bleiben Sie ein wenig in dieser geschaffenen »Realität«. Sie stehen zum Beispiel am Meeresufer und schauen auf die endlose, ruhige Wasseroberfläche hinaus, über Ihnen der unendliche blaue Himmel, die Sonne, die wunderbar scheint, und über dem Meer schweben Möwen dahin. Dabei sind Sie ganz ruhig, Sie lächeln …

Oder beobachten Sie ganz einfach Ihre erstaunlichen Körperwahrnehmungen: die unerschütterliche Ruhe, die angenehme Schwere der Extremitäten; jeder Muskel, jede Zelle stöhnt genüsslich, dehnt sich aus, sammelt neue Energie. Das Schwerege-fühl kann sich auch in ein Gefühl der Leichtigkeit und Schwerelo-sigkeit des Körpers verwandeln.

Beenden Sie die Übung vorsichtig. Verlassen Sie den Entspan-nungszustand nicht abrupt und schnell. Sagen Sie sich zuerst: »Ich tauche aus der Versenkung auf und kehre in den Zustand des Wachseins zurück.« Bewegen Sie die Finger und die Zehen, beu-gen Sie die Finger mehrmals leicht zur Faust. »Ich bin wach, ruhig, energiegeladen, gesund. Ich stehe gleich auf …« Strecken Sie sanft Ihren Körper. Stehen Sie in aller Ruhe und ohne abrupte Be-wegungen auf und widmen Sie sich nun wieder Ihren Tagesaufga-ben.

Seien Sie gewiss: In diesem Zustand der Entspannung werden Sie gesund und bringen sich vollständig in Ordnung. Beenden Sie ihn daher nicht zu schnell. Wenn Sie 15 bis 20 Minuten pro Tag darin verweilen, ist das wunderbar. Wenn Sie jedoch eine Stunde pro Tag dafür aufbringen können (zum Beispiel zweimal täglich jeweils 30 Minuten), ist das noch zehnmal besser. Aber selbst wenn es Ihnen an einem Arbeitstag nur für eine Minute gelingen sollte, sich zu entspannen, können Sie sicher sein: Sie haben sich einen unschätzbaren Dienst erwiesen. Sie haben eine Ladung Heilenergie erhalten, sich erfrischt, erneuert, »losgelassen«, auf-geatmet. Das ist so, als würden Sie an einem heißen Tag einen staubigen Weg hinuntergehen und genussvoll sauberes, leckeres, kaltes Wasser aus einem Brunnen trinken.

Entspannen Sie sich während des Tages, wenn Sie mit den öffentlichen Verkehrsmitteln fahren (bitte nicht, wenn Sie selbst am Steuer sitzen!), in den Pausen bei der Arbeit, nach der Arbeit, entspannen Sie sich im Bett vor dem Einschlafen. Diese Praxis ist sehr wertvoll. Sie stärkt Ihre Gesundheit und verlängert das Leben. Erinnern Sie sich, was Henry Ford antwortete, als Dale Carnegie staunend zu ihm bemerkte: »Wie gut Sie mit Ihren 80 Jahren aussehen!« Der Automagnat sagte: »Ich stehe nie, wenn ich sitzen kann, und sitze nie, wenn ich liegen kann.« Der »hundertprozentige Ami« wusste, was Erholung und Entspannung bedeuten!

Die Entspannung ist eine Quelle für Wachheit, Gesundheit und Erfolg. Sie verbessert Ihr Aussehen und verleiht Ihren Bewegungen Harmonie und Eleganz. Ihre kreativen Möglichkeiten erweitern sich, Sie werden leichter ungewöhnliche Lösungen für Probleme finden, Ihre Arbeitskapazität wächst.

Wechseln Sie Ihre Meditationspraxis mit der Entspannungspraxis ab oder kombinieren Sie sie. Wenn Sie meinen, Meditation sei nichts für Sie – und das gibt es! –, dann praktizieren Sie einfach die Entspannungsübung. Dagegen werden Sie auf keinen Fall etwas haben. Außerdem stellt die Muskelrelaxation, wie schon gesagt, an sich bereits eine vereinfachte Form der Meditation dar. Sie führt dazu, dass wir mit der Zeit erkennen, wie nützlich Meditation ist, und auch ihre Techniken lernen können.

2. Verwenden Sie die Muskelrelaxation für die Manifes-
tation des »Unmöglichen« in der Wirklichkeit

Wenn Sie sich im Zustand der Entspannung befinden, saugt
Ihr Bewusstsein jede Autosuggestion auf wie ein Schwamm.
Auf diese Weise bekommen Sie die Gelegenheit, in Ihrem
Energiefeld stabile energetische Informationsstrukturen auf-
zubauen. Wenn Sie den Entspannungszustand wieder verlas-
sen, werden diese Strukturen sehr wirksam an Ihnen »arbei-
ten«. Verwenden Sie daher die Muskelrelaxation zur Stärkung
Ihrer »glücklichen« inneren Einstellung. Entwickeln Sie die
Qualitäten, die auf dem Weg zu Ihrem Lebenstraum unver-
zichtbar für Sie sind.

Im Zustand der Versenkung sollten Sie positive Affirmationen verwenden, die kurz, umfassend, konkret und klar sein
müssen wie zum Beispiel: »Ich bin ausgeglichen, ruhig und
vernünftig.«, »Ich bin ein praktischer Mensch.«, »Meine
Ängste, Sorgen und Zweifel verschwinden. Ich glaube an
mich. Mein Glaube an mich wächst mit jedem Tag.«, »Ich
bin wohlwollend anderen gegenüber.«, »Ich freue mich auf
den heutigen Tag.«, »Ich komme gut mit meiner Arbeit zurecht.«, »Ich komme gut mit dieser Angelegenheit zurecht.«
Und so fort. Horchen Sie gut in sich hinein, versuchen Sie
das, was Sie sich selbst diktieren, voll und ganz zu fühlen.

Achten Sie darauf, dass Sie die Affirmationen immer in
der ersten Person aussprechen: »Ich mache …«, »Ich komme zurecht …« Sie haben es ausschließlich mit Ihrer inneren
Welt zu tun. Ihr und der Arbeit mit ihr ist im Prinzip das
ganze Buch gewidmet. Was zu Ihnen ins Leben kommt,

kommt praktisch »von Ihnen durch Sie«. Und Ihr Traum erfüllt sich, weil »ich zurechtkomme« und »ich tue ...«. Manchmal können Sie das Possessivpronomen »mein« in Zusammenhang mit Ihren Emotionen und Ihrem Zustand benutzen: »Meine Zweifel schwinden.«, »Meine Sicherheit nimmt zu.« Drücken Sie die Sätze in der Gegenwart aus.

Die Worte »nicht« und »kein« haben hier hingegen nichts zu suchen. Der Satz »Ich habe keine Angst« ist zum Beispiel verkehrt. Das Bewusstsein neigt dazu, dieses leichtgewichtige »K« oder ein »Nicht« zu ignorieren, es reagiert lieber auf gewichtige Worte, so dass es eher »Ich habe Angst« verstehen und das energetische Informationsfeld die entsprechende Struktur herstellen wird. Bilden Sie Affirmationen ohne negative Aussage. Anstelle von »Ich habe keine Angst« gilt es eine Ausdrucksweise zu finden wie »Die Ängste vergehen, sie lösen sich auf, sie verschwinden«.

In den folgenden Teilen des Buches wird es darum gehen, wie wir im Entspannungszustand positive Affirmationen für die Lösung von Problemen und für unsere Selbstheilung verwenden können.

3. Stärken Sie Ihre positive innere Einstellung gleich morgens früh durch positive Affirmationen

Hier ein guter Tipp: Verwenden Sie positive Affirmationen morgens direkt nach dem Aufwachen, noch an der Schwelle zwischen Schlaf und Wachsein. Wie schon erwähnt (im Abschnitt »Finde deinen Jugendankerpunkt«), sind wir in diesem Zustand auf natürliche Art entspannt und brauchen die Übung zur Muskelrelaxation gar nicht erst durchzuführen. Deshalb sollten Sie sich Ihre Affirmationen gleich beim Aufwachen innerlich ruhig vorsprechen. Formulieren Sie dabei nicht nur »strategische« Sätze, die Ihre innere Einstellung und Ihre Charakterqualitäten beständig verbessern. Vielleicht haben Sie tagsüber etwas Besonderes vor, müssen zu einer wichtigen Besprechung, an Verhandlungen von einer gewissen Tragweite teilnehmen, eine Präsentation durchführen etc. Dazu brauchen Sie eine ganz spezifische Ausrichtung. »Bestellen« Sie sie sich in der Morgenentspannung. »Ich bin energisch, selbstsicher, standhaft im Auftreten.«, »Ich bin wohlwollend, freundlich, schweigsam und achtsam im Umgang mit anderen.«, »Ich bin geduldig, beharrlich und hartnäckig.«, »Ich bin voller Freude darüber, dass mir Hunderte von Menschen zuhören. Ich beherrsche meine Rede mit Leichtigkeit, sie fließt ganz frei.«

Wenn Sie im Anschluss daran auch noch die Übung »Finde deinen Glücksankerpunkt« oder »Finde deinen Jugendankerpunkt« machen, werden Sie dem beginnenden Tag voller Kraft und Glauben an Ihren glücklichen Stern entgegengehen.

Verhalten Sie sich Kleinigkeiten gegenüber angemessen

Jede Reise von tausend Meilen beginnt mit einem Schritt – so heißt es schon bei den alten chinesischen Meistern. Diese Wahrheit ist so einfach wie bedeutsam. Aus irgendeinem

Grund aber vergessen wir sie nur allzu gern. Nebensächlichkeiten und Kleinigkeiten gegenüber sind wir unachtsam, was sich auf die »großen Dinge« in unserem Leben auswirkt. Ob diese uns Glück bringen oder uns ins Unglück stürzen, hängt davon ab, wie wir uns ihnen gegenüber verhalten.

Eine meiner Patientinnen, eine Frau mittleren Alters, kam einmal sehr niedergeschlagen in die normale Sprechstunde. Ich fragte sie, was los sei.

»Ich musste meine Arbeit kündigen«, antwortete sie. »Meine Chefin konnte mich nicht mehr leiden, sie hat nur noch an mir herumgenörgelt und mir dann nahegelegt, ich solle meine Kündigung einreichen.«

»Und warum konnte sie Sie nicht mehr leiden?«

Die Frau geriet in Verlegenheit, dann antwortete sie widerwillig:

»Der Grund ist total lächerlich. Ich will gar nicht dran denken … Also, vor zwei Wochen haben wir in meiner Abteilung meinen Geburtstag gefeiert. Wir haben den Tisch gedeckt und uns dann alle zum Essen hingesetzt. Mir wurde gratuliert, und die Vorgesetzte hat mir ein teures Geschenk überreicht. Ein Mitarbeiter aus der anderen Abteilung kam dazu und überreichte mir im Namen seiner Kollegen eine Pralinenschachtel. Ich esse aber keine Pralinen. Als er wieder gegangen war, sagte ich: ›Was soll ich denn bloß mit diesen Pralinen anfangen? Hätten sie mir doch lieber Blumen geschenkt!‹

Ich sah, wie meine Chefin die Lippen zusammenpresste. Nach dem Essen rief sie mich zu sich und schrie mich an, ich würde das Kollektiv der Organisation nicht schätzen, ich würde die guten Beziehungen unter den Kollegen nicht würdigen … Erst da fiel mir mit Schrecken ein, dass in der Abteilung, aus der die Pralinen kamen, ihr Mann arbeitet! Da hab ich sofort begriffen, was los war, aber …«

Was für eine Kleinigkeit: Die Frau bekam Pralinen geschenkt, die sie nicht gebrauchen konnte. Ihre negative Haltung zu dem Geschenk wuchs sich zu einem Riesenproblem aus! Schließlich war es ein *Geschenk*. Klein, unnötig, unbedeutend zwar – aber ein *Geschenk*.

Verhaltensregel Nr. 6

Etwas ist besser als gar nichts. Jeder kleine Erfolg ist das Pfand für einen großen. Schätzen Sie alles, was Ihnen Freude bereitet, und wenn es noch so läppisch ist, alles, was bezeugt, dass andere Sie mögen, oder was Ihr Wohlbefinden auch nur um das Geringste verbessert.

Verhalten Sie sich gegenüber einem kleinen Geschenk so, als wäre es das Lächeln der Fortuna höchstpersönlich. Sehen Sie es als Zeichen dafür, dass die Glücks- und Erfolgsgöttin dabei ist, mit dem Füllhorn in Ihr Leben zu treten. Würdigen Sie kleine Zeichen der Aufmerksamkeit und der Sympathie von Seiten fremder und Ihnen nahestehender Menschen, zeigen Sie sich ihnen und dem Leben gegenüber dankbar. Lassen Sie die Gelegenheit zu einem kleinen Nebenverdienst nicht ungenutzt verstreichen. Seien Sie auf alle Fälle dankbar, dass sie Ihnen geboten wurde, egal ob Sie sich dafür oder dagegen entscheiden.

 Es gibt keine Kleinigkeiten im Leben, aber es gibt Nebensächliches, das es nicht lohnt, beachtet zu werden.

Wie oft erlauben wir uns bei dem kleinsten Misserfolg oder einer ungünstigen Wendung der Umstände, zu verzweifeln und alles aufzugeben! Erlaube nichts Nebensächlichem, dich kaputt zu machen. Gehe ohne Angst und ohne Vorwürfe vorwärts, dem Licht deines Lebenstraums entgegen!

Eine »glückliche« Kleinigkeit ist ein wunderbarer kleiner Stern, der aus der Wirklichkeit des »Unmöglichen« zu Ihnen herabgefallen ist. Sein Erscheinen in Ihrem Leben ist ein großes Versprechen dafür, dass sich Ihr Lebenstraum verwirklichen wird. Beleidigen Sie ihn nicht mit einem geringschätzigen Schnauben!

Aber schauen wir uns das Pech meiner Patientin doch auch noch von der anderen Seite an. Eine solche Kleinigkeit reichte aus, um die gute Beziehung zwischen ihr und ihrer Vorgesetzten zu zerstören! Was für eine Kleinigkeit brachte diese Frau dazu herumzuschreien, ungerecht zu sein und schließlich etwas wirklich Böses zu tun, indem sie die Mitarbeiterin dazu zwang, ihre Arbeit zu kündigen! Aufgrund von einer Bagatelle, einem einfachen unüberlegten Satz! Sie hätte meiner Patientin für ihre unwillkürliche Taktlosigkeit genauso gut verzeihen können. Schließlich »ritt« Letztere, die aus Anlass dieses besonderen Ereignisses in ihrem Leben ja nur aufgeregt war, sozusagen »auf dem Kamm einer emotionalen Welle«. Natürlich hatte sie unbedacht etwas Dummes gesagt … Aber war das etwa Grund genug, so gegen sie vorzugehen? Damit hat ihre Chefin die moralische Rechtfertigung für ihr eigenes Verhalten buchstäblich zunichtegemacht und nicht nur ihrer Mitarbeiterin, sondern auch sich selbst geschadet.

Verhaltensregel Nr. 7

Lassen Sie sich nicht von unangenehmen Kleinigkeiten dazu verleiten, auf das Beste in sich und im Leben zu verzichten.

Irgendwer hat auf der Straße eine abfällige Bemerkung in Ihre Richtung gemacht. Gehen Sie an diesem Menschen vorbei und vergessen Sie ihn und seine Worte. Sie kommen vom Einkauf nach Hause und erinnern sich, dass Sie Ihr Portemonnaie mit zehn Euro auf dem Ladentisch haben liegen lassen. Zurückgehen hat keinen Sinn: Sie werden es sowieso nicht mehr finden. Beschimpfen Sie sich nicht, lassen Sie sich nicht von Ihrem Ärger vereinnahmen, vergessen Sie die Sache. Für zehn Euro lohnt es sich nicht, den ganzen Tag Trübsal zu blasen. Ein Freund hat Ihren Geburtstag verschwitzt und Ihnen nicht gratuliert? Verderben Sie sich nicht die Laune, verzeihen Sie ihm und feiern Sie Ihr Fest in Ruhe ohne ihn.

Gehen Sie direkt auf Ihr Ziel zu

Jetzt hat sich der Weg zu Ihrem Lebenstraum noch weiter geklärt und ist ein bisschen leichter geworden, liebe Leser. Ihre innere Welt hat sich verändert, Sie haben ein neues Verhältnis zu Ihrer Vergangenheit gewonnen und gelernt, in der Gegenwart eine positive innere Einstellung zu wahren.

- Sie wissen: Sie dürfen der negativen Vergangenheit nicht erlauben, Besitz von Ihnen zu ergreifen. Wenn eine unangenehme Erinnerung auftaucht, sollten Sie:
  a) Ihren Zustand in der Vergangenheit *leidenschaftslos* wie ein nicht in das Geschehen verwickelter Beobachter betrachten,

b) alle Fakten unter die Lupe nehmen,

c) den Fehlern Rechnung tragen und die entsprechenden Schlüsse daraus ziehen.

Genau so ist es richtig, aber tun Sie dies nur ein Mal pro Erinnerung! Sollte dieselbe Erinnerung erneut auftauchen, dann sollten Sie es sich zur Gewohnheit machen, sie zu ignorieren.

• Sie haben gelernt, positive Erfahrungen aus der Vergangenheit für Ihre Gesundheit und zur Erfüllung Ihres Lebenstraums zu nutzen. Dabei helfen Ihnen die Meditationsübungen »Finde deinen Glücksankerpunkt« und »Finde deinen Jugendankerpunkt«.

• Sie haben verstanden, dass das Glück nicht in Ihr Leben tritt, solange Sie nur an Ihr Pech glauben und dagegen ankämpfen. Sie müssen dem Licht Ihres Lebenstraums entgegengehen und die geistige Einstellung unterstützen sowie die Charaktereigenschaften entwickeln, die Sie hätten, wenn der Traum bereits verwirklicht wäre. Dabei hilft Ihnen die Übung »Im Einklang mit dem Lebenstraum«.

• Sie sind überzeugt, dass Sie sich im Leben stetig dem zuwenden sollten, was Sie unterstützt, Ihnen Freude macht und Ihre Energie anhebt oder auffüllt.

Dafür tun Sie Folgendes:

✓ Sie suchen bei allem die guten Seiten und konzentrieren sich ganz darauf, sobald Sie sie gefunden haben.

✓ Sie schätzen, was Sie an Gutem bereits haben.

✓ Sie nehmen jede noch so kleine Kleinigkeit wahr, die Sie gut gemacht haben, und loben sich selbst dafür.

✓ Sie sind sich darüber bewusst, wie wunderbar vielfältig und reich Ihr Leben ist.

✓ Sie finden eine Aufgabe für sich, eine Leidenschaft, ein Hobby, etwas, das Ihnen das Herz wärmt.

- Sie meiden Kontakte, die Ihnen Ihre positive Energie nehmen. Sie vermeiden Umstände, unter denen Sie diese selbst fortgeben würden.

Dafür tun Sie Folgendes:

✓ Sie verkehren nicht mit Menschen, die negativ denken.

✓ Sie bemitleiden und beklagen sich nicht.

✓ Sie pflegen keinen Umgang mit Energievampiren.

- Sie haben erkannt, dass es notwendig ist, die eigenen Gedanken und Gefühle zu kontrollieren. Jetzt achten Sie auf das, was Sie denken und welche Gefühle Sie dabei empfinden. Sie korrigieren sich ständig, um sich positiv auszurichten.

Dafür tun Sie Folgendes:

✓ Sie versuchen sich immer darüber im Klaren zu sein, welche Gedanken Sie beherrschen.

✓ Wenn Sie über potenziell problematische oder gefährliche Situationen nachdenken, tun Sie dies leidenschaftslos.

✓ Sie kontrollieren Ihren Gefühlszustand. Dabei hilft Ihnen die Übung »Umgang mit der Wut«.

✓ Sie erlauben sich nicht, sich in unsinnige Zustände hineinzusteigern, die durch negative Gefühle hervorgerufen worden sind.

✓ Sie meditieren.

• Sie versuchen, sich nicht zu überanstrengen und so Ihre Gesundheit und ein gutes Lebensgefühl beizubehalten. Für eine vollwertige Erholung und Wiederherstellung der Kräfte verwenden Sie die Muskelrelaxation. Im entspannten Zustand wenden Sie positive Affirmationen an.

Dafür tun Sie Folgendes:

✓ Durch Entspannung harmonisieren Sie Ihr energetisches Informationsfeld. Dabei hilft Ihnen die Übung »Muskelrelaxation«.

✓ Sie nutzen diese Übung für eine wirksame Autosuggestion. Dies stellt Ihre »glückliche« innere Einstellung her und stärkt sie. Es ermöglicht die Entwicklung der Qualitäten, die Sie auf dem Weg zu Ihrem Lebenstraum unbedingt brauchen.

✓ Gleich morgens stärken Sie Ihre positive innere Einstellung durch positive Affirmationen.

• Sie schätzen alles, was Ihnen Freude macht, was bezeugt, dass andere Sie mögen, oder was Ihr Wohlergehen auch nur um das Geringste verbessert.

• Sie erlauben unangenehmen Kleinigkeiten nicht, Ihr Leben zu zerstören.

Liebe Leser, Ihr Ziel ist die Erfüllung Ihres Lebenstraums, die Manifestation des »Unmöglichen« in der Wirklichkeit.

Sie werden es erreichen, wenn Sie dieses Buch durchgelesen und sich innerlich und äußerlich von allem überflüssigen Ballast aus der Vergangenheit befreit haben; und ferner, wenn Sie eine neue Beziehung zu sich, den Sie umgebenden Menschen und dem Leben eingegangen sind. Bisher haben wir uns damit beschäftigt, wie wir »mit uns selbst leben« und die gebührende innere Einstellung stärken können. In den folgenden Kapiteln werden wir erfahren, wie wir alltägliche Probleme lösen, uns dem Geld und der Arbeit gegenüber verhalten, harmonische Beziehungen zu anderen eingehen und uns um unsere Gesundheit kümmern können. Dieses Wissen wird Sie zum Ziel führen.

Es ist für niemanden ein Geheimnis, dass der überflüssige Ballast aus der Vergangenheit seinen Platz nicht gerne räumt. Umso mehr, als er gewöhnlich immer wiederkehrt. Es wird einige Anstrengung kosten, das eigene Verständnis von der Welt zu erneuern und die neu eroberten Gebiete zu verteidigen. Deshalb möchte ich an dieser Stelle, noch mitten im Prozess, eine sehr wichtige Verhaltensregel formulieren. Sie nimmt neben den nummerierten Regeln einen Sonderplatz ein, denn sie kann und sollte auf jede von ihnen angewandt werden. Sie gilt überhaupt auf jedem Abschnitt Ihres Weges zu Ihrem Lebenstraum.

Bleiben Sie in Ihren Bemühungen konstant. Kommen Sie nicht vom Weg ab. Lassen Sie sich von nichts ablenken, das nicht der Manifestation Ihrer glücklichen Wirklichkeit dient.

Mit anderen Worten: Verzetteln Sie sich nicht. Die Zeit und die Kräfte, die Sie auf die Befriedigung kleiner Wünsche vergeudet haben, stehen Ihnen für die Arbeit an der Verwirklichung des Lebenstraums nie mehr zur Verfügung. Sie haben sie Ihrer glücklichen Wirklichkeit, die sich bereit macht, jederzeit in Erscheinung zu treten, entzogen.

Im Russischen sind die Wörter für »Ziel« und »ganz« nicht umsonst etymologisch eng verwandt (*cel'* und *cel'nyj*). Menschen, die ganz bei der Sache sind, die jeden Schritt und jedes Quäntchen Kraft dazu verwenden, ihren Lebenstraum zu verwirklichen, erreichen ihr Ziel. Sie erlauben sich keine Schwäche, sie überlassen sich nicht der Macht von überflüssigem Ballast – alten Gewohnheiten, Wünschen oder Neigungen. Sie wissen: »Ein jegliches Reich, wenn es mit sich selbst uneins wird, das wird verwüstet; und eine jegliche Stadt oder Haus, wenn es mit sich selbst uneins wird, kann nicht bestehen.« (Matthäus 12,25)

Bitte halten Sie sich unbeirrt an diese »nicht nummerierte« Regel. Befolgen Sie, egal unter welchen Umständen, immer und überall die Maximen der *konstruktiven Lebensstrategie*, und Ihr Lebenstraum wird ganz gewiss wahr werden.

Teil III
Probleme und Lösungen

Kapitel I

Betrachten Sie Ihre Probleme mit anderen Augen

Beklagen Sie sich nicht über andere und über die Umstände

Wahrscheinlich gibt es auf der ganzen Welt niemanden, der nicht irgendwann Misserfolge erlitten hätte und verschiedentlich in eine schwierige Lage geraten wäre. Bei jedem von uns tauchen in regelmäßigen Abständen Probleme auf – Aufgaben, die ganz unterschiedlich geartet sein können, die wir aber alle zu lösen haben. Eine Anhäufung ungünstiger Umstände, Vorfälle, Krankheiten. Konflikte, Streitigkeiten, Beleidigungen, Feindschaften. Die Notwendigkeit, eine Arbeit auszuführen, die uns scheinbar nicht liegt. Unerwartete Verhaltensweisen fremder oder uns naher Menschen, die uns mitunter vor sehr schwierige Lebensfragen stellen. Eigene Fehler, denn: Nur wer nichts tut, macht keine Fehler.

Und bestimmt habe ich noch einiges vergessen zu erwähnen …

Vor Langeweile brauchen wir uns jedenfalls nicht zu fürchten.

Die Manifestation des »Unmöglichen« in der Wirklichkeit befreit uns von allen Lebensproblemen. Aber nicht etwa, weil wir uns eines Tages in einer Welt befinden werden, die dem Paradies auf Erden ähnelt. Sondern weil wir auf dem Weg zur Verwirklichung unseres Lebenstraums lernen, uns jedem Problem gegenüber angemessen zu verhalten und die beste Lösung dafür zu finden.

In diesem Kapitel werden wir – als unverzichtbaren Bestandteil unserer *konstruktiven Lebensstrategie* – die Regeln betrachten, die uns helfen können, ein neues, »glückliches« Verhältnis zu unseren Problemen zu gewinnen.

Zuallererst lernen wir hier, die problematische Situation ruhigen Herzens anzunehmen.

Ein Bekannter von mir litt an ziemlich starkem Bluthochdruck. Er klagte über häufige Kopfschmerzen, über Tinnitus und Schlaflosigkeit. Durch die Hypertonie war er reizbar und auffahrend, im Umgang mit Leuten hatte er sich schlecht unter Kontrolle. Mein Bekannter wandte sich weder an einen Arzt, noch an mich, denn er hielt seine Hypertonie für gar kein Problem. Er behandelte sich einfach mit irgendwelchen Hausmitteln. Stattdessen klagte er oft über eine andere Schwierigkeit in seinem Leben. Um zur Arbeit zu gelangen, benutzte er die Regionalbahn, und dort …

»Stell dir vor, Allan«, sagte er entrüstet und mit rot angelaufenem Gesicht, »ich glaube, ich werde noch verrückt! Der Weg zur Arbeit ist lang, weißt du, die Fahrt dauert 40 Minuten. Zum Glück kriege ich immer noch einen Platz am Fenster. Aber kaum sitze ich, quatschen mit Sicherheit irgendwelche Leute neben mir, Männer oder Frauen, ganz egal! Sie reden die ganze Zeit irgendwas daher, kauen den bescheuertsten Kram, den reinsten Blödsinn durch! … Und all das Zeug muss ich mir 40 Minuten lang anhören. Ich kann nicht lesen, an nichts anderes denken, nicht dösen …. In letzter Zeit hab ich vor Wut nur so getobt, ich kann nicht mehr!«

Eines Tages beschloss ich, ihm zu helfen.

»Warum wirst du so wütend auf die Leute?«, fragte ich ihn. »Urteilst du über sie? Findest du, dass sie Schwätzer sind?«

»Na klar!«

»Aber sie vertreiben sich doch nur, so gut es geht, die Zeit. Das kannst du nicht ändern. Sei nicht sauer auf deine Mitreisenden. Werde nicht böse, reg dich nicht auf, das hilft dir sowieso nicht, es erhöht nur deinen Blutdruck. Löse lieber dein Problem. Lass uns überlegen: Könntest du auch mit einem anderen Verkehrsmittel zur Arbeit fahren?«

»Nein«, antwortete er nach kurzer Überlegung.

»Und eine andere Arbeit willst du nicht?«

»Auf gar keinen Fall! Ich bin dort genau richtig! Und dazu bezahlen sie noch gut!«

»Dann schimpf nicht darüber, dass du lange mit dem Zug fahren musst.«

»Aber bis ich ankomme, hab ich Kopfschmerzen!«

»Das Problem liegt darin, dass du deinen Mitreisenden zuhörst. Aber das ist *dein* Problem, nicht ihres. Also beschuldige nicht irgendwen …« Ich schwieg und dachte einen Moment nach. »Ich glaube, das Einzige, was du für dich tun kannst, ist, dass du dich auf dem Weg mit Entspannung beschäftigst.« Ich erklärte ihm alles über die Muskelrelaxation und den Zustand der Selbstversenkung.

Mein Bekannter schaute mich ungläubig an. »Und das soll helfen?«

»Wenn du dich entspannst und auf die Körpergefühle oder deine inneren Bilder dazu konzentrierst, wirst du nicht mehr auf fremde Gespräche achten. Außerdem wirst du dich während der Fahrt gut ausruhen und dir damit eine gute Grundlage für den Arbeitstag schaffen.«

Was blieb ihm anderes übrig, als meinem Rat zu folgen? Wenn wir uns nun trafen, beklagte er sich nicht mehr über Gespräche in der Bahn. Nach einigen Monaten normalisierten sich sein Blutdruck und der Schlaf. Die Kopfschmerzen, die ihn über viele Jahre gequält hatten, verschwanden für immer. Außerdem wurde er ruhiger und direkt angenehm im Umgang.

Die regelmäßigen Entspannungsübungen beseitigten seine Erregungsherde in der Großhirnrinde und ließen den neurologischen Druck auf die Gefäße verschwinden, der die Hypertonie hervorgerufen hatte. Mein Bekannter wurde gesund.

Eines Tages sagte er zu mir:

»Manchmal kommt es mir so vor, als würden diese Leute in der Bahn nur so viel reden, damit ich nicht vergesse, meine Entspannungsübung auf dem Weg zu machen. Damit ich mich gut fühle … Komisch, oder?«

Verhaltensregel Nr. 8

Begegnen Sie der problematischen Situation ruhigen Herzens. Schimpfen Sie nicht auf die Menschen und auf die Umstände, sondern lösen Sie das Problem.

Wir müssen uns immer wieder die unumstößliche Wahrheit vor Augen führen: *Alle Probleme, die uns begegnen, sind unverzichtbar.* Wenn im Leben eine Schwierigkeit auftaucht, dann konnte es nicht anders sein, egal was wir uns selbst einreden oder ob uns im Nachhinein noch etwas Schlaues dazu einfällt. Sobald wir das akzeptieren, kann uns selbst die schwierigste Lebensaufgabe nicht aus dem Sattel heben, und es fällt uns leichter, die Schwierigkeit anzunehmen und entsprechend die richtige Lösung zu finden.

Dieses Phänomen beruht auf einer ganz einfachen Tatsache: auf der Existenz eines höheren Willens und eines höheren Verstandes, auf der Existenz eines Schöpfers, der die Weltläufte lenkt.

Gott führt den Menschen zur Wahrnehmung einer höheren universellen Harmonie. In dem Moment, wo wir sie wahrnehmen und in unserem Leben umsetzen können, entdecken wir Gott in uns. Dann wird der große Prozess der Manifestation des Lebens in der Materie, des Verstandes im Leben und der Seele im Verstand dadurch vollendet, dass der große Geist in jedem noch so kleinen Teil des menschlichen Körpers erscheint, was wiederum dazu führt, dass jedes unbeseelte Staubkörnchen bewusst wird.

Stellen Sie sich das nur vor! Mittels des Menschen, mittels eines jeden von uns will Gott die geistige Wandlung der Welt vollziehen!

Aber das ist ein hehres und weit entferntes Ziel. Heute befindet sich die Menschheit im Werden. Der Mensch steckt noch in seinem Ego-Bewusstsein fest und ist sich seiner Selbstbegrenzung gar nicht bewusst. Deshalb denkt, fühlt und handelt er im Widerspruch zur höheren universellen Harmonie, die aber natürlich existiert, obwohl sie sich nicht im normalen Leben eines Menschen manifestiert. Dennoch ist sie da, hier und jetzt, in jedem Augenblick, an jedem Punkt von Raum und Zeit. Gott führt jeden von uns zur Vollkommenheit, und zwar so, dass die höhere universelle Harmonie nicht gestört wird. Und wenn der Mensch mit den aktuellen Möglichkeiten seines Verstandes, seiner Gefühle und Handlungen ihr zuwiderhandelt, entstehen in seinem Leben Schwierigkeiten und Hindernisse.

Es entstehen Probleme.

Diese wiederum zerstören unsere Pläne, machen uns Angst, entmutigen uns. Manchmal geschehen die Dinge auf uns so unverständliche und unvorhersehbare Weise, dass wir uns wie ein Blatt fühlen, das im Herbst vom Chaos der Winde vom Baum gerissen wird, oder wie ein kleiner Holzspan in den Wogen des Lebensstroms … Aber die Gelehrten wissen schon seit langem, was »Chaos« bedeutet. »In der Tiefe des Chaos verbirgt sich immer eine außerordentliche Ordnung«, sagen sie. »Die Ordnung dieser Dinge hat eine so unendlich hohe Bedeutung, dass sie nur … chaotisch scheinen.«[19]

Genau darum geht es hier …

Denn alle Schwierigkeiten und Hindernisse in Ihrem Leben entsprechen *notwendigerweise* der höheren universellen Harmonie und mussten sich zeigen, liebe Leser, weil Sie heute genau so sind, wie Sie sind. Diese Schwierigkeiten sind der Ausgleich für Ihr fehlendes Mitgehen mit dem Strom des Lebens. Sie sind das Beste, was Ihnen in dieser Welt, in diesem Leben passieren konnte. Jeder andere Verlauf der Dinge wäre unpassender gewesen. Nicht umsonst heißt es: »Was Gott auch tun mag, es ist immer zum Besten.« Mit jeder Schwierigkeit, mit jedem Problem, das in unser Leben tritt, gibt Gott uns zu verstehen, wohin wir auf dem Weg zur Vollkommenheit weitergehen sollen. Wir befinden uns weder in irgendeiner Sklaverei, noch in der Hölle – wir sind auf dem Weg zum Licht. Und dieser Weg führt über die Verwirklichung unseres Lebenstraumes. Wenn wir auf Ihn hören, wird sich das »Unmögliche« mit Sicherheit in unserem Leben manifestieren, denn das ist die *harmonische* Wirklichkeit. Sie mag unvollständig sein, ist aber eine Manifestation der höheren universellen Harmonie im individuellen menschlichen Leben.

Somit wird auch verständlich, was »gleichmütiges Annehmen« bedeutet. Wir müssen allen Problemen gleichmütig und ruhigen Herzens begegnen. Sie sind eine Notwendigkeit im Leben des harmonischen Ganzen. Ihr wahrer Grund liegt in der Begrenzung des menschlichen Ego. Wir dürfen uns nicht über sie empören, über irgendjemanden aufregen oder böse sein. Wir dürfen nicht auf die Menschen und auf die Umstände schimpfen. Sie sind ja nur die Kräfte, die dazu dienen, die universelle Harmonie wiederherzustellen, die wir gestört haben. Wir müssen das jeweilige Problem ganz einfach aufmerksam untersuchen, um zu verstehen, was wir falsch gemacht haben, welche unserer Schritte unvollkommen waren und was wir in uns und außerhalb von uns verändern sollten.

Wenn wir nun diese notwendigen Veränderungen vollziehen, verschwindet das Problem, während wir unschätzbare

Erfahrungen machen. Unser Bewusstsein, unsere Ego-Grenzen erweitern sich. Wir wachsen. Und gehen unserem Lebenstraum nun schon viel sicherer entgegen.

Haben wir etwa bei einer solchen Herangehensweise das Recht, uns Trübsinn anheimzugeben? (Jetzt sind wir also bei dem »Todes«-Gefühl Trübsinn angelangt.) Auf gar keinen Fall! Haben wir etwa einen Grund, hoffnungslos traurig zu sein? Die Probleme unseres Lebens sind die Türen, die uns neue »glückliche« Möglichkeiten eröffnen. Dadurch, dass wir unsere Probleme lösen, machen wir uns diese Türen auf.

Denken Sie sich bloß keine Gründe für das Geschehene aus. »Das ist der Preis für die Sünden.«, »Ich habe ein schweres Karma.«, »Ich trage ein Programm der Selbstzerstörung in mir, das ich von meinen Eltern übernommen habe.« … Das sind alles schädliche Mutmaßungen unseres begrenzten Verstandes. So etwas gibt es nicht. Es gibt nur eine einzige unverbrüchliche Wahrheit im Leben eines Menschen – die allmähliche Ausdehnung des Selbst, das innere Wachstum und die Bewegung dorthin, wo wir Gott in uns entdecken. Das ist es, was unser aller Leben bestimmt.

Das Einzige, was ihr auf dem Weg der Selbsterkenntnis braucht, ist, nicht zu verzagen, sondern vorwärtszugehen und nicht die Flinte ins Korn zu werfen und zu resignieren, wenn ihr einen Misserfolg erlebt habt. Wenn es nicht anders ging, als zu stolpern und zu fallen, heißt es ganz einfach wieder aufstehen und weitergehen. Wenn ihr zum Besten und Allerhellsten in euch und in eurem Leben strebt, wenn ihr mit Gott in eurem Herzen lebt, dann arbeitet alles für euch. Denn das Leben ist euch dafür gegeben, dass ihr euren göttlichen Ur-

sprung verwirklicht. Zuerst so, wie ihr es fühlt, könnt, ver-
mögt, dann – wenn ihr Ihn in euch entdeckt habt – bewusst, in
der ganzen Fülle eurer Selbstverwirklichung. Dabei braucht
ihr keinen Misserfolg zu befürchten, denn oft wird euch ein
Scheitern sogar auf kürzerem Weg zur großen Wahrheit füh-
ren. Und wenn ihr heute stolpert, dann wahrscheinlich, damit
ihr das Geheimnis eines sichereren Gehens erfahrt. Habt kei-
ne Angst vor Veränderungen: Die Unbeständigkeit und Ver-
änderlichkeit der Dinge auf dieser Welt sind so beschaffen,
dass wohl nur der Wandel beständig ist …

Noch einmal. Wir leben *konstruktiv.* Wir bauen uns ein
glückliches Leben auf. Ein Problem ist aufgetaucht? Aha,
wir haben uns also in einer etwas veränderten Wirklichkeit
befunden. Das »Abarbeiten« des Problems, seine Lösung
(oder eine veränderte Haltung ihm gegenüber) wird uns neue
Kräfte und die Sicht auf den weiteren Weg geben. Das Ziel
bleibt dabei bestehen: die Manifestation des »Unmöglichen«
in der Wirklichkeit!

Und noch etwas. Mitunter beklagen sich meine Patienten
über das Leben: »Warum musste das gerade mir passieren?
Warum mir?«

Stellen Sie sich bitte nicht solche Fragen. Sie sind sinnlos,
so sinnlos wie der Neid (lesen Sie noch einmal den Abschnitt
»Steigern Sie sich nicht in unsinnige Zustände« durch). Mit
der Frage »Warum mir?« vergleichen Sie Ihr Leben mit dem
von anderen. Es gibt aber kein anderes Leben für Sie, es gibt
nur das *Ihre.* Die ganze Welt, alle Menschen, das ganze Universum – das sind Sie und Ihr Leben, der Körper Ihres
Schicksals. Wo Sie auch suchen, wo Sie auch hinschauen

mögen, es gibt immer nur *Ihr* Schicksal. Und sollte sein Körper ein wenig »kranken«, sollten Probleme aufgetaucht sein, dann schauen Sie bitte nicht zur Seite, zu den anderen hin, sondern heilen Sie das, was Sie schmerzt!

Schimpfen Sie nicht auf Ihr Schicksal oder auf die Beschaffenheit der Umstände. Folgen Sie unbeirrt dem Weg zu Ihrem Lebenstraum.

Geißeln Sie sich nicht

Nicht umsonst sagt man bei uns: »Wenn wir uns nur tief genug auf ein Problem einlassen, sehen wir uns als Teil des Problems.« Ich bitte Sie allerdings, daraus keine weitergehenden Schlüsse zu ziehen. Zweifeln Sie nicht an Ihrer eigenen Vollwertigkeit, an Ihrer geistigen und seelischen Reife. Stellen Sie nicht Ihre Fähigkeiten und Talente infrage. Und reden Sie sich nur nichts von eigener Sünde ein, denn das ist sinnlos und schädlich. Wie oft machen sich Leute schwere Vorwürfe wegen gemachter Fehler, weil sie Gefahren nicht vorhergesehen haben, sich in einem bestimmten Moment nicht zusammengerissen und irgendwelches Porzellan zerschlagen haben, etwas Falsches gesagt oder getan haben … Sie kreisen wieder und wieder um das Problem, verfluchen sich, werden rot vor Scham. Das ist echte Selbstgeißelung. Wenn sie dann völlig erschöpft Trost bei ihren Angehörigen suchen, bekommen sie oft anstelle von Mitgefühl die Antwort: »Selber schuld! Warum hast du es auch nicht anders gemacht!«

Als ob nicht jeder von uns auch ohne fremden Rat wüsste, was er »hätte tun müssen«!

Richten Sie sich nicht in der Rolle des Bösewichts ein. Geißeln Sie sich nicht für die Fehler, die Sie begangen haben. Seien Sie nicht streng und erbarmungslos mit sich. Ja, Sie haben verkehrt gehandelt. Aber wollten Sie etwa sich selbst und den anderen Schaden zufügen? Wollten Sie das Problem verursachen? Während Sie das Falsche taten, haben Sie doch nach bestem Wissen und Gewissen gehandelt. Und dass dies sich als falsch erwies … nun, da war es schon passiert, entsprechend Ihrem Zustand, Ihrem Denken und dem Zusammentreffen der Umstände um Sie herum. Danach erst war plötzlich alles anders, und Sie haben verstanden, dass es falsch war.

Seien Sie nachsichtig mit sich, bewahren Sie sich Ihren gesunden Menschenverstand und Ihre Selbstachtung.

Betrachten Sie Ihre Lage *konstruktiv*. Ja, wir sind unvollkommen. Wir sehen und wissen, wie schon erwähnt, *nicht alles*. Nicht immer beherrschen wir unsere Gefühle. Und nicht immer reichen unser Verstand und unser Gewissen, unsere Ehrlichkeit oder Reaktionsgeschwindigkeit und Schlagfertigkeit aus, um richtig zu handeln.

Aber wir bewegen uns auf die Vollkommenheit zu. Das ist unser Weg: vom Fehler zur richtigen Entscheidung, von der Enge zur Weite, vom Dunkel der Unwissenheit zum Licht der Selbsterkenntnis. Nützt es uns dabei etwa, wenn wir uns selbst geißeln?

Nein. Das kostet uns nur Kraft.

Verhaltensregel Nr. 9

Machen Sie sich keine Vorwürfe, wenn Sie ein Problem verursacht haben. Analysieren Sie leidenschaftslos und genau Ihre Gedanken, Gefühle und Handlungen. Stellen Sie fest, was Sie zu dem Problem geführt hat. Denken Sie darüber nach, wie Sie die Lage beheben, die Aufgabe lösen und dafür sorgen können, dass Ihnen dieser Fehler künftig nicht mehr unterläuft.

Lassen Sie uns nun überlegen, wie wir dementsprechend handeln können, wenn wir es zum Beispiel nicht schaffen, einen Wutanfall zurückzuhalten, und jemanden sinnlos beleidigen. Die folgende Übung hilft dabei.

Übung: Reue und Buße

Was können wir tun, wenn wir einen Wutanfall gehabt haben? Das kann vorkommen: Eigentlich wissen Sie, dass Sie nicht herumschreien und Lärm schlagen sollen, und doch tun Sie es! Sie schreien empört auf, fluchen, machen – nach dem Motto »Karthago muss zerstört werden!« – jede Menge Krach, als wäre der Teufel in Sie gefahren, und schon stehen Sie inmitten von Ruinen!

Haben Sie den Mut und betrachten Sie sich selbst von außen, ohne sich zu rechtfertigen, ohne den anderen die Schuld zu geben, ohne sich vor einer ehrlichen, nüchternen Einschätzung dessen, was geschehen ist, zu scheuen. Dann wird sich Reue über das eigene Tun einstellen: Die Wut ist fort, sie hat sich in dem Bedauern über das Getane aufgelöst. Auf diese Weise sammeln Sie nicht die negative Information, das Böse in sich an, sondern Sie befreien sich davon. Gleichzeitig erkennen Sie den Grund für Ihr Fehlverhalten und schaffen die Basis dafür, dass ein solcher Ausfall nie mehr geschehen muss. Aber zerfleischen Sie sich bitte nicht, suhlen Sie sich nicht in Ihrer »Niedertracht«, sondern konstatieren Sie einfach: »Ich erkenne an, dass ich falsch gehandelt habe, und werde es nicht wieder tun.« Dann können Sie sich in Ruhe der Person zuwenden, die Sie beleidigt haben, und Ihr unrechtes Tun zugeben. »Ich habe es aus Dummheit getan, bitte verzeih mir …« Und schon ist Buße daraus geworden, ein wohlwollendes Anerkennen des eigenen Unrechts. Damit haben Sie erstens die Grundlage dafür geschaffen, dass die wahren Gründe für den Ausbruch zutage treten können, wenn Sie sich mit demjenigen aussprechen, den Sie beleidigt haben, und dass das Bild insgesamt klar werden kann. Denn Sie sprechen die Angelegenheit ja gemeinsam durch, was wiederum zu einem Zuwachs an Selbsterkenntnis führt. Und zum Zweiten (bzw. eigentlich zum Ersten!) löst sich in Ihrer Buße die Beleidigung auf, die Sie dem anderen zugefügt haben (so wie sich in Ihrer Reue Ihre Wut löst), und das wiederum bringt sein energetisches Informationsfeld ins Gleichgewicht zurück, es bereinigt die Verzerrungen, die Sie ihm zugefügt haben.

Reue und Buße sind zwei machtvolle Mechanismen zur Harmonisierung des Energiefeldes eines Menschen, wenn er durch einen Konflikt gegangen ist. Reue und Buße sind effektive Instrumente für die geistige Arbeit und für die Befreiung von negativer Information.

Geißeln Sie sich nicht für die Fehler und die Probleme, die Sie verursachen. Bereinigen Sie die Lage, lernen Sie daraus und gehen Sie weiter Ihrem Lebenstraum entgegen.

Lösen Sie das Problem!

So weit ist also klar: Wenn ein Problem auftaucht, hat es keinen Sinn, nach den Schuldigen zu suchen und sich selbst zu geißeln. Es hat keinen Sinn, sich dem Trübsinn hinzugeben oder sich womöglich mit aufgeregten Überlegungen zu quälen zum Thema »Was soll jetzt bloß werden!«.

Brüten Sie nicht über Ihrem Problem wie das Huhn auf seinem Ei. Beschäftigen Sie sich mit der Lösung Ihrer Lebensaufgabe.

Verhaltensregel Nr. 10
Verschenken Sie Ihre Energie nicht an das Problem selbst. Lenken Sie Ihre Kraft auf seine Lösung.

Damit Sie sich von der »Fixierung« auf die aufgetauchte Schwierigkeit leicht lösen, sich beruhigen und gleich konstruktiv auf sie einwirken können, möchte ich Ihnen hier fünf machtvolle Instrumente zur Selbstregulierung vorstellen. Die ersten vier werden Sie beruhigen und in einen Zustand »kämpferischer Bereitschaft« zur Lösung des Problems versetzen. Das fünfte dagegen dient der schnellen Beilegung schwieriger Lebenslagen.

Die Instrumente sind ungewöhnlich, denn es handelt sich dabei um Symbole für die Lebensenergie. Der unsichtbare große Lehrer, der mich auf meinem Lebensweg geführt hat und von dem ich in den vorigen Büchern schon viel erzählt habe, hat sie mir zur Verfügung gestellt.

Ein Symbol ist eine lebendige Kraft auf der Ebene der feinstofflichen Energien. Es ist klug. In ihm ist eine bestimmte Energie-Idee enthalten. Wenn Sie sich das Symbol vorstellen, wird diese Energie-Idee bewusst mit Ihnen zusammenwirken und in Ihnen »arbeiten«. Sie wird Sie beruhigen und heilen oder schützen oder Ihnen dabei helfen, eine schwierige Situation zu lösen.

Weiter unten lernen wir eine Übung, nach der wir mit den Symbolen arbeiten können. Sie nennt sich »Heilung und Schutz«. Sobald Sie sich diese Übung angeeignet und gelernt haben, wie Sie die entsprechenden Symbole für die heilenden oder schützenden feinstofflichen Energien in den unterschiedlichsten Situationen nutzen können, werden Sie Ihr Befinden ständig (unterwegs, bei der Arbeit, zu Hause) lenken, die energetische Balance des Organismus in Ordnung bringen und sich vor Bedrohungen, die durch negative Informationen verursacht werden, schützen können.

Bitte lernen Sie als Erstes die Symbole nach den unten aufgeführten Abbildungen. Lesen Sie ihre Bedeutung nach. Während der Übung »Heilung und Schutz« müssen Sie sie sich genauso zweidimensional in Erinnerung rufen, wie sie aufgezeichnet sind, Sie können die Linien jedoch nach eigenem Geschmack räumlich verändern. Worauf es ankommt, ist der Erhalt der Form des Symbols, denn in ihr liegt sein Zeichengehalt, also seine spezifische Energie. Bitte beachten Sie, dass das Symbol »Ruhe« nicht schwarz-weiß ist wie die anderen, sondern grünlich-blau. Genau in dieser Farbe müssen Sie es visualisieren.

Das Symbol »Stresslinderung«

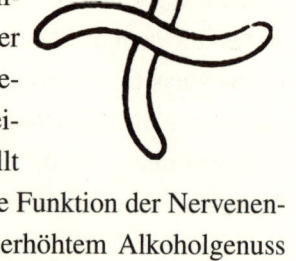

Verwenden Sie es bei einer plötzlichen Erschütterung, wenn Sie unter heftiger nervlicher Anspannung stehen oder einen Nervenkrampf erleiden. Es nimmt den Stress und stellt die Neuronenverbindungen und die Funktion der Nervenenden wieder her. Achtung: Unter erhöhtem Alkoholgenuss darf das Symbol nicht verwendet werden.

Visualisieren Sie dieses Symbol, wenn Sie etwas schockiert und in einen Stresszustand versetzt hat, und Sie werden wieder in Ordnung kommen.

Das Symbol »Ruhe«

Wenn Sie sehr müde sind, sich beruhigen, ausruhen und Ihre nervliche Anspannung lösen wollen, dann sollten Sie dieses Symbol verwenden. Zusammen mit der Übung »Heilung und Schutz« wird es Ihre Kräfte wiederherstellen, Sie ins Gleichgewicht bringen und Ihnen Ihre innere Ruhe zurückgeben.

Dieses Symbol ist dreidimensional. Visualisieren Sie es wie einen leichten, durchsichtigen Nebelschleier.

Die Farbe ist grünlich-blau.

Das Symbol »Energie-Entstauung«

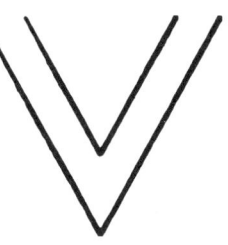

lässt überflüssige Energie abfließen. Wenn Sie übererregt sind, starke, negative Emotionen die Oberhand über Sie gewonnen haben und Sie sich dringend beruhigen müssen, dann sollten Sie dieses Symbol benutzen.

Das Symbol »Energievakuum«

bildet einen Schutzschirm vor allen äußeren negativen Energien. Dieser Schutzschirm besteht aus vielen weichen Schichten, die Sie umhüllen und in denen sich
alle »bösen«, von außen eindringenden
Strömungen neutralisieren. Es bietet wunderbar Schutz vor
dem bösen Blick, vor einem Fluch und vor Verleumdung.
Wenn Sie morgens, bevor Sie aus dem Haus zur Arbeit gehen, die Übung »Heilung und Schutz« machen und dabei
dieses Symbol visualisieren, dann wird es Sie den ganzen
Tag über schützen. Erinnern Sie sich in regelmäßigen Abständen daran, dass das Symbol noch immer in Ihnen »arbeitet«. Damit frischen Sie seine Wirkung jeweils wieder auf
und Sie werden viel weniger Probleme in Ihrem Leben haben.

Das Symbol »Regulierung äußerer
Situationen«

wirkt nicht nur auf Sie, sondern auch auf die Situation ein, in der Sie sich befinden. Wenn Sie mit jemandem in Konflikt geraten sind und anfangen, sich zu streiten, oder Sie merken, dass Ihre Lage bedrohlich unklar wird und sich unsichtbare dunkle Wolken zusammenbrauen, dann machen Sie bitte schnell, sozusagen nebenbei, die Übung »Heilung und Schutz« mit diesem Symbol. Es stellt Sie und Ihre Umgebung auf Lösung des Konfliktes ein und »reguliert« die Situation direkt.

Und hier nun die Übung, bei der wir diese Instrumente verwenden.

Übung: Heilung und Schutz

Die Übung besteht aus mehreren Schritten.

1. Wählen Sie das Symbol, dessen Energie-Idee Sie gerade benötigen. Vergegenwärtigen Sie sich die funktionalen Möglichkeiten dieses Symbols. Denken Sie an den Nutzen, den es Ihnen bringen wird, visualisieren Sie es.

2. Stellen Sie sich gerade hin, ohne sich anzustrengen, die Arme hängen locker herunter. Halten Sie Rücken und Nacken gerade, das Kinn ein wenig angezogen, die Augen geschlossen. Oder setzen Sie sich mit geradem Rücken und geschlossenen Augen

bequem hin. Jetzt stellen Sie sich bitte vor, dass sich an Ihrem Scheitelpunkt eine energetische Schleuse öffnet, durch die ein heller (weißer, hellblauer, goldener) Strom Energie (eine Energiesäule) in Sie hineinfließt. Dieser Energiestrom durchdringt Sie von oben bis unten, die Energie verteilt sich im ganzen Körper, öffnet alle energetischen Kanäle, spült und reinigt alle Organe und Gelenke bis in jede Zelle und fließt über die Hände, die Füße und durch alle Poren wieder hinaus (vielleicht fühlen sich Ihre Hände und Füße schwer und warm an, und Sie spüren ein Kribbeln in den Fingern, Handflächen und Füßen). Sie bekommen eine heilende und erfrischende Energiedusche aus Licht.

3. Rufen Sie sich das ausgewählte Symbol ins Gedächtnis und setzen Sie es über Ihrem Kopf direkt in die Mitte des herabfließenden Energiestroms.

4. Stellen Sie sich vor, dass es von dem Energiefluss nach unten mitgerissen wird, in Ihren Körper eintritt und sich in dem Strom auflöst. Das Symbol ist mit Ihnen verschmolzen, Sie sind eins mit ihm geworden.

5. Seien Sie sich gewiss: Das Symbol verwandelt den herabfließenden Energiestrom mit seiner spezifischen ideellen Kraft. Jetzt reinigt Sie die einströmende Energie nicht nur und »füllt Sie auf«, sondern sie heilt, beruhigt und beschützt Sie auch.

6. In diesem entspannten Zustand nehmen Sie Ihre Empfindungen ganz ruhig wahr. Falls ein inneres Bild entsteht, brauchen Sie es nicht unbedingt im Kopf zu behalten. Seien Sie sich nur im Klaren darüber, dass gerade eine nützliche Arbeit in Ihnen vonstattengeht, und hören Sie auf sich.

Die Übung dauert 15 bis 20 Minuten. Das heißt nicht, dass das Symbol, sobald Sie sich wieder Ihren Tätigkeiten zuwenden, aufhört zu wirken. Nicht die Übung an sich »arbeitet«, sondern der durch die Übung angestoßene energetische Prozess. Natürlich wird er mit der Zeit schwächer, aber Sie können ihn im Notfall (wenn Sie eine anhaltende Wechselwirkung mit dem Symbol benötigen) alle halbe bis ganze Stunde gedanklich wieder aktivieren. Dafür sind nur ein paar Sekunden vonnöten.

Wenn Sie sich die Übung zu eigen gemacht haben und mental schnell eine Verbindung zu dem beschriebenen Prozess herstellen können, dann werden Sie sie auch »ganz nebenbei« anwenden können, auf der Arbeit, in der U-Bahn, im Bus oder auch in einer Extremsituation. Diese Fähigkeit ist besonders nützlich bei der Verwendung des Schutzsymbols, des Symbols zur Stress- und Schocklinderung und des Symbols zur Regulierung einer äußeren Situation. Sie müssen nur achtgeben, dass Sie Ihre Aufmerksamkeit nicht dort abziehen, wo Sie sie dringend brauchen: am Steuer oder wenn Sie über die Straße gehen, wo Sie stolpern können oder wo man Sie anrempeln könnte usw. In solchen Fällen ist es besser, anzuhalten, zur Seite zu gehen, sich zu versichern, dass keine Gefahr droht, und dann erst schnell die »Arbeit« mit dem Symbol durchzuführen.

Falls Sie gegen irgendeine Erkrankung angehen (zum Beispiel eine Neuralgie oder eine Asthenie), dann sollten Sie die traditionellen Heilmethoden (die Ihnen vom Arzt verschrieben wurden) und prophylaktischen Maßnahmen keinesfalls durch diese »symbolische« Heilung ersetzen. Verbinden Sie beides miteinander. Eine komplexe Behandlung ist immer wirksamer als eine einseitige.

Für die Heilung chronischer Erkrankungen sollten Sie diese Übung täglich morgens und abends absolvieren. Sie werden schnell feststellen, was für eine Heilkraft die symbolische Energie besitzt, und Zuversicht für Ihre Gesundung gewinnen.

Sie müssen wissen, dass Ihnen die Symbole niemals Schaden zufügen werden. Ihre Wirkung ist klug, denn sie »bekämpfen« nur die Störungen Ihres geistigen oder gesundheitlichen Zustandes und beschützen Sie vor negativen Energien. (Eine Ausnahme bildet allein das fünfte Symbol: Es wirkt auf die Situation ein.) Falls solche Störungen oder Gefahren nicht vorhanden sind und Sie sich in der Wahl des Symbols getäuscht haben, macht das nichts – es wird einfach prophylaktisch Ihr energetisches Informationsfeld harmonisieren.

Gegen die Übung »Heilung und Schutz« gibt es keinerlei Kontraindikation.

Nutzen Sie positive Affirmationen zur Lösung von Problemen

Erlauben Sie einem Problem nicht, Sie so zu erdrücken, wie man mit der Faust eine leere Papiertüte zerknüllt. Wehren Sie sich nicht dagegen mit einem Aufschrei wie: »Was für ein Alptraum!«, »Das schaffe ich nie!«, »Ich kann mir überhaupt nicht vorstellen, was ich tun soll!«

Versetzen Sie sich in den Zustand des »weisen Siegers«. Beruhigen Sie sich, bringen Sie Ihre Gedanken und Gefühle in Ordnung, konzentrieren Sie sich. Richten Sie sich auf, ziehen Sie die Schulterblätter nach hinten, nehmen Sie den Kopf hoch. Vertrauen Sie auf Ihre Kräfte, Ihren Verstand, Ihre Ausdauer, Ihre Zähigkeit. Betrachten Sie alles aufmerksam und ruhig. Sagen Sie zu sich:

»Ich bin stark und klug. Ich komme mit allen Schwierigkeiten des Lebens zurecht.«

»Es gibt für alle Probleme die richtige Lösung. Ich finde sie. Ich weiß sie.«

»Ich bin von dieser Herausforderung begeistert. Ich werde beweisen, dass ich mit diesem Problem klarkomme.«

»Ich bin kreativ. Mir kommt eine glänzende, ungewöhnliche Idee, die das Problem löst. Ich kenne die einzigartige und einzig richtige Antwort.«

»Ich verfüge über ein enormes Wissen und über viele Fähigkeiten. Ich wende sie geschickt an. Ich bin weise. Ich bin stark. Ich bin geschickt und einfallsreich. Ich löse das Problem ruhig und schnell. Ich bewege mich unaufhaltsam und kraftvoll. Ich bin ein Sieger!«

Sie können sich das suggerieren, wo auch immer Sie sich befinden – auf einem Spaziergang, unter der Dusche, im Bett vor dem Einschlafen oder morgens nach dem Aufwachen. Die Affirmationen wirken noch effektiver, wenn Sie sich im Entspannungszustand befinden (siehe die Abschnitte »Verwenden Sie die Muskelrelaxation für die Manifestation des ›Unmöglichen‹ in der Wirklichkeit« und »Stärken Sie Ihre positive innere Einstellung gleich morgens früh durch positive Affirmationen«).

Es gibt so unzählige Beispiele für die Wirksamkeit solcher Affirmationen, dass ich hier keine anzuführen brauche. Zu allen Zeiten haben sich die Menschen gesagt: »Ich kann das! Das tue ich!« und haben Unmögliches vollbracht. Sie haben sich selbst suggeriert: »Ich schaffe das!« und haben Unüberwindliches überwunden. Sie haben stolz erklärt: »Ich bin ein Sieger!« und haben sogar den Tod besiegt …

Dabei dürfen Sie nur eines nicht vergessen: Es geht nicht darum, während der Phase der Autosuggestion die Lösung eines Problems zu suchen oder schon darauf zu schielen, wie Sie vorgehen wollen. Es geht darum, sich in einen Zustand zu versetzen, in dem Sie fähig sind, mit der gestellten Aufgabe fertig zu werden. Sie öffnen sich dafür, dass die Ideen oder Kräfte zu Ihnen kommen. Aber sie kommen von selbst zu Ihnen – entweder direkt während der Autosuggestion, gleich danach oder auch noch eine Weile später. Anstrengungen Ihrerseits sind nicht vonnöten. Die positiven Affirmationen wirken auf alle Ressourcen Ihres Innersten ein, auf das Unterbewusstsein, das Bewusstsein und das höhere Bewusstsein. Daher ist es ganz einfach sinnlos, mit dem oberflächlichen Verstand die Aufmerksamkeit auf die anderen, tieferen Ebenen zu lenken.

Mitunter ist das Problem so beschaffen, dass von Ihnen nicht so sehr Kräfte, Entschiedenheit und Verstand gefordert sind, als vielmehr Umsicht, Achtsamkeit und Geduld. Dann sollten Sie sich bei der Formulierung der Affirmationen von den Belehrungen der chinesischen Meister inspirieren lassen. Hier sind einige davon:

»Wer sanft vorgeht, wird es weit bringen.«

»Wer das rechte Maß kennt, wird keinen Fehlschlag erleben.«

»Nichts auf der Welt
ist so weich und nachgiebig wie Wasser.
Doch zum Auflösen des Harten und Unbeweglichen ist nichts besser geeignet.

Das Weiche überwindet das Harte;
das Sanfte überwindet das Starre,
Jeder weiß, dass dies zutrifft,
aber nur wenige können danach handeln.«[20]

»Es gibt kein größeres Unglück,
als seinen Feind zu unterschätzen.«[21]

Vergessen Sie also nicht, die folgende Verhaltensregel anzuwenden, wenn Schwierigkeiten in Ihrem Leben auftreten.

Verhaltensregel Nr. 11

Verwandeln Sie sich in den »weisen Sieger«, wenn Sie Probleme zu
lösen haben. Verwenden Sie dazu positive Affirmationen

Denken Sie daran, dass Sie, egal wie sich die Dinge wenden
mögen, immer das Gute darin sehen können (Verhaltensregel Nr. 2, erstes Prinzip). Denken Sie an die wunderbare,
reiche Vielfalt des Lebens (Verhaltensregel Nr. 2, viertes
Prinzip). Das Leben bleibt nicht stehen, es ist in ständigem
Wandel begriffen, die gegensätzlichsten Ereignisse können
einander ablösen. Jeder Wandel ist zu jeder Zeit möglich.
Und wenn Sie immer die gebotene innere Haltung dazu einnehmen, dann wird der Wandel zum Besten und somit ein
»glücklicher« Wandel sein.

Jagen Sie alle Sorgen fort

Wenn wir eine Aufgabe im Leben zu lösen haben, plagen
uns Zweifel am glücklichen Ausgang der Sache. Wir empfinden alle möglichen Ängste und Sorgen, denen wir nicht
erlauben dürfen, uns ganz zu verschlingen. Wir müssen uns
sagen: »Ich tue alles, was möglich ist, alles, was ich kann.
Das ist so. Der Rest ist nicht von mir abhängig.«

Damit müssen wir uns innerlich frei machen, uns entspannen und unsere Arbeit ruhig fortsetzen. Wenn wir alles getan
haben, was wir uns vorgenommen hatten, dann sollten wir
das Ergebnis gleichmütig und innerlich ruhig abwarten.

Hilfreich ist die Affirmation: »Meine Ängste vergehen. Die Sorgen verlassen mich. Die Zweifel verschwinden. Ich bin ruhig.«

Verhaltensregel Nr. 12

Wenn Sie alles tun oder getan haben, was Sie tun können oder konnten, um ein Problem zu lösen, brauchen Sie sich um den Ausgang der Sache nicht zu sorgen.

Wir können nicht alles auf der Welt unter Kontrolle behalten. Das bedeutet, dass es, wenn wir alles getan haben, was in unserer Macht lag, keinen Sinn hat, sich um das Ergebnis unserer Bemühungen zu sorgen. Bewahren Sie Ihre Kraft und Gesundheit für die nächsten Schritte und Taten, für die Lösung neuer Probleme auf. Machen Sie sich keine Sorgen, vertrauen Sie auf den Verlauf der Ereignisse. Hoffen Sie auf die Gnade des Schicksals, des Seins, auf die Gnade Gottes. Bitten Sie Ihn, wenn Sie können, um Hilfe (siehe den Abschnitt »Werden Sie eins mit Gott«). Geben Sie dabei nicht vor, wie die Ereignisse verlaufen sollen und welche genauen Ergebnisse Sie erzielen wollen. Es kann durchaus passieren, dass eine vollkommen unerwartete Wendung der Ereignisse einen Erfolg zeitigt, von dem Sie sich nie hätten träumen lassen. Bitten Sie einfach Gott um Seine Gnade und um Seinen Segen. »Euer Vater weiß, was ihr bedürfet, ehe ihr ihn bittet.« (Matthäus 6,8)

Kapitel II

Nutzen Sie Intuition und kreatives Denken

Wenden Sie zur Lösung von Problemen Ihre Intuition an

Jeder von uns trägt eine Informationsquelle in sich, die die absolut richtigen Antworten auf alle Fragen gibt. Wenn wir uns stets an sie wenden, sind wir immer zur richtigen Zeit am richtigen Ort, treffen großartige Entscheidungen und halten uns fern von verlockenden, aber verderblichen Angelegenheiten. Diese Quelle ist ein wahres Wunder.

Und dieses Wunder nennt sich Intuition.

Wenn wir in einem Lexikon nachschlagen, erfahren wir, dass die Intuition Feingefühl, feines Verständnis, Durchdringung bis zum innersten Kern einer Sache bedeutet.[22] Was vermag in einem Menschen so fein zu fühlen und das Wesen einer Erscheinung so tief zu durchdringen, dass er sich nie täuscht?

Viele von uns widmen diesem Teil unseres Wesens, der sich Seele nennt, leider nur wenig Aufmerksamkeit. Was für ein Versäumnis! Wenn wir lernen würden, darauf zu hören, dann hätten wir die Harmonie, die das Glück in unser Leben bringt, schon lange erreicht.

Die Seele ist unsterblich, sie ist die nicht materielle Grundlage des menschlichen Wesens und seines energetischen Informationsfeldes. Sie ist immer Gottes Antlitz zugewandt. Sie sieht Ihn unmittelbar, steht mit Ihm in Verbindung und ist voller Entzücken und Glück. Die Welt ist für sie ein großes Wunder, weil sie Sein Werk ist. Der Mensch ist für sie ein wunderbares Universum voller großer Geheimnisse, weil Gott in ihm wohnt. Das Leben ist für sie die wunderbare Möglichkeit, ihr Wissen und ihre Freude an alle anderen Teile des menschlichen Wesens – an den Verstand, das Herz, den Lebenswillen, den Körper – weiterzugeben.

Die Seele ist der nicht korrumpierbare Führer des Willens und der Macht Gottes. Und deshalb gibt uns nur die Seele die wahre Kenntnis darüber, was zu tun ist. Nur sie gibt uns den wahren Glauben an uns selbst, an unsere Kräfte und Möglichkeiten.

Die Intuition aber ist die Stimme der Seele. Wenn wir sie hören, dann können wir Wunder vollbringen.

Ich habe immer auf meine Intuition vertraut. Dank meiner Eingebungen habe ich mehr als einmal todkranke Menschen ins Leben zurückholen dürfen, Menschen, die von den Ärzten aufgegeben worden waren.

Einmal hatten sich die Eltern eines siebenjährigen Jungen an mich gewandt. Als sie gerade mit der ganzen Familie Urlaub im Süden machten, wurde der Junge krank. Er bekam Fieber und starke Kopfschmerzen. Sein Zustand verschlimmerte sich schnell. Die Ärzte stellten eine schreckliche Diagnose: Meningoenzephalitis, eine durch eine Infektion hervorgerufene Entzündung des Gehirns. Als ich den Jungen untersuchte, lag er völlig leblos auf der Seite, nur die Finger zitterten sachte. Er zeigte überhaupt keine Reaktion, selbst die Pupillen reagierten nicht auf Licht …

Ein hoffnungsloser Fall. Der Arzt sagte:»Selbst wenn er überlebt, kommt er nie mehr zu Bewusstsein. Sein Gehirn ist tot.«

Was konnte ich tun? Mich umdrehen, teilnahmsvoll seufzen und wieder gehen? Ich zögerte. Irgendetwas zwang mich, neben dem Bett des kranken kleinen Kerlchens stehen zu bleiben und ihn anzuschauen. Und plötzlich hörte ich die Stimme der Seele:»Heilung ist möglich, los, an die Arbeit! Das Gehirn ist nicht tot!«

Ich vergaß alle Zweifel und machte mich schnell an die Arbeit. Jeden Tag führte ich Behandlungen durch. Am dritten Tag (Gott weiß, wie es dazu kommen konnte!) sagte ich zu den Eltern des Kranken:»In zwei Wochen kommt er wieder zu Bewusstsein.« Und so war es. Ich fuhr mit der Behandlung fort.»In einer Woche spricht er wieder.« Zur angegebenen Zeit begann der Junge wieder zu sprechen.

Um es kurz zu machen: Der Junge wurde gesund. Über viele Jahre hatte ich noch Kontakt zu seiner Familie. Der Junge begann, Sport zu machen, spielte Fußball, wurde schließlich knapp zwei Meter groß und zu einem kräftigen, gesunden Kerl. Und klug war er auch.

Ich erinnere mich, wie vor vielen Jahren der Vater einer jungen Frau zu mir kam. Er erzählte, dass bei seiner Tochter der sechste Halswirbel mit allen entsprechenden Folgen so gut wie zerfallen sei. Ein Stückchen des Rückenmarks war »freigelegt«, jede Bewegung konnte zu einer Parese, das heißt zu einer Teillähmung führen. Die Unglückliche lag »in Streckung« im Kreml-Krankenhaus: An ihrem Kopf und Rücken war ein Metallrahmen befestigt, der den Nacken unbeweglich und starr fixierte. Die Ärzte wussten nicht, wie sie ihr helfen sollten: Aus dem, was noch von dem Wirbel übrig war, konnten sie ihn nicht wiederherstellen, eine chirurgische Operation hätte nichts gebracht. Man konnte nur auf ein Wunder hoffen …

Als ich ins Krankenhaus kam und die Frau »ansah«, wusste ich, dass ich es noch nie mit einer so schweren Erkrankung zu tun gehabt hatte. Ich hatte keine Ahnung, was hier getan werden könnte. Ich ging in die Stille und horchte in mich hinein. Eine Antwort musste kommen – mein Glauben und mein aufrichtiger Wunsch zu helfen sagten es mir …

Da hörte ich die Stimme der Seele: »Selbst wenn ein Teil eines lebendigen Menschen aufhört zu existieren, bleibt doch sein energetisches Informationsfeld, seine ›Matrix‹ bestehen. Verwende die Regenerationsfähigkeit des Organismus. Durch die erhaltene Informationsstruktur kann der Wirbel wiederhergestellt werden.«

Ich hatte begriffen, wie die arme Frau geheilt werden konnte! Also machte ich mich an die Arbeit. Um das »Programm« für das Wachstum des Knochengewebes zu initiieren, stellte ich in Zusammenarbeit mit der Kranken ein mentales Bild der gesamten gesunden Halswirbelsäule zu ihrer Wiederherstellung her. In unserem gemeinsamen Heilungsfeld gab dieses Bild sozusagen dem Organismus vor, was zu »tun« war, es zeigte ihm die taktischen Aufgaben und bestimmte das strategische Ziel.

Das Ergebnis war, dass das Knochengewebe entsprechend der im Energiefeld erhaltenen ›Matrix‹ des zerfallenen Wirbels nachwuchs.

Drei Monate später verließ die Frau das Krankenhaus als vollkommen gesunder Mensch.

Die Intuition kann uns auf verschiedene Arten »informieren«. Als unbestimmte Vorahnung, die uns erfasst und infolge derer wir unsere innere Stimme hören können. So war es mir geschehen. Als Assoziation, die dem Verstand eine Antwort eingibt. Wir sehen einen Gegenstand, beobachten irgendeine Erscheinung, und plötzlich fällt es uns ein: »Ich hab's!«. Im Gehirn bilden sich ungewohnte logische Verknüpfungen, und im Verstand formt sich eine Entscheidung. So hat Archimedes, als er sich in eine Badewanne zum Baden setzte und sah, wie das Wasser über den Rand auf den Boden lief, das archimedische Prinzip vom Auftrieb entdeckt und den genialen Traktat »De corporibus natantibus« (»Über schwimmende Körper«) geschrieben. Als Newton ein Apfel direkt vom Baum auf den Kopf fiel, formulierte er das Gravitationsgesetz.

Oft gibt uns die Intuition im Schlaf eine Eingebung. Dmitri Iwanowitsch Mendelejew war das Periodensystem der chemischen Elemente im Traum erschienen. Dem deutschen Chemiker und Naturwissenschaftler Friedrich August Kekulé von Stradonitz erschien im Traum eine Schlange, die sich in den eigenen Schwanz biss. Als er aufwachte, stürzte er zu seinem Schreibtisch und schrieb den Aufsatz »Vom Aufbau aromatischer Verbindungen«. Darin entwickelte er die Idee von der Ringstruktur des Benzols und schrieb dessen berühmte Formel auf. Das war eine Entdeckung …

Der amerikanische Psychologe John Kehoe führt in seinem berühmten Buch *Mind Power* ein sehr interessantes Beispiel an: »Der Erfinder der Nähmaschine, Elias Howe, arbeitete viele Jahre an diesem Projekt. Um sein Werk zu vollenden, fehlte ihm nur ein winziges Detail, dem er einfach nicht auf die Schliche kam. Eines Nachts träumte ihm, er sei von Wilden umgeben, die seltsame Speere auf ihn richteten, an deren Ende sich eine Öffnung befand. Howe wachte fest entschlossen auf: Er würde ans Ende der Nadel ein Nadelöhr setzen! Dieses kleine Detail war der Schlüssel für die Erfindung der Nähmaschine.«[23]

Jeder von uns besitzt die Fähigkeit zur Intuition. Aber die Beispiele, die ich angeführt habe, machen deutlich, dass die Intuition nur in denen erwacht, die bei ihrer Suche nach einer Antwort einen starken Antrieb haben. Dieser Antrieb entsteht aus verschiedenen Gründen: aus einem brennenden Interesse an dem zu lösenden Problem, aus der zwingenden Notwendigkeit heraus, einen Ausweg aus einer bestimmten Lage zu finden, oder aus dem großen Willen, ein Ziel zu erreichen.

Und noch eine – paradoxe – Besonderheit spielt eine Rolle, damit die Intuition ans Licht kommt. Die Antwort erfolgt immer dann, wenn man sich von dem Problem abwendet, wenn man aufhört, darüber nachzudenken. Archimedes lag in der Badewanne; Newton ging sorglos im Garten spazieren; Mendelejew schlief friedlich … Wenn man ein Problem hat, macht man sich auch meist Sorgen. Man muss jedoch seinen Geist beruhigen und vorübergehend aufhören, an die Schwierigkeit zu denken. Die »Dreschmaschine«, die unser

Geist ist, muss aufhören zu lärmen und die Stimme der Seele zu übertönen. Erst dann werden wir eine intuitive Eingebung vernehmen können.

Wenn wir ständig über das Problem nachdenken, werden
wir höchstwahrscheinlich sehr müde, bekommen aber keine
intuitive Eingebung. Die Tür zur Intuition öffnet sich dank
eines Schlüssels, der als »Stille des Geistes« bezeichnet werden kann.

Und damit sind wir, liebe Leser, an dem Punkt angekommen, wo wir die intuitive Eingebung nicht der Spontaneität
überlassen (wie es bei Archimedes, Newton, Mendelejew
und anderen der Fall war), sondern als bewussten Zugang
zum Wissen der Seele lernen. Denn wir wissen nun bereits:
Intuition besitzt jeder. Wir kennen die Bedingungen ihres
Erscheinens. Wir haben bereits gelernt, wie wir uns in einen
Entspannungs- oder Meditationszustand versetzen können,
in dem unser Geist still ist. Wir sind feinfühliger und hellhö-
riger geworden. Was hindert uns also daran, uns an das Wissen unserer Seele zu wenden? Was hindert uns daran, ein
Lebensproblem zu lösen und die richtige Antwort auf alle
Fragen zu bekommen?

Verhaltensregel Nr. 13

Sie sind als Menschen mit der Gabe der Intuition geboren. Wenden
Sie sich an sie. Entwickeln Sie sie. Lösen Sie Ihre Probleme und
suchen Sie Antworten auf Ihre Lebensfragen mit Hilfe Ihrer Intuition.

Wenden wir uns nun bewusst unserer Intuition zu. Die folgende Übung hilft uns dabei.

Übung: Die Tür zur Intuition

Vorbereitungsphase

Wenn die Lösung eines Problems ansteht, sollten Sie als Erstes versuchen, alle Informationen zu dem Problem zu sammeln, die Sie nur irgend bekommen können. Wenn Sie zum Beispiel in einer Rechtsangelegenheit nicht weiterwissen, konsultieren Sie einen Juristen, fragen Sie Bekannte aus, die damit bereits Erfahrungen haben, usw.

Das geschieht, damit Sie sich nicht in dem Moment, wo Sie sich an Ihre Intuition wenden, über die gesammelten Daten den Kopf »zerbrechen«. Ihr Verstand wird schweigen, aber durch die geleistete Vorarbeit ist er gut auf das vorbereitet, was ihm die Stimme der Seele sagen wird. Die Seele weiß alles, sie braucht diese ganzen Daten nicht. Für den Verstand jedoch sind sie unverzichtbar. Er muss »auf dem Laufenden« sein, um auf die intuitive Antwort adäquat reagieren zu können. Er muss die intuitive Eingebung oder Assoziation kompetent »bearbeiten« können. Dann wird er das durch sie erworbene Wissen entweder überzeugt anwenden oder zugunsten des Wissens der Seele, das er nicht hatte, überzeugt verwerfen. In jedem Fall wird er wissen, was er tut. Und er wird nicht vor einer ungewöhnlichen Entscheidung zurückschrecken, sie wird kein Schock für ihn sein.

Nun entspannen Sie sich bitte, schließen Sie die Augen, machen Sie die Übung der Muskelrelaxation. Und sagen Sie sich leise: »Ich bin ruhig. Ich verfüge über die wunderbare Gabe der Intuition. Ich höre auf sie. Ich bin mit ihr befreundet. Ich erhalte immer erstaunliche, richtige und genaue Antworten von ihr. Sie ist immer bei mir. Mit ihrer Hilfe löse ich erfolgreich meine Probleme.« Und so weiter. Lassen Sie sich von Ihren Worten durchdringen, füllen Sie sich mit der Gewissheit an, dass Sie Erfolg haben werden. Diese Gewissheit ist schließlich berechtigt. Die Intuition steckt in Ihnen, die Seele spricht immer zu Körper, Herz und Verstand. Und jetzt hören Sie sie! Erwarten Sie Ihre Eingebung voller Vorfreude und Begeisterung. Ganz bald wird Ihnen leicht und fröhlich zumute sein – Ihr Problem wird sich auflösen!

Die Zuwendung zur Intuition

Das Wort Intuition kommt von dem lateinischen *intueor*, was so viel bedeutet wie »ich schaue unverwandt«. Schon diese Worte geben uns einen Hinweis darauf, wie wir nach der intuitiven Antwort suchen sollen. Wenn wir noch das Prinzip der Stille des Geistes hinzunehmen, stehen uns alle notwendigen Schlüssel zur Verfügung, um die »Tür zur Intuition« zu öffnen.

Nur eine wichtige Sache gilt es zu verstehen: Das Wissen der Seele ist uns nicht etwa verborgen, weil es eben »verborgen« wäre, sondern weil es durch den unruhigen Nebel unserer Gedanken nicht hindurchkommt. Um intuitives Wissen zu erlangen, müssen wir unbedingt unsere Denkmaschine anhalten.

Wie geht das?

Fangen Sie einfach an, Ihren Gedanken zuzuschauen. Versuchen Sie nicht, sie mit einer Willensanstrengung zu stoppen, denn das funktioniert sowieso nicht: So würden Sie nur mit Hilfe des Verstandes gegen den Verstand ankämpfen, und das ist Unsinn. Schauen Sie Ihren Gedanken einfach nur zu, ohne in den Gedankenprozess einzusteigen. Werden Sie zu einem – absichtslosen, unbeteiligten, leidenschaftslosen – Beobachter. Schauen Sie Ihrem Verstand nicht feindselig zu, er ist nicht Ihr Feind, er ist ein Freund und ein wunderbares Instrument, nur dass er bislang nicht versteht zu schweigen, wenn Sie es brauchen. Atmen Sie ruhig und gleichmäßig. Je tiefer Sie sich in den Zustand des »Unbeteiligtseins« versenken, desto häufiger werden zwischen den Gedanken Räume des Schweigens entstehen. In diesen Räumen liegen Stille und Leere – und eine absolute Klarheit für die Wahrnehmung der inneren und äußeren Welt. Das ist es, was Sie brauchen. Dank dieser Räume kann das Wissen der Seele zu Ihnen gelangen, in ihnen können Sie die Stimme der Intuition vernehmen. Mit der Zeit – von Übung zu Übung – wird der Raum der Stille größer, bis Sie eines Tages merken, dass die Denkmaschine angehalten hat und Sie in diesem erstaunlichen Zustand der inneren Stille verweilen können.

Konzentrieren Sie sich jetzt auf das Problem, das Ihnen Sorgen bereitet. Schauen Sie unverwandt, wie es das »intueor« nahelegt. Aber denken Sie nicht über diese Schwierigkeit in Ihrem Leben nach, bewerten oder beurteilen Sie sie nicht. Lassen Sie sich nicht von den Sie beunruhigenden Szenen, Situationen oder Handlungen des »problematischen« Menschen fortreißen, sondern schauen Sie einfach nur. Suchen Sie nicht nach einer Lösung, lassen Sie die Fakten und Umstände der Angelegenheit unbeteiligt vor Ihrem inneren Auge vorüberziehen wie Würfel, die Sie einzeln in die Hand nehmen, betrachten, hin- und herdrehen, in der Handfläche abwägen und wieder weglegen ... Auf diese Weise verlagern Sie die problematische Situation in den von Ihnen geschaffenen Raum der Stille. Warten Sie nun auf die Antwort, denn schließlich haben Sie sich ja nicht in den Zustand der Meditation versenkt, um das Problem zu betrachten, sondern um eine Antwort zu erhalten.

Verfolgen Sie während dieses Prozesses ruhig und leidenschaftslos die Gedanken und Gefühle, die in Ihnen auftauchen (und lassen Sie sich nicht von Unruhe, Empörung oder Schmerz mitreißen). So erkennen Sie nicht nur die problematische Situation, sondern auch die energetische Information, den »Knoten«, den diese Situation in Ihrem Energiefeld geschaffen hat.

Das ist die Betrachtung aus der Versenkung heraus. Bei diesem Prozess enthüllen sich der Kern und alle äußeren Verbindungen des Gegenstands der Konzentration. Der Gegenstand wird »durchsichtig«. Sie erhalten sämtliche Informationen zu Ihrem Problem. Sie sehen, wie Sie es lösen können und wie Sie den schmerzhaften »Knoten« in Ihrem energetischen Informationsfeld entwirren können.

Außerdem können Sie sich während dieses Konzentrationsprozesses im Stillen die Frage stellen: »Was kann ich tun? Wie soll ich mit dieser Schwierigkeit umgehen?« Sie können Ihre Aufmerksamkeit für eine Weile auf die Lösung dieses Problems konzentrieren.

Das intuitive Wissen wird, da es nicht durch die Arbeit der Denkmaschine entstellt wird, ganz sicher auftauchen, Sie werden die Antwort erkennen. Denn das Wissen der Seele ist Ihr Wissen, die Stimme der Intuition ist Ihre Stimme. Und wie sollte man sich selbst nicht hören können?

Seien Sie nicht enttäuscht, falls Sie während der Übung keine Antwort erhalten. Vielleicht kommt sie später, auf einem Spaziergang, beim Aufräumen zu Hause, im Schlaf. Praktizieren Sie die Übung in regelmäßigen Abständen, entwickeln Sie Ihre Intuition, verlieren Sie nicht den Glauben an Ihre Fähigkeit, die Stimme der Seele zu hören. Eines Tages wird die Intuition zu Ihrem beständigen Begleiter werden.

Und noch ein Rat. Sie sind sicher einverstanden mit mir, dass es sehr gesund ist, sich vor dem Einschlafen an die Intuition zu wenden. Wenn wir die Übung im Bett machen, beruhigen wir uns und erleichtern uns das Einschlafen. Und was das Wichtigste ist: Wir erhöhen damit die Wahrscheinlichkeit, dass uns ein erstaunlicher Traum besucht, der uns die Lösung des Problems zeigt.

Wenden Sie zur Lösung von Problemen Ihr kreatives Denken an

Probleme kann man niemals mit derselben Denkweise lösen, durch die sie entstanden sind, hat Albert Einstein einmal gesagt. Das ist wohl wahr! Ihr Mann hat sich dem Alkohol verschrieben und verbringt immer seltener seine Freizeit zu Hause, er sitzt lieber mit den Freunden vor einem Bier. Werden Sie das Problem etwa auf der Ebene seiner Freizeitgestaltung lösen? Nein. Natürlich können Sie versuchen, ihn abzulenken, und sich zum Beispiel irgendeine interessante neue Familienfreizeitbeschäftigung ausdenken. Aber das wird wohl kaum helfen. Hier muss eine Alkoholabhängigkeit behandelt werden. Es geht darum, die Gründe für die veränderte Weltsicht und den psychischen Zustand des Ehegatten zu verstehen. Die Familienbeziehungen müssen durchleuchtet werden: Warum ist er lieber mit den Freunden als mit Frau und Kindern zusammen?

Das ist wie bei der Denkaufgabe mit den Streichhölzern. Versuchen Sie, aus sechs Streichhölzern vier Dreiecke zu legen. Das geht nicht? Tatsächlich klappt es auf einer Fläche nicht. Aber wenn es Ihnen gelingt, gedanklich in die Dreidimensionalität überzuwechseln, dann legen Sie drei Streichhölzer zu einem Dreieck zusammen und bauen aus den drei übrig gebliebenen Streichhölzern darüber ein Dach. Und schon haben Sie eine vierflächige Pyramide. Jede Fläche in ihr stellt ein Dreieck dar. Da haben Sie die Lösung. Von der Fläche sind Sie auf eine andere Ebene – in den Raum – gewechselt und haben die richtige Antwort gefunden.

Auf eine »andere Ebene« zu wechseln bedeutet jedoch, etwas Neues zu erschaffen. Und das Erschaffen neuer Ideen und Werte bedeutet Kreativität.

Wir lösen Probleme dann erfolgreich und bewegen uns auf Erfolg und Glück zu, wenn wir erschaffen.

Jeder von uns ist eine kreative Persönlichkeit, egal was er selber diesbezüglich von sich hält. Jeder von uns kann jederzeit den Blickwinkel ändern und einen Gegenstand, einen anderen Menschen, irgendwelche Umstände oder sein Leben aus einer anderen Perspektive betrachten. Und sofort werden ihm neue und frische Ideen kommen, wie und was er alles zum Besseren ändern könnte. So sind wir gemacht, so funktioniert unser Verstand, zu einer solchen Lebensweise führt uns unsere Seele. Unser kreatives Potenzial ist riesig. Wir haben es immer bei uns. Wir können jederzeit etwas Kreatives tun.

Experimentieren Sie doch jetzt gleich damit. Stellen Sie sich irgendwelche Fragen (über Ihr Leben, über Ihren Tagesplan, die Anordnung Ihrer Gegenstände zu Hause usw.) und stellen Sie die Zweckmäßigkeit Ihrer bisherigen Antworten darauf infrage. »Warum nehme ich ausgerechnet diesen Weg zur Arbeit? Warum kommt dieser Mensch jeden Tag zu mir, um sich mit mir zu unterhalten? Warum mache ich das Licht nicht an, wenn ich fernsehe? Warum machen wir unseren Familienurlaub immer nur in unserem Ferienhaus?« Sie können sich auch eine so »schreckliche« Frage stellen wie: »Warum lebe ich das Leben, das ich jetzt lebe?«

Wahrscheinlich haben Sie gespürt, wie etwas in Ihnen sich bewegt und unruhig zu werden beginnt. Der Blick auf die gewohnten Dinge ändert sich.

Das ist der Anfang der Arbeit Ihres kreativen Ichs. Vielleicht sind die Ergebnisse erst einmal mikroskopisch klein, aber das ist egal. Vielleicht scheint Ihnen, Sie fragten nur nach Nebensächlichkeiten. Wir wissen: Eine Reise von tausend Meilen beginnt mit einem Schritt. Für die Entwicklung und Verwendung Ihrer kreativen Fähigkeiten gibt es keine Schranken, keine Grenzen. Alles, was Sie brauchen, ist der Wunsch und der Glaube daran, dass Sie fähig sind dazu, Neues zu erschaffen.

Solange wir diesen Wunsch und diesen Glauben haben, wird jedes Problem für uns ganz einfach zu Material, mit dem wir erschaffen. Und wir werden dieses Material mit Leichtigkeit in das verwandeln, was wir für unser Wohlergehen und für unser Glück brauchen.

Verhaltensregel Nr. 14

Jeder Mensch ist ein Schöpfer. Nutzen Sie Ihr enormes kreatives Potenzial. Lösen Sie Ihre Probleme und suchen Sie die Antworten auf Ihre Lebensfragen mit Hilfe des kreativen Denkens.

Wie können wir das Nachdenken über ein Problem in einen schöpferischen Akt verwandeln?

Untersuchen Sie zunächst das Problem genau so, als wollten Sie sich an Ihre Intuition wenden, und sammeln Sie alle Ihnen zugänglichen Informationen darüber. Beachten Sie, dass Sie das jetzt nicht tun, damit Ihr Verstand sich schweigend das Informationsmassiv anschaut. Nein, Ihr Verstand

wird jetzt aktiv arbeiten: einschätzen, analysieren, vergleichen und Schlüsse ziehen.

Aber sagen Sie Ihrem Verstand nicht gleich »Fass!«, lassen Sie ihn bloß nicht von der Leine, denn er soll sich ja
nicht auf das Problem stürzen. Entspannen Sie sich zuerst
(machen Sie Ihre Entspannungsübung) und suggerieren Sie
sich: »Ich bin klug. Ich bin kreativ. Mein kreatives Potenzial
ist riesig. Ich habe viel Fantasie. Auf der Suche nach einer
Lösung habe ich unbegrenzte Möglichkeiten. Ich finde die
Lösung. Ich nehme diesen Ruf des Lebens an. Ich beantwor-
te ihn mit Bravour. Aus jeder Lage gibt es einen Ausweg,
und ich finde ihn immer.« Spüren Sie den Eifer, die Leichtigkeit, die angenehme Aufregung, den Zufluss an Energie. Sie
sind eine ungewöhnliche, einzigartige Persönlichkeit und
werden jede Schwierigkeit in ein Bonbon verwandeln!

Und nun vertiefen Sie sich bitte in das Problem. Lenken
Sie Ihre ganze Aufmerksamkeit darauf. Jetzt kommt Ihnen
zugute, dass Sie sich diese Fähigkeit durch das Praktizieren
der »glücklichen« Meditationstechniken bereits zu eigen gemacht haben. Lassen Sie sich nicht ablenken. Und falls der
Geist doch einmal abschweift, dann holen Sie ihn bitte sanft
zum Gegenstand der Überlegung zurück. Denken Sie nach,
prüfen Sie die Fakten, schauen Sie sich das Ganze interessiert und unvoreingenommen an. Lassen Sie Ihren Gedanken
vollkommen freien Lauf: Die Ereignisse dürfen sich in jede
Richtung weiterentwickeln, ganz unterschiedliche Handlungen dürfen geschehen. Geben Sie Ihrer Fantasie die volle
Freiheit, schließen Sie nichts aus. Schämen Sie sich nicht,
wenden Sie sich nicht ab, selbst wenn Ihnen die unsinnigs-

ten Ideen kommen. Denn einen Augenblick später könnten schon assoziativ vernünftige, außergewöhnliche Gedanken auftauchen. Sie werden die Lösung für das Problem finden.

Mein guter Bekannter – der Schriftsteller, von dem ich bereits im ersten Teil des Buches erzählte – schreibt Science-Fiction-Romane. Er hat mir einmal erzählt: »Wenn ich über die Handlung oder die Charaktere oder über inhaltliche Kollisionen nachdenke, dann lasse ich meiner Fantasie komplett freien Lauf. Ich vergrößere, was man in der Wirklichkeit nicht mit bloßem Auge erkennen kann, um ein Vielfaches, mache Riesiges so klein wie einen Brotkrümel, verlangsame Schnelles um das Tausendfache und beschleunige Langsames. Ich begrenze den Raum und konserviere die Zeit. Ich dehne aus, was sich nicht dehnen lässt, mache Weiches hart und Hartes und Brüchiges geschmeidig. Ich zerstückele Unteilbares, verbinde Unvereinbares …«

Liebe Leser, stellen Sie sich das Unmögliche vor, verbinden Sie Unvereinbares, um ein Problem kreativ zu lösen! Lassen Sie Paradoxes zu. Führen Sie, was sich in der Wirklichkeit nie begegnen kann, zusammen. Treiben Sie den Keil mit dem Keil aus. Kurz: Erschaffen Sie!

Während eines solchen »mentalen Sturms« müssen Sie das Interesse für die Suche nach einer Lösung im Kopf behalten. Ruhen Sie sich aus, falls es Ihnen abhandengekommen sein sollte. Strengen Sie sich nicht an, beeilen Sie sich nicht, setzen Sie Ihren Verstand nicht unter Druck. Überanstrengen Sie sich nicht. Notieren Sie die Ideen kurz, die Sie für die Lösung am ehesten ansprechen und die Ihnen am nächsten sind. Es können ruhig mehrere sein. Falls Sie nach dem »Sturm« keine eindeutige Antwort auf die Aufgabe erhalten haben, können Sie auf Ihre Aufzeichnungen zurückgreifen. Vielleicht führen gerade diese Sie jetzt zum Erfolg.

Falls Ihnen für die Lösung des Problems mehrere Ideen gekommen sind – was sehr wünschenswert wäre! –, dann improvisieren Sie einfach einen Wettbewerb für sie. Beurteilen Sie ihren »Auftritt« nach vorher festgelegten Kriterien wie Zeitaufwand, Kosten des »Projekts«, Anzahl der Beteiligten, Schwierigkeitsgrad, Risiko etc.

Wenn Ihnen diese Vorgehensweise zu anstrengend vorkommt, können Sie sich auch etwas anderes ausdenken. Zum Beispiel könnten Sie zum Zeitvertreib ein Märchen erfinden, in dem Ihr Problem den Kern des Konflikts darstellt. Wie lösen die Helden den Konflikt? Vielleicht kommt ein guter Zauberer zu ihnen – was schenkt er ihnen, was sagt er, was rät er? Schauen Sie sich das Geschenk gut an, hören Sie bei den Ratschlägen gut hin. Vielleicht finden Sie hier die Antwort. Oder Sie erfinden eine Geschichte um Superman oder einen Außerirdischen. Wie lösen diese Helden das Problem – wie machen sie das? Schauen Sie genau hin … Es könnten glänzende Ideen dabei sein, denn hier sind Ihre kreative Fantasie, Ihr Unterbewusstsein und Ihre Intuition zugleich aktiv.

Bei Ihren Überlegungen können Sie sich auch auf die Erfahrung von Menschen stützen, auf deren Meinung Sie etwas geben. Selbst wenn sie jetzt nicht da sind, können Sie sich doch vorstellen, was sie in Ihrer Lage täten. Bei diesen Menschen kann es sich um Verwandte handeln oder auch um

Leute, die Sie nur flüchtig kennen, aber schätzen. Es kann sich sogar um historische Persönlichkeiten aus ferner Vergangenheit handeln oder um irgendwelche Romanhelden. Hauptsache, Sie kennen deren Art zu denken und glauben daran, dass sie Ihnen helfen könnten.

Kurz gesagt: Entwickeln Sie die Fähigkeit, Neues zu erschaffen, liebe Leser. Und sollte in Ihrem Leben auch nur eine winzige Schwierigkeit auftauchen, erweisen Sie sich bitte diesen Dienst: Verwenden Sie Ihr *enormes* kreatives Potenzial und suchen Sie eine *glänzende* Lösung für das Problem.

Wenden Sie alles zusammen an

Inzwischen werden Sie schon festgestellt haben, wie wunderbar und besonders dieser Zugang zu einem Problem und zu seiner Lösung ist. Welchen dieser Wege wir auch wählen mögen, alles in uns beginnt gleichzeitig zu wirken – unsere positive Einstellung, unsere Intuition und unser kreatives Potenzial. Wenn wir in schlechter seelischer Verfassung sind, können wir uns nicht in die Meditation »Tür zur Intuition« versenken. Analog dazu können wir uns nicht auf eine kreative Lösung konzentrieren, wenn wir nicht an den Erfolg glauben. Auf der Suche nach einer intuitiven Antwort kommen uns glänzende neue Ideen, und das bedeutet Kreativität. Während des kreativen Denkprozesses schaltet sich die Stimme der Seele ein, und das ist die Intuition.

Setzen Sie zur Lösung eines Problems alle Ihre inneren Ressourcen in Gang. Seien Sie im Zustand des »weisen Siegers« hellhörig und aufmerksam, egal welches Wissen zu Ihnen kommt. Behalten Sie daher immer die Prinzipien und Methoden im Kopf, mit denen Sie an ein Problem herangehen können, und verwenden Sie alle gleichzeitig.

Lassen Sie uns noch einmal die »Weisheiten« Revue passieren, die wir in diesem Teil des Buches behandelt haben.

- Schimpfen Sie nicht auf die Menschen und die Umstände. Nehmen Sie die problematische Situation ruhigen Herzens an und lösen Sie das Problem.
- Geißeln Sie sich nicht für die Fehler, die Sie gemacht haben. Wenn Sie ein Problem verursacht haben, analysieren Sie bitte nur leidenschaftslos und genau Ihre Gedanken, Gefühle und Handlungen. Stellen Sie fest, was Sie zu dem Problem geführt hat. Denken Sie darüber nach, wie Sie die Lage beheben, die Aufgabe lösen und dafür sorgen können, dass Sie den Fehler künftig nicht wiederholen. Die Übung »Reue und Buße« ist beispielsweise sehr hilfreich für diese Vorgehensweise.
- Brüten Sie nicht über dem Problem wie die Henne auf dem Ei. Verschenken Sie Ihre Energie nicht an das Problem selbst. Richten Sie Ihre Kräfte auf seine Lösung.
- Verwenden Sie die Symbole für die feinstofflichen Energien, um sich in einen Zustand »kämpferischer Bereitschaft« zu versetzen, in dem Sie problematische Situationen schnell lösen können. Dabei hilft Ihnen die Übung »Heilung und Schutz«.

- Verwandeln Sie sich zur Lösung von Problemen in den »weisen Sieger«. Verwenden Sie dazu positive Affirmationen.
- Kümmern Sie sich nicht um den Ausgang einer Sache, wenn Sie alles zur Lösung des Problems getan haben, was in Ihren Möglichkeiten lag und liegt.
- Sie sind als Menschen mit der Gabe der Intuition geboren. Wenden Sie sich an sie. Entwickeln Sie sie. Lösen Sie Ihre Probleme und finden Sie die Antworten auf Ihre Lebensfragen mit Hilfe der Intuition.
- Sie sind ein Schöpfer. Nutzen Sie Ihr enormes kreatives Potenzial. Lösen Sie die Probleme und finden Sie die Antworten auf Ihre Lebensfragen mittels des kreativen Denkens.

Erlauben Sie mir, Sie zu beglückwünschen, liebe Leser. Die wichtigsten Teile des Buches haben Sie bereits gelesen. Jetzt sind die inneren Kräfte eines jeden von Ihnen so neu organisiert, dass jeder Ihrer Schritte die Manifestation des »Unmöglichen« in der Wirklichkeit fördert. In welcher Lage Sie sich auch befinden, welches Problem Sie auch zu lösen haben mögen, Sie werden sich unbeirrt auf die Erfüllung Ihres Lebenstraums zubewegen.

Aber lassen Sie uns nun weiterarbeiten, um den Erfolg zu zementieren. Wir werden über die etwas schwerwiegenderen und problematischeren Lebensfragen nachdenken und dabei versuchen, das Wissen anzuwenden, das wir während der Lektüre des Buches erworben haben. Ganz am Ende des Buches habe ich in Anhang 1 diese Regeln und Prinzipien noch einmal zusammengestellt. Am besten verwenden Sie diesen Anhang für unsere weitere Arbeit.

Mir scheint, dass das wichtigste Thema, das jeden von uns angeht, die Frage nach Wohlstand und Einkommen ist. Darum wird es im nächsten Teil des Buches gehen.

Teil IV

Geld und Arbeit

Kapitel I

Überprüfen Sie Ihre Ansichten über das Geld

Schließen Sie Freundschaft mit dem »schnöden Mammon«

Wie oft im Leben haben Sie wohl bereits so etwas gesagt wie: »Das ist nicht mit Geld zu bezahlen!«, »Ich bin pleite!«, »Das Geld reicht für gar nichts!«? Bestimmt schon öfter. Geld hat die Angewohnheit, sich in Luft aufzulösen. Das tut es gern. Tatsächlich ist es nie im Überfluss da. Warum dem so ist, wollen wir hier nicht ergründen, es ist eine heikle Frage, die sich jeder von uns selbst beantworten mag. Wir wollen uns hier nur anschauen, wie man damit *umgehen* kann, wenn man wenig Geld hat.

Bei diesem *Umgang* geht es nicht um ein Tun, sondern um die innere Einstellung. Was zu tun ist, wird der Betroffene zur rechten Zeit von selbst wissen.

»Ich habe kein Geld!« – was sind das für Worte? Es ist eine Behauptung, mit der wir uns selbst fesseln und knebeln. Wir zeichnen damit einen Kreidekreis um uns herum, in den kein Geld hineinkann.

Warum das so ist, haben wir bereits weiter oben erörtert. Wie soll sich in unserem Leben Licht manifestieren, wenn wir all unsere Kraft darauf verwenden, den Nebel zu fixieren? Wie soll Geld zu uns kommen, wenn wir uns einbläuen – und zwar methodisch und beharrlich! –, dass wir keines haben?

Lassen Sie solche Gedanken und Behauptungen ein für alle Mal sein. Sagen Sie so etwas nie über sich. Besprechen Sie Ihre finanziellen Schwierigkeiten nie bei hohlem Gerede mit negativ denkenden Menschen (Verhaltensregel Nr. 3, erstes Prinzip). »Bemitleiden und beklagen Sie sich nicht« (Verhaltensregel Nr. 3, zweites Prinzip). Andernfalls werden Sie Schwingungen und Lebensumstände anziehen, die Ihnen nur Armut, Elend und Not bringen.

Lassen Sie nicht den Kopf hängen, wenden Sie nicht den Blick ab, quälen Sie sich nicht mit Gewissensbissen, wenn Sie Schulden oder nicht eingelöste Verpflichtungen gegenüber Ihren Angehörigen haben. Das macht nichts, das kommt vor. Mangel an Geld ist wie ein Schnupfen – er vergeht. Es gibt ein russisches Sprichwort, das sehr passend dafür steht: »Halte aus, was gerade ist, das Leben währt lang.« Erinnern Sie sich noch an die Verhaltensregel Nr. 1: »Treten Sie in Resonanz mit den Schwingungen Ihres Lebenstraums. Stellen Sie sich vor, Ihr Traum sei bereits Wirklichkeit, versetzen Sie sich in diesen inneren Zustand und stärken Sie ihn.« Machen Sie die Übung »Im Einklang mit dem Lebenstraum«, und nehmen Sie sich als jemanden wahr, der genug Geld hat. Sie sind ruhig und glauben an sich. Sie haben Ihr Leben im Griff und schauen mutig in die Zukunft. Glauben Sie daran, dass Geld kommen wird, rechnen Sie damit (und lesen Sie unbedingt den folgenden Abschnitt »Machen Sie sich die Weltsicht eines ›Geldmenschen‹ zu eigen«). Schauen Sie sich ohne sehnsüchtigen Neid und Trübsinn um und sehen Sie die schicken Autos, die Waren in den Vitrinen, die gut angezogenen Leute mit den Taschen voller Einkäufe (Verhaltensregel Nr. 4, viertes Prinzip; Verhaltensregel Nr. 8). Diese Bilder sind nur die Bestätigung dafür, dass es Ihnen in finanzieller Hinsicht gut gehen wird, denn schließlich leben Sie in dieser reichen Welt!

Dann wird Ihr energetisches Informationsfeld Schwingungen aussenden, die Wohlstand und nachhaltigen finanziellen Erfolg in Ihr Leben bringen.

Reden Sie sich nicht ein, Sie hätten Geld. Man darf sich nichts vormachen, wenn keines oder nur wenig da ist. Eine solche Autosuggestion hat fast dieselbe Wirkung wie die Behauptung »Ich habe kein Geld«. Sie verschließt dem Geldfluss den Weg in Ihr Leben: Es wird nicht dorthin fließen, wo, wie Sie behaupten, der Platz schon besetzt ist. Außerdem werden Sie mit einer solchen Überzeugung nur untätig herumsitzen.

Finden Sie Gutes an der finanziellen Lage, in der Sie sich befinden (Verhaltensregel Nr. 2, erstes Prinzip). Erinnern Sie sich an Pollyanna! Sagen Sie sich zum Beispiel: »Ich bin froh, dass ich mich vorerst nicht darum kümmern muss, wie ich das Geld am besten anlege!«

Und noch eine sehr wichtige Überlegung: Lernen Sie, sich über das Geld zu freuen, das Sie haben – »Schätzen Sie, was Sie an Gutem bereits haben« (Verhaltensregel Nr. 2, zweites Prinzip). Freuen Sie sich über jede Einnahme (Verhaltensregel Nr. 2, drittes Prinzip; Verhaltensregel Nr. 6). So entwickeln Sie Sympathie für Ihre Finanzen, die mithin aufhören, ein Problem für Sie darzustellen. Vorher waren Sie allein schon bei dem Gedanken an Geld reflexhaft beunruhigt. Jetzt lächeln Sie: *Sie haben Geld*! Selbst wenn es nur wenig ist. Jetzt wissen Sie:»Gleich und gleich gesellt sich gern!« Und: »Eine Reise von tausend Meilen beginnt mit einem Schritt!«

Jetzt schätzen Sie jede noch so kleine Summe in Ihrem Portemonnaie. Sie freuen sich über jeden Cent, der Ihnen untergekommen ist und jetzt Ihnen gehört. Verachten Sie selbst die kleinsten Summen nicht. Hören Sie überhaupt auf, das Geld zu verachten, denn das ist es nicht wert. Betrachten Sie den Ausdruck »schnöder Mammon« wie einen missglückten Witz. Sie lieben und achten Geld in egal welcher Menge (Verhaltensregel Nr. 6).

Auf diese Weise leben Sie wie ein Mensch, der eine gute Beziehung zum Geld hat, und Sie fühlen sich auch so. Und wenn man Sie fragt: »Wie steht es bei dir mit dem Geld?«, dann antworten Sie ganz selbstverständlich: »Gut!«

Sie verurteilen das Geld nicht mehr, weil es zu wenig ist. Sie stoßen es nicht von sich, Sie gehen gut damit um und freuen sich darüber. Sie haben Freundschaft geschlossen mit dem Geld. Freunde haben die Gewohnheit, zu Besuch zu kommen. Und wenn sie ordentlich bewirtet werden, kommen sie gern immer wieder.

Würdigen Sie, wie viel Nutzen uns in Zusammenhang mit dem Geld die Verhaltensregeln und Prinzipien gebracht haben, die wir jetzt schon gelernt haben! Das ist jedoch noch nicht alles. Lassen Sie uns noch mehr von unserem Wissen und unseren Fähigkeiten anwenden – und das Geld wird uns von allen Seiten zufließen!

Machen Sie sich die Weltsicht eines »Geldmenschen« zu eigen

Öffnen Sie sich für den Erfolg

Jemand, der auf Erfolg und darauf ausgerichtet ist, viel Geld zu verdienen, wird sich immer an der reichen und glücklichen Vielfalt des Lebens freuen (Verhaltensregel Nr. 2, viertes Prinzip). Folgen Sie seinem Beispiel. Ihr Leben ist vielfältig: In ihm ist alles da, auch eine gewaltige Menge Geld. Deshalb ist es freigebig mit Geldgeschenken und glücklichen Überraschungen. Wir leben in einer unendlich großen Welt, in der es Millionen von Möglichkeiten für Erfolg und glückliche Umstände gibt. Ohne Zweifel wird sich beides in Ihrem Leben manifestieren – wenn Sie daran glauben und in allem versteckte Quellen für ein glückliches Leben sehen. Denn tatsächlich hängt alles von Ihrer inneren Einstellung dazu ab! Jemand, der in allem Hindernisse für die Manifestation des »Unmöglichen« sieht, wird seinem Glück genauso häufig aus dem Weg gehen, wie er ihm begegnet. Er wird es ganz einfach für eines der ewigen Hindernisse halten! Jemand, der überall das vermutet, was er braucht, wird es früher oder später finden. Wie könnte es auch anders sein! Schließlich macht er nicht die Augen zu, er wendet sich nicht ab vom Leben. Er ist aufmerksam, hellhörig und offen für die »glückliche« Vielfalt der Möglichkeiten des Glücks.

An dieser Stelle fällt mir das Bild des fliegenden Händlers irgendwelcher Stückware wie Kosmetik, Parfüm und Modeschmuck ein. Diese Leute ziehen durch die Unternehmen, Geschäfte, kommen an alle möglichen, halbwegs anständigen Orte – und sind auf der Suche. Sie sind auf der Suche nach Käufern, was so viel bedeutet wie: auf der Suche nach einem kleinen Erfolg. Ein gutes Einkommen hat nur der unter ihnen, der an den Erfolg glaubt. Er ist offen dafür und probiert alle nur möglichen Varianten aus. Er lässt nichts aus, was ihm an Gutem über den Weg läuft. Er sagt sich: »So! Hier muss ich rein. Warum sollte ich an diesem Ort keinen Erfolg haben? Ich werde einfach nachfragen, mich erkundigen, Vorschläge machen. Warum auch nicht? Der Erfolg kann sich hinter jeder Maske verstecken … Ich muss es versuchen. Wer sagt denn, dass es nicht funktioniert?«

Der Vergleich ist vielleicht nicht besonders passend, weil der Straßenverkauf und die Suche nach Käufern für einen fliegenden Händler eine, wie mir scheint, schwere und oft wenig gewinnbringende Arbeit ist. Trotzdem können wir auch bei jemandem, der hier erfolgreich ist, den Zugang zur Weltsicht des erfolgreichen »Geldmenschen« lernen. Seine Offenheit, sein Glaube, die Tatsache, dass er immer mit einem »Wunder« rechnet, seine vielfältigen, kreativen Aktionen, seine positive Einstellung, sein Optimismus – alle diese Qualitäten besitzt, wer an die Wirklichkeit des »Unmöglichen« glaubt.

Eine meiner Patientinnen klagte mir eines Tages ihr Leid: »Jeden Morgen bringe ich meinen Sohn in den Kindergarten und fahre dann zur Arbeit. Die Erzieher nehmen die Kinder erst ab halb acht in Empfang. Wenn ich danach den Bus verpasse, muss ich eine halbe Stunde warten und komme zu spät zur Arbeit. Ich renne also wie eine Verrückte einen ganzen Kilometer vom Kindergarten bis zum Bus und springe mit wild hämmerndem Herzen und völlig außer Atem hinein … In letzter Zeit behelligen mich ständig, selbst abends noch, Schmerzen in der Brust. Und nachts wache ich davon auf, dass die linke Hand schmerzt. Diese Rennerei macht mich völlig fertig!«

»Das mit der Gesundheit kriegen wir schon hin«, sagte ich. »Aber wenn Sie sich jeden Tag so abhetzen müssen …« Und dann riet ich ihr: »Fragen Sie Ihren Vorgesetzten, ob Sie nicht eine Stunde später anfangen und dafür eine Stunde länger bleiben können. Für Sie als Angestellte dürfte es doch kein Problem sein, die Arbeitszeiten zu verschieben, Sie arbeiten ja nicht am Fließband.«

Sie winkte mit der Hand ab:

»Unmöglich! So was hat es noch nie gegeben! Keiner hat das bisher versucht! Unser Chef ist streng, da wird er sich nie drauf einlassen!«

»Den anderen gegenüber ist er streng«, sagte ich bestimmt. »Die anderen haben das bisher nicht versucht. Aber Sie haben mir selbst erzählt: Sie haben ein solides Dienstalter, man schätzt und respektiert Sie. Vertrauen Sie auf eine glückliche Wendung. Wenn Ihnen etwas unmöglich vorkommt, heißt das nicht, dass Ihnen das Schicksal

nicht freundlich gesinnt sein kann! Im Leben ist alles möglich!«

»Na ja«, antwortete die Frau ganz verwirrt, »Sie haben
schon irgendwie Recht … Wovor hab ich eigentlich Angst?
Der Vorgesetzte kann mich ja nicht auffressen. Schaden
kann es nichts, wenn ich es versuche.«

Zur nächsten Sitzung kam sie äußerst gut gelaunt. Das
»Unmögliche« hatte sich als möglich erwiesen. Ihr Chef hatte ihr erlaubt, die Arbeit um eine Stunde zu verlegen. Und
noch dazu hatte er ihr als alleinerziehender Mutter aus Mitgefühl das Gehalt erhöht!

Befreien Sie sich von Ihren Vorurteilen über »Hindernisse« und »Tabus«, öffnen Sie sich dem Erfolg. Sie werden
mit Siebenmeilenstiefeln auf Ihren Lebenstraum zugehen!

*Bilden Sie sich »finanzielle« Überzeugungen durch
positive Affirmationen*

Suggerieren Sie sich während Ihrer Entspannungsübung und
»zwischendurch« (Verhaltensregel Nr. 5, zweites und drittes
Prinzip): »Ich bin ein erfolgreicher Glückspilz. Ich weiß,
dass es für mich jede Menge Möglichkeiten gibt, reicher zu
werden. Ich bin offen für das Glück und dafür, dass Geld zu
mir kommt. Es gibt unendlich viele Möglichkeiten, wie Geld
zu mir kommen kann. Ich ziehe Erfolg und Geld an. Ich
kann Geld verdienen. Ich sehe, dass es überall Geld gibt. Es
wartet darauf, dass ich es nehme. Ich liebe und ehre das
Geld. Ich kann damit umgehen.«

Suchen Sie nach wirksamen Wegen, um zu Geld zu kommen

Der »Geldmensch« weiß: Viel oder harte Arbeit führt nicht unbedingt zu Wohlstand. Es gibt absolut keine feststehende Proportion zwischen der Menge an vergossenem Arbeitsschweiß und der Anzahl von Geldscheinen im Portemonnaie. Von Kindheit an lehrt man uns, eifrig – nach dem Motto »Mühe und Fleiß bricht alles Eis« – zu arbeiten. Man lehrt uns, starke und geschickte Kämpfer in der Arena des Lebens zu werden. »Was wir uns erkämpfen, ist heilig«, sagt eine russische Redewendung. Zum großen Teil ist das auch durchaus richtig. Um etwas zu erreichen, was man sich als Ziel gesteckt hat, muss man Willen und Kraft aufbringen. Man muss Schwierigkeiten in Kauf nehmen, sich überwinden und stark sein. Mitunter kann es auch hilfreich sein, wie ein Bär zu kämpfen (was soll's, das Leben ist Kampf!). Aber all das ist kein Allheilmittel gegen Armut, Not oder vorübergehenden Geldmangel.

Der erfolgreiche Mensch weiß: Reich machen ihn nicht Mühe und Fleiß, sondern die Präzision seines Handelns. Im Kampf besiegt ein kluger Krieger seinen Feind, ohne außer Atem zu kommen. Er verwendet nicht so sehr seine Körperkraft, als vielmehr meisterhaft beherrschte Griffe und Schläge. Aus einem Konflikt geht er siegreich und mit einem minimalen Kräfteverlust hervor. Analog tun es auch erfolgreiche Menschen. Sie verabscheuen schwere Arbeit nicht und sind, wenn es notwendig ist, bereit, hart zu arbeiten. Aber vor allem anderen suchen sie nach wirksamen Wegen, um an Geld zu kommen. Worin der Kern ihrer Bemühungen liegt, wissen wir nun also bereits.

Ein grundlegender Weg, um an Geld zu kommen

Erfolgreiche Menschen befolgen alle Maximen der glücklichen Lebensweise, wie ich sie in den ersten beiden Teilen des Buches dargestellt habe (siehe in Anhang 1 die Abschnitte »Die Grundlagen« und »Im Einklang mit dem Lebenstraum«). Wie man das in Bezug auf Geld tut, haben wir schon weiter oben flüchtig betrachtet. Wenn Sie die »glücklichen« Verhaltensregeln befolgen, befinden Sie sich in Resonanz mit Ihrem Lebenstraum, und das Geld wird Ihnen buchstäblich zufließen. All das geschieht auf der Ebene der Schwingungen (der energetisch-informatorischen Wechselwirkung), so dass Sie den Eindruck haben, der finanzielle Erfolg komme aus dem Nichts. Dann scheint es, als wäre das Geld vom Himmel gefallen! Es »ereilen« Sie ein hoher Lotteriegewinn, eine Erbschaft, die unerwartete Zuerkennung eines großen Preises, die Dankbarkeit von jemandem mit viel Geld für einen nichtigen Dienst, den Sie ihm erwiesen haben … Alles Mögliche kann passieren. Völlig unverhofft kommt Ihnen eine geniale Geschäftsidee, die Sie verwirklichen, und schon hat sich die Frage nach Ihrem materiellen Wohlergehen erledigt. Oder unter den Angehörigen hat plötzlich einer so viel Geld, dass er Ihre finanziellen Verpflichtungen auf sich nimmt.

Wenn Sie »im Einklang mit dem Lebenstraum« leben, wird Ihnen das Geld sehr beständig zufließen. Mitunter kann es sogar die Hürden überwinden, die Sie ihm selbst aufgestellt haben. Wie es mir einmal ergangen ist, will ich an dieser Stelle gern ein wenig genauer erzählen.

Als ich – vor über 30 Jahren – meine Gabe erhielt und begann, Menschen zu heilen, wurde ich zum glücklichsten Mann der Welt. Ich hatte meine Bestimmung gefunden: Unter der Führung Gottes, des großen Lehrers, lernte ich die Kunst des Heilens. Mein Traum war, den Menschen mit der Kraft meiner Gabe zu dienen. Und ich lebte vollkommen natürlich in Resonanz mit der Wirklichkeit des »Unmöglichen«.

Aber ich hatte kein Geld. Um meine Bestimmung verwirklichen zu können, hatte ich meine anerkannte Tätigkeit beim Fernsehen und bei »Sojuzinformkino«[24] gekündigt und verfügte nun über keinerlei Nebeneinkünfte mehr. Ich hoffte auf Einnahmen durch meine Heilpraxis. Aber im ersten Jahr meiner Tätigkeit verbot mir der große Lehrer, mich von meinen Patienten bezahlen zu lassen. Daher lebten meine Frau und ich mehr als bescheiden …

Dazu muss ich sagen, dass ich seit meiner Zeit beim Fernsehen ein Auto hatte, einen »Shiguli« der zweiten Bauserie. Als ich begann, Menschen zu heilen, kam mir der Wagen sehr zupass. Denn ich empfing meine Patienten nicht nur bei mir zu Hause, sondern machte auch Hausbesuche bei denen, die bettlägerig waren. Davon gab es nicht wenige, und sie wohnten über ganz Moskau verteilt. Ich brauchte also das Auto und kam täglich auf nicht weniger als hundert Kilometer. Geld für eine technische Wartung und laufende Reparaturen hatte ich keines. Mein guter Shiguli hielt stoisch durch und gab alles bis zum Letzten.

Nach einem halben Jahr war er vollkommen hinüber, obwohl ich ihn doch dringend brauchte!

Da er eine Generalüberholung benötigte, fuhr ich also zur Werkstatt. Dort begutachteten sie den Wagen, berechneten die Höhe der Reparaturkosten und nannten eine Summe … die mich fast in Ohnmacht fallen ließ. Um mein Auto wieder auf Touren zu bringen, sollte ich 3000 Rubel bezahlen! Damals war das ein Haufen Geld. In den 80er Jahren des letzten Jahrhunderts hätte es ein Facharbeiter nach einem Jahr Arbeit in der Fabrik aufbringen können (wenn er nichts sonst ausgegeben hätte, auch nicht fürs Essen). Ein Ingenieur am Technischen Institut hätte unter denselben Bedingungen zwei Jahre gebraucht.

Ich aber hatte überhaupt kein Geld. Nicht nur keine 3000 Rubel, sondern gar nichts!

Ich begriff, dass ich ab jetzt ohne Auto auskommen musste.

Am nächsten Tag erhielt ich einen Anruf. Am anderen Ende der Leitung hörte ich eine mir unbekannte männliche Stimme. Der Mann stellte sich mit starkem Akzent vor und bat mich, ihn von seiner Epilepsie zu heilen. Er war Lette und Direktor eines großen Landwirtschaftsbetriebs. Seit einigen Jahren hatte er krampfartige Anfälle, bei denen er das Bewusstsein verlor. Die Krankheit wurde immer schlimmer. Als er sich an mich wandte, hatte sie bereits eine so schwere Form angenommen, dass er mitunter mehrere Anfälle pro Tag erlitt. »Wenn ich auf einer Versammlung oder auf dem Feld hinfalle, ist es nicht weiter schlimm«, sagte der Mann. »In meinem Betrieb bin ich zu Hause, wir sind uns alle vertraut, alle wissen, was los ist. Aber wenn ich gerade am Steuer sitze, dann ist es schlimm. Außerdem geht es mir die ganze Zeit sehr schlecht. Helfen Sie mir! Freunde haben mir geraten, mich an Sie zu wenden, man kennt Sie hier.«

Ich gab dem Letten einen Termin, untersuchte ihn und stellte fest, dass ich ihm helfen konnte. Ich begann, tägliche Heilbehandlungen mit ihm durchzuführen. Schon am dritten Tag spürte der Kranke eine abrupte Besserung seines Befindens. Im Laufe der Woche bekam er nicht einen Anfall. Nach drei weiteren Tagen wusste ich: Alles Notwendige war getan. Am Ende der zehnten Sitzung sagte ich zu meinem Patienten: »Die Behandlung ist hiermit abgeschlossen! Sie sind gesund!«

Da sah ich, wie er nach dem Portemonnaie in seine Jackentasche hineingriff. Ich protestierte: »Nein, nein! Das ist nicht nötig!« Der Mann geriet ganz durcheinander, sah mich erstaunt an und zog die Hand wieder aus der Tasche. Dann stand er lange an der Tür herum und bedankte sich herzlich und wortreich, bevor er schließlich ging.

Ich arbeitete weiter. Am Ende des Arbeitstages sah ich, dass auf dem Tischchen neben der Tür ein bescheidener Briefumschlag lag. Als ich ihn in die Hand nahm, wusste ich sofort Bescheid. »Der Lette hat doch Geld dagelassen!«, dachte ich. »Er hat sich nicht an mein Verbot gehalten!«

Dann öffnete ich den Umschlag.

Darin lagen 30 Hundertrubelscheine.

3000 Rubel. Nicht 2000, nicht 3500, sondern 3000. Exakt die Summe, die ich für die Autoreparatur brauchte!

Da hörte ich Gottes Stimme in mir: »Wenn das so genau übereinstimmt, dann nimm dieses Geld!«

Auf diese Weise dringt, wenn man im Einklang mit seinem Lebenstraum lebt und mit ganzem Herzen auf ihn zustrebt, das Geld durch alle Verbote und Hindernisse hindurch. Ich sagte es bereits: Wenn es ein Ziel gibt, werden auch die nötigen Mittel da sein. Geld ist nicht das Ziel, es ist ein Mittel für die Verwirklichung des Lebenstraums. Und genau so sollten wir uns ihm gegenüber verhalten. Wir dürfen uns nicht auf eine verrückte Jagd nach Geld um des Geldes wegen machen, uns nicht in Geizhälse und Krämerseelen verwandeln. Ich weiß nicht mehr, von wem dieser kluge Satz stammt: »Wenn ihr habt, was ihr braucht, könnt ihr überall hinfahren und dort machen, was ihr wollt. Was schert es euch, ob ihr reich seid oder nicht?«

Setzen Sie sich ein konkretes Ziel für Ihr Leben: Erschaffen Sie sich mental die harmonische Wirklichkeit des »Unmöglichen«, und das Geld wird zu Ihnen kommen. Erinnern Sie sich, wie Sie vorgegangen sind, als Sie im ersten Teil des Buches den Abschnitt Kapitel »Der Schlüssel zur wundersamen Transformation« lasen:

»Schieben Sie es nicht auf die lange Bank, überlegen Sie es sich am besten gleich: Wie, wo und mit wem möchten Sie leben, was möchten Sie haben, womit wollen Sie sich beschäftigen, welchen Lohn oder welches Einkommen erhalten? Stellen Sie, zumindest gedanklich, eine Liste von all dem zusammen, was Ihnen für die Organisation eines harmonischen und folglich glücklichen Lebens unabdingbar erscheint.

Eine Wohnung? Ein Auto? Eine gut bezahlte und interessante Arbeit? Eine bessere Gesundheit? Urlaub an den besten Kurorten der Welt? Ein großes Wochenendhaus auf dem Land? Gute Freunde? Ein Partner? Gesunde, fröhliche und kluge Kinder?

Was noch?

Tragen Sie, ohne zu zögern oder zu zweifeln, alles in die Liste ein, was Sie für notwendig halten. Die einzige Bedingung lautet: Ihre Forderungen müssen für Sie realistisch sein. Und das bedeutet, dass sie dem Maßstab Ihres Schicksals entsprechen müssen. Wenn Sie Geld brauchen, sollten Sie nur so viel ›bestellen‹, wie Sie wirklich zum Leben brauchen, und nicht eine Million Dollar oder mehr …«

Aber lassen Sie uns nun unser Gespräch über effektive Wege, an Geld zu gelangen, fortsetzen.

Weitere Wege, um an Geld zu kommen

»Geldmenschen« lösen ihre finanziellen Probleme dadurch, dass sie die Maximen des dritten Buchteils befolgen (siehe Anhang 1, »Probleme und Lösungen«). Sie verlassen sich auf ihre Intuition und verwenden ihre kreative Fantasie.

Mich hat seinerzeit die Geschichte des Handlungsreisenden David Curtin beeindruckt, die ich zufällig im Internet gefunden hatte. Es ist das Jahr 1910. David hat ständig Pech mit seinem kleinen Business. Er fährt durchs ganze Land, aber das Schicksal ist ihm nicht gewogen. Dazu kommt allerdings, dass er die ganze Zeit Trübsal bläst und überhaupt nicht nach Verhaltensregel Nr. 1 lebt: Er »schwingt« nicht mit seinem Lebenstraum. Als er eines Tages in einem billigen Hotel in irgendeinem abgelegenen Städtchen sitzt, verfällt der Handlungsreisende in eine Depression. Stumpf schaut er auf das unsaubere Glas, das vor ihm auf dem Tisch steht, und grübelt vor sich hin: »In wie vielen Motels hab ich wohl schon aus genauso dreckigen Gläsern getrunken! Kein Wunder, dass ich ziemlich oft krank bin … Wäre es nicht möglich, Einweggeschirr zu verwenden?« Und da plötzlich kommt ihm die Eingebung: Was wäre, wenn er einen Einweg-Papierbecher herstellen würde?! Er springt auf und läuft aufgeregt durchs Zimmer … Dann schneidet er die ganze Nacht über unterschiedliche Formen aus Papier und legt und klebt sie zusammen. Bis zum Morgen hat er die Technik zur Herstellung des Papierbechers entwickelt. Einige Zeit später ist David Curtin Millionär.

Was war das? Eine Eingebung! Der unglückselige Handlungsreisende war doch ein so feinfühliger Mensch, dass er seine innere Stimme vernehmen, seine kreative Fantasie »einschalten« und zum Erfolg kommen konnte!

Jeder kennt den berühmten Zauberwürfel, das Spielzeug und Geduldspiel, das vor 30 Jahren jeder zehnte Erdenbürger zwischen den Fingern hatte. 1974 musste Erno Rubik, Architekt und Designer an der Hochschule für Industrielle Kunst in Budapest, seinen Studenten eine der Thesen aus der mathematischen Gruppentheorie erklären. Er begriff, dass er ohne Anschauungsobjekt nicht auskommen würde. Er ging kreativ an die Sache heran und beschloss, ein komplexes Gebilde aus 27 bunten Holzwürfeln zu erschaffen. Die Aufgabe lautete folgendermaßen: Die einzelnen unterschiedlich gefärbten Würfel sollten sich frei drehen können, ohne die Einheit des ganzen Gebildes zu zerstören. So entstand das Spielzeug, das Rubik zum ersten Dollar-Millionär der sozialistischen Welt machte!

Was war hier am Werk? Die Intuition? Nein, hier ging es wahrscheinlich auch ohne sie, und es handelte sich eher um Begeisterung und einen kreativen Zugang zur Lösung des Problems.

Entwickeln Sie Ihre Intuition und Ihre kreative Fantasie auch in Geldangelegenheiten! Machen Sie die Übung »Die Tür zur Intuition« und wenden Sie die Prinzipien des kreativen Zugangs in Ihrer Beziehung zum Geld an. Diese Werkzeuge sind nicht nur entscheidend, wenn man an Geld kommen will. Sie helfen auch, richtig mit ihm umzugehen und ein Vermögen zu halten und zu vermehren. Intuition und kreatives Denken schützen Sie vor Fehlern bei riskanten Geschäften. Sie werden in Versicherungsangelegenheiten, bei Bank- und Investmentanlagen keine Zweifel mehr haben. Die Frage, ob Sie Geld verleihen sollen, wird Sie nun nicht mehr beunruhigen.

»In praktischen Dingen fühlte Pierre jetzt zu seiner Überraschung, dass er einen Schwerpunkt besaß, an dem es ihm früher gefehlt hatte. Früher hatte jede Gelegenheit, namentlich Bitten um Geld … ihn in die schlimmste Aufregung und Ratlosigkeit versetzt. ›Soll ich geben oder nicht?‹, hatte er sich in solchen Fällen gefragt. ›Ich habe es, und er sagt, er brauche es nötig. Aber ein anderer sagt, er brauche es noch nötiger. Wer braucht es nun am nötigsten? Und vielleicht sind sie beide Betrüger?‹ Aus all solchen Zweifeln hatte er keinen Ausweg finden können … Jetzt fand er zu seinem

Erstaunen, dass es in all diesen Fragen keine Zweifel und Bedenken mehr für ihn gab. Es hatte jetzt in seinem Innern ein Richter seinen Sitz genommen, der nach gewissen, ihm selbst unbekannten Gesetzen entschied, was Pierre tun und nicht tun solle.«[25]

So erwacht und entwickelt sich bei Pierre Besuchow, einem der Helden aus *Krieg und Frieden*, die Intuition. Das ist es doch, was wir brauchen, oder? Und Lew Tolstois Genie können wir ruhig vertrauen …

Daher lade ich Sie ein, liebe Leser: Werden Sie gut Freund mit dem »schnöden Mammon«. Bilden Sie sich das Weltbild eines erfolgreichen »Geldmenschen«, nehmen Sie dessen Gewohnheiten an und entwickeln Sie die entsprechenden Charaktereigenschaften. Das ist sehr wichtig für die Erfüllung Ihres Lebenstraums.

Kapitel II

Ändern Sie Ihre Ansichten über die Arbeit

Werden Sie Ihrer Bestimmung nicht untreu, wenn Sie sich eine Arbeit suchen

Eines Tages kam eine Frau mittleren Alters zu mir in die Sprechstunde. Sie arbeitete als Redakteurin in einem technischen Verlag, lektorierte täglich in großem Umfang Texte und litt nun an heftigen Augenschmerzen. »Eine Stunde nach Arbeitsbeginn fangen die Augen an zu tränen und zu schmerzen«, erzählte sie. »Dann fange ich an zu zwinkern, massiere mir die Augenlider und mache wieder weiter. Aber seit kurzem habe ich auch abends Schmerzen, wenn ich zu Hause bin. Und morgens fühlt es sich an, als hätte ich Sand unter den Augenlidern.«

Mir war sofort klar: Der Grund für das Unwohlsein der Patientin lag nicht in einer Schwäche ihres Sehapparats.

»Machen Sie Ihre Arbeit eigentlich gern?«, fragte ich sie. »Finden Sie es interessant, all diese technischen Lehrbücher und Einzeldarstellungen zu lesen?«

»Natürlich nicht«, bekannte sie. »Ich habe mein Examen am Literaturinstitut gemacht, ich wollte Lyrikerin werden. Aber Sie wissen selbst, wie wenig bei uns jetzt Lyrik gelesen wird … Mit Gedichten kann man kein Geld verdienen. Ich bin natürlich wegen des Geldes Redakteurin in dem Verlag geworden. Die Familie muss ernährt werden, mein Mann verdient nur wenig.«

»Ihre Augenschmerzen entstehen durch Überanstrengung«, sagte ich. »Und Sie überanstrengen sich nicht nur damit, dass Sie viel lesen. Hinzu kommt noch, dass Sie etwas tun, was Sie nicht mögen. Es ist Ihnen langweilig, Sie müssen sich zur Arbeit zwingen, das heißt, Sie rackern sich ab. Sie tun während des Arbeitstages Dinge, die für Sie nicht natürlich sind, was dazu führt, dass Sie sich anspannen. Deshalb sind Ihre Augen nicht in Ordnung.«

»Was soll ich denn tun?«, fragte sie verzweifelt. »Mich mit dem beschäftigen, was ich liebe? Gedichte schreiben? Aber dann werden wir alle – mein Mann, mein Sohn und ich – verhungern!«

»Na ja, vielleicht müssen Sie nicht unbedingt Gedichte schreiben … Sie haben als Lyrikerin begonnen. Aber eigentlich arbeiten Sie überhaupt gern mit dem literarischen, dem lyrischen Wort. Ihre Vorliebe gilt einer solchen Arbeit, darin liegt Ihre Bestimmung. Suchen Sie sich etwas in diesem Bereich.«

Sie dachte nach.

»Die Augen heilen wir«, fuhr ich fort. »Aber wenn Sie so weitermachen und sich jeden Tag damit quälen, technische Texte zu lektorieren, dann wird es Ihnen bald wieder schlechter gehen. Suchen Sie sich eine Arbeit, die Ihnen liegt. Wünschenswert wäre natürlich, wenn dabei die Augen weniger belastet würden.«

»Ja-a …«, sagte sie lang gezogen und erstaunt. »Stellen Sie sich vor, ausgerechnet gestern hat mich eine Bekannte angerufen und mir einen Redakteursposten in der literarisch-lyrischen Redaktion der Regionalzeitung vorgeschlagen. Die Zeitung ist mittelmäßig, sie ist das Presseorgan unserer Region. Der Verdienst liegt niedriger, wenn auch nicht sehr viel …«

»Das ist doch genau das Richtige!«, rief ich aus. »Sie werden mit dem literarischen Wort zu tun haben, außerdem ist der Umfang der Arbeit für Ihre Augen in einer kleinen Zeitung nicht so groß wie in einem Verlag. Sagen Sie zu! Und denken Sie nicht an den Verdienst. Wenn Sie tun, was Ihnen liegt, wird auch das Geld kommen.«

Die Frau wechselte ihre Arbeit. Nach einigen Heilbehandlungen normalisierte sich der Zustand ihrer Augen. Seitdem hat sie sich nicht mehr bei mir gemeldet. Dadurch, dass sie gefunden hatte, was zu ihr passte, waren ihre Probleme im Handumdrehen verschwunden.

Wenn Sie Ihre Arbeit belastet und Sie etwas ernsthaft daran stört, dann zögern Sie nicht. Stellen Sie sich direkt und offen die Frage: »Bin ich hier am rechten Ort?« Wenn Ihnen Ihre tägliche Arbeit keine Befriedigung gibt; wenn Sie allein schon bei dem Gedanken an die Arbeit die Zähne zusammenbeißen und sich anspannen; wenn Sie morgens beim Klingeln des Weckers als Erstes tief seufzen müssen; wenn Sie keine Freude dabei haben, wenn Sie nicht lieben, womit Sie Ihr Geld verdienen … Was für Geld kann das bitte schön sein, wenn Sie der Prozess des Verdienens alle Ihre seelischen Kräfte und die Gesundheit kostet? Selbst die bestbe-

zahlte Arbeit kann die Verluste nicht wettmachen, die Sie
davontragen. Sie müssen sich sofort eine andere Verwendung für Ihre Kräfte suchen!

Lesen Sie bitte noch einmal den Abschnitt »Entdecken
Sie Ihre Bestimmung«. Die Arbeit, die Sie tun, muss mit
Ihrer inneren und körperlichen Konstitution übereinstim-
men. Sie müssen sich mit dem beschäftigen, wozu Sie Gott
geschaffen hat. Dann wird Ihnen die Arbeit Freude machen
oder Sie zumindest befriedigen. Sie werden ja nicht schuf-
ten – das heißt eine für Sie ungewöhnliche und vor allem
unnatürliche Tätigkeit ausüben, die Sie nur anstrengt –,
sondern erfüllt, begeistert und kreativ leben. Sie werden
mit Ihrem sozialen Umfeld einen harmonischen Austausch
an Energien, Informationen und materiellen Mitteln in
Gang setzen, so dass sich das, was Sie geben, immer mit
dem decken wird, was Sie bekommen. Sie werden bei der
Arbeit Energie gewinnen, Ihre gute Laune behalten und ein
gutes Lebensgefühl haben. Sie werden nie mehr sagen:
»Diese Arbeit macht mich krank.« Sie werden aufhören,
Ihr seelisches Wohlbefinden und Ihre Gesundheit gegen
Geld zu tauschen. Beachten Sie, dass ein solcher Tausch
nie ausgewogen sein kann. Das Geld ist zwar früher oder
später alle, was fehlt, wird aber immer wieder aufgefüllt,
während die physische oder psychische Gesundheit für immer verloren sein kann …

Dort, wo Harmonie regiert, ist auch das Glück zu Hause.
Die passende Arbeit wird für Sie zu einem unabdingbaren,
organischen Teil der Wirklichkeit des »Unmöglichen«. Sie
wird zu einem »Organ« Ihres glücklichen Lebens und ist

nicht mehr die lästige Beigabe zu einem traurigen Schicksal. Ganz von selbst stellt sich in Ihrem Leben die harmonische Wirklichkeit Ihres Lebenstraums ein.

Ich will damit nicht sagen, dass es, wenn Sie »Ihre« Arbeit gefunden haben, dabei keine Schwierigkeiten geben könnte. Jede Tätigkeit hat ihre Tücken, scharfen Kanten und Engpässe. Bei jeder Arbeit gibt es Probleme und schwierige Zeiten, für die wir beträchtliche Kräfte aufbringen müssen. Wenn wir aber am richtigen Platz sind, verschleißen wir uns nicht, sondern wir halten die Mühen sozusagen im Rahmen unserer normalen physiologischen und psychischen Reaktionen aus. Sind wir jedoch nicht am richtigen Platz, dann bringen uns Schwierigkeiten auf der Arbeit und gelegentliche Tiefpunkte förmlich um. Oder etwa nicht?

Eine ungeliebte Arbeit, die Sie nur wegen des Geldes tun, ist eine einzige, endlose, freudlose Anspannung. Kurz, sie ist eine Qual. Sie stehen morgens mit Gedanken an die Arbeit auf, denn auf diese Quälerei muss man sich schließlich einstellen! Sie verlieren eine halbe bis zwei Stunden (je nach Entfernung zwischen Zuhause und Büro, Einrichtung, Fabrik) für Aufstehen, Frühstücken, Toilette und Weg. Dann haben Sie über einen Zeitraum von neun Stunden (acht Stunden Arbeitszeit plus eine Stunde Mittagessen) lauter Sorgen, die Sie überhaupt nicht interessieren. Am Ende des Tages sind Sie total erschöpft, haben das Gefühl: »Ich mach mir den Rücken krumm und erreiche nichts«, und es kann gar nicht die Rede davon sein, dass Sie »müde, aber zufrieden« nach Hause gehen. Müde sind Sie schon, aber nicht zufrieden. Der Nachhauseweg, die Ruhepause, um die Sie nach der Arbeit nicht umhinkönnen, die Diskussion mit den Angehörigen über all die Arbeitseindrücke und Probleme … Haben Sie dieser Beschäftigung, die Ihnen gar nicht liegt, da nicht reichlich viel Zeit und Energie gewidmet? Sie hat Sie den ganzen Tag beschäftigt und Ihnen für den Abend keine Kraft mehr gelassen!

Soll es das etwa gewesen sein? O nein, nicht für Sie, denn das ist ein unglückliches Leben.

»Das lässt sich nicht ändern. Da sind schließlich die Kinder, die Familie, die Schulden. So hat es sich nun mal ergeben! Und außerdem herrscht überall Krise und Arbeitslosigkeit! Was willst du dagegen machen?«

Gott sei Dank beschäftigen wir uns nicht mit sinnlosen Rechtfertigungen für unser Handeln, sondern mit der Manifestation einer glücklichen Wirklichkeit! Jetzt wissen wir, was wir unbedingt vermeiden und was wir tun müssen. Im Folgenden wird es um Letzteres gehen.

Schlagen Sie dieses Buch auf, bevor Sie sich auf die Suche nach »Ihrer« Arbeit machen

Ich möchte Ihnen nun, liebe Leser, ein einfaches Training vorschlagen. Diesmal werde ich bei der Erörterung der Frage, wie wir zu »unserer« Arbeit kommen, nicht die Verhaltensregeln und Prinzipien aufzählen, auf denen ein glückliches Leben (*die konstruktive Lebensstrategie*) und meine Überlegungen aufbauen. Versuchen Sie sie selbst zu bestimmen. Dazu können Sie Anhang 1 verwenden.

Ihre derzeitige Arbeit passt Ihnen also nicht. Sie finden sie uninteressant, oder der Verdienst befriedigt Sie nicht, oder der Weg zum Arbeitsplatz ist zu weit und kostet Sie zu viel Kraft. Auf alle Fälle haben Sie es in diesem Bereich Ihres Lebens mit einer offensichtlichen Disharmonie zu tun und tragen deshalb ernsthaft Schaden davon. Was tun?

Zuallererst müssen Sie aufhören, über andere und über die Umstände zu klagen, Trübsal zu blasen, sich zu bemitleiden und zu beklagen. Außerdem sollten Sie aufhören, anderen neidisch hinterherzuschauen: »Der da hat sich so schön eingerichtet! Den Arbeitsplatz hat er gleich um die Ecke, und er verdient dreimal so viel wie ich!« Kurz: Bringen Sie sich nicht in eine unsinnige Lage, die Ihnen nur schadet. Nehmen Sie – hundertprozentig! – an, was Sie haben, in Ihrem jetzigen (und nicht in einem künftigen) Leben ist es gerade richtig so. Seien Sie dem Leben dankbar für alles, was Ihnen Ihre heutige Arbeit an Gutem und Wertvollem schenkt. Vergessen Sie nicht, dass Sie ihr ein bestimmtes Einkommen verdanken sowie die Möglichkeit, eine Familie zu ernähren, sich ordentlich zu kleiden, die öffentlichen Verkehrsmittel zu benutzen und Wasser, Gas und Strom zu bezahlen. Ihre Arbeit stellt eine wunderbare Grundlage dar, auf der Sie sich nach einer anderen, »glücklichen« Arbeit umsehen können! Was würden Sie tun, wenn Sie zum Beispiel zu einem Einstellungsgespräch fahren müssten, aber kein Geld für den Bus oder die U-Bahn hätten?

Schätzen Sie, was Sie an Gutem haben.

Ihre Aufgabe ist klar: Sie müssen eine andere Sphäre für die Verwendung Ihrer Talente und Kräfte finden, und zwar die Sphäre, in der Ihre Bestimmung liegt. Aber das Problem ist, dass Sie die Möglichkeit, eine geeignete Arbeit zu finden, nicht sehen. Sie glauben nicht, dass Sie alles »in einer Packung« bekommen können – die Verwirklichung Ihrer Bestimmung, einen hohen Lohn und ordentliche Arbeitsbedingungen und sonst noch alles, was Sie brauchen.

Das kommt daher, dass Ihre künftige Arbeit in der Wirklichkeit des »Unmöglichen« liegt. Aber wir sind ja schon dabei zu lernen, sie zu manifestieren! Dass es diese Wirklichkeit gibt, hatten wir bereits festgestellt! Und dass es einen Weg dorthin gibt, wissen wir ebenfalls. Er ist zwar ungewöhnlich und so beschaffen, dass Sie ohne Regenschirm trocken durch den Regen gehen müssen, aber es gibt ihn!

Wenn Sie daran glauben, treten Sie in Resonanz mit den Schwingungen Ihres Lebenstraums. Versetzen Sie sich in den Geisteszustand, in dem Sie wären, wenn Sie die nötige Arbeit schon gefunden hätten. Lassen Sie alle Eifersucht, Trübsal, Klagen und Urteile beiseite. Machen Sie sich auf die Suche – ausgeglichen und zufrieden mit sich, im Vertrauen auf sich und auf Ihren Erfolg.

Ihr Leben ist unendlich reich, es ist alles darin vorhanden, was Sie brauchen. Sie müssen die glücklichen Gelegenheiten, die es Ihnen bietet, nur wahrnehmen. Überlegen Sie einmal, wie viele Menschen es in Ihrer Nähe und in anderen Städten und Ländern gibt, die Ihre professionellen Fertigkeiten, Fähigkeiten und Talente gebrauchen könnten! Glauben Sie mir, es sind unendlich viele! Diese Menschen zusammengenommen haben wiederum unendlich viele Möglichkeiten. Sie besitzen Firmen, Unternehmen, Holdings. Sie haben Banken, Kredite, Depots und Geldmittel. Sie haben eine Unmenge von frei werdenden Arbeitsstellen, und ihnen stehen gigantische Summen zur Verfügung, um Lohnarbeit zu bezahlen, und ebenso viel Bedarf an solcher Arbeit, das heißt an Ihren Diensten. Ja, ausgerechnet an Ihren! Sie sind gefragt, selbst wenn Sie es noch nicht wissen. Wer beweisen kann, dass dem nicht so ist, der werfe den ersten Stein auf mich!

Auf der anderen Seite haben Sie in Ihrem Leben unbegrenzte Möglichkeiten. Sie können alles tun, was Sie für nötig halten! Wollen Sie den Beruf wechseln, eine Fortbildung machen, um einen anderen Beruf zu erlernen? Bitte schön! Oder zwei Jahre auf eine Dienstreise ans andere Ende der Welt gehen und von dort mit einem kleinen Kapital zurückkehren, mit dem Sie Ihr eigenes kleines Unternehmen aufbauen können? Warum denn nicht?! In einer anderen Stadt eine angesehene Arbeit finden, mit der ganzen Familie umziehen und dort Wurzeln schlagen, wo sich Ihre »glückliche« Wirklichkeit manifestiert? Sie haben es in der Hand, wenn Sie es denn so wollen.

Natürlich ist es überhaupt nicht zwingend notwendig, gleich umzuziehen und sich ein neues Leben aufzubauen. Ein Freund von mir, Ingenieur und Physiker, hat vor vielen Jahren einmal gesagt: »Ich gehe in den Norden und baue ein neues Atomkraftwerk. Oder ich heuere auf einem Atomschiff an. In Moskau kann man einfach kein Geld verdienen!« In Wahrheit ging er nirgendwohin. Denn als er die Sache überdachte, kam er ins Zweifeln. Dann sagte er: »Na ja, wenn du behauptest, das Leben sei unendlich vielfältig, dann müsste man auch in Moskau eine Arbeit finden können zum Leben. Wozu sollte ich also in den Norden gehen?« Und er begann zu suchen. Die Perestroika brach an, die Privatwirtschaft begann sich zu entwickeln, mein Physiker-Freund verließ das Technische Institut und wurde in der Hauptstadt Geschäftsmann. Heute verdient er gut und ist glücklich. Und wieso gelang es ihm, diesen Traum zu verwirklichen? Weil er einerseits an seine Kraft und andererseits daran glaubte, dass es eine unendliche Vielfalt von Erfolgsmöglichkeiten gibt. Außerdem hatte er keine Angst vor Veränderungen.

Haben Sie also keine Angst vor Veränderungen! Denn jede einzelne bietet die Chance, das Leben zum Besseren zu wenden und einen Schritt hin zur Verwirklichung Ihres Lebenstraums zu machen.

Nehmen Sie sich bei Ihrer Arbeitssuche die Herangehensweise des erfolgreichen Handlungsreisenden zu Herzen. Erinnern Sie sich, wie wir in Hinblick auf das Verhältnis zum Geld davon sprachen. Fangen Sie an, *überall* versteckte Erfolgsmöglichkeiten zu sehen, und verlieren Sie nicht den Glauben an den Erfolg. Nutzen Sie jede Chance, um eine »glückliche« Arbeit zu finden. Setzen Sie Annoncen in Zeitungen, in Fach- und andere Zeitschriften, in denen Sie Ihre Dienste anpreisen. Lesen Sie Annoncen an öffentlichen Anschlägen, pinnen Sie Ihre eigenen überall an. Suchen Sie, wo sonst keiner sucht. Verwenden Sie Ihr enormes kreatives Potenzial: Lassen Sie sich etwas Ungewöhnliches einfallen, wenden Sie irgendwelche überraschenden Mittel an, um Ihr Können, Ihre Fähigkeiten und Talente bekannt zu machen.

Nutzen Sie die Möglichkeiten des Internet. Setzen Sie Ihre Anzeigen auf die Pinnwände im Netz. Verschmähen Sie auch die unpopulärsten Seiten nicht. Publizieren Sie eine Zusammenfassung Ihrer Fähigkeiten auf allen Fachportalen, die Sie nur ausmachen können. Lesen Sie aufmerksam und intensiv alle Stellenangebote, die auch nur im Entferntesten Ihren Wünschen entsprechen. Horchen Sie in sich hinein, hören Sie auf Ihre Intuition. Ein Bekannter sagte einmal zu mir, als er Arbeit suchte: »Ich habe begriffen, dass ich ganze Stunden im Netz verbringen und alles anschauen muss. Dort gibt es ein Meer von Stellenangeboten. An der Oberfläche schwimmen die banalsten und hoffnungslosesten Angebote, und es scheint, als würde das ganze Meer nur aus ihnen bestehen. In Wahrheit gibt es darunter genau das, was ich brauche. Das weiß ich. Ohne Intuition und einen kreativen Zugang funktioniert die Suche nicht. Dasselbe gilt für die Wahl der besten Stelle aus ein paar von den besseren Angeboten. Allan, du sprichst von der Wirklichkeit des ›Unmöglichen‹. Man muss sie bloß erkennen können.«

Sie werden sie garantiert erkennen können, liebe Leser! Denn »Erkennen« und »Anziehen« ist dasselbe. Und Sie ziehen den Erfolg und das Glück an, weil Sie sich für Ihre Suche in den Geisteszustand des erfolgreichen Menschen versetzt haben. Sie leben »im Einklang mit dem Lebenstraum«, mit dem Glauben an die unendlichen Möglichkeiten des Erfolgs. Sie sagen zu sich selbst: »Ich bin vom Erfolg überzeugt. Ich ziehe ihn an. Ich bin ein erfolgreicher Mensch. Ich bin ein wertvoller Spezialist und arbeite sehr gut. Ich besitze wertvolle Fähigkeiten. Ich bin gefragt. Ich kann etwas, das andere brauchen. Ich bin überzeugt, dass ich die ›glückliche‹ Arbeit finden werde. Ich weiß: Sie wartet auf mich.«

Damit bringen Sie entschlossen Ihren Lebenstraum ins Leben.

Das Resümee zu diesem Abschnitt des Buches ist kurz: Verwenden Sie in Ihrer Beziehung zum Geld, in Ihren Geschäften und auf der Suche nach »Ihrer« Arbeit die »glücklichen« Lebensregeln und -prinzipien. Sie sind die Grundlage für eine konstruktive Lebensstrategie, die Ihnen den Algorithmus für eine schnelle Manifestation Ihres Lebenstraums in der Wirklichkeit zur Verfügung stellt.

Teil V

Der Mensch für den Menschen

Kapitel I

Treffen Sie Ihre Wahl zugunsten des Guten

Erkennen Sie die große Kraft und den Nutzen des guten Willens

Wir sind Menschen, wir leben in einer Welt von Menschen und sehen uns nicht jenseits des sozialen Austauschs. Wir alle möchten Geliebte, Freunde, Kumpel, Partner und einfach gute Bekannte haben. Wir erzählen ihnen gern über uns oder über andere Leute, wir wollen Eindrücke austauschen, die verschiedensten Probleme diskutieren oder einfach mit ihnen plaudern. Wir fühlen die dringende Notwendigkeit, unsere Freude mit anderen zu teilen und ihnen unsere Herzensnöte und Kümmernisse mitzuteilen.

Es zieht uns beharrlich zueinander. Denn jeder von uns erfährt in seinem innersten Wesen ein anhaltendes und bewegendes Gefühl zwischenmenschlicher Solidarität. Wir brauchen gar nicht darüber nachzudenken, denn etwas in uns weiß: Seele, Geist und Herz von jedem von uns sind durch Millionen unsichtbarer Fäden miteinander verbunden. Wir sind eins, so wie alles Leben und alle Materie in unserer wunderbaren Welt und so wie das ganze Universum eins ist. Bisher fällt es uns schwer, dies in seiner ganzen Bedeutung zu erfassen, aber das Gefühl der Zusammengehörigkeit aller Menschen auf der Erde ist uns nicht nur zugänglich, es durchdringt uns. Unsere besten Gedanken und Gefühle, unsere kunstvollsten Epen, Gedichte und Lieder handeln von der Liebe und der Freundschaft, von großen Taten, die gemeinsam vollbracht werden, vom Selbstverzicht zum Wohl anderer und von Heldentaten im Namen des Glücks.

Wenn wir uns die Wirklichkeit unseres Lebenstraums vorstellen, gehören dazu auf jeden Fall auch glückliche und harmonische Beziehungen mit anderen Menschen. Und »harmonisch« meint in diesem Zusammenhang, dass wir gütig sind.

Was wiederum bedeutet es, gütig zu sein? Es bedeutet, die Aufmerksamkeit von sich auf einen anderen Menschen zu lenken. Es bedeutet den Wunsch, seine Probleme zu verstehen und zu helfen. Es bedeutet, nicht zum eigenen Vergnügen, sondern zum Wohl eines anderen zu handeln. Es ist der Ausweg aus den Fesseln unseres Egoismus. Es bedeutet Bewusstseinserweiterung. Es ist der uns von Gott vorgegebene Weg.

Wir unterbrechen eine angenehme Beschäftigung, um einem uns nahen Menschen zuzuhören oder ihm unser Mitgefühl auszudrücken oder ihm einen Rat zu geben. Wir überwinden unsere Müdigkeit nach der Arbeit und fahren bis ans andere Ende der Stadt, um einer alten kranken Verwandten ein Essen zu bereiten. Wir verzeihen einem Kollegen einen Fehler und versuchen zu verstehen, wie es dazu kommen konnte, wir versuchen zu verstehen und zu helfen.

In diesem Zustand gewinnen wir die Unterstützung der größten Kraft der Welt.

Und diese Kraft ist – im höchsten Sinne des Wortes – die Liebe.

Wir schenken sie den anderen. Ihre Kraft ist so beschaffen, dass selbst das kleinste gute Wort einen Menschen, der den Mut verloren hat, aufrichtet und stärker macht. Sie ist so beschaffen, dass auch das kleinste Zeichen von mitfühlender Aufmerksamkeit unsererseits ihn für den ganzen Tag tröstet, womöglich sogar im Gedächtnis haften bleibt und einen wohltätigen Einfluss auf sein ganzes Leben haben wird. Und zugleich ist sie so beschaffen, dass das unbedeutendste Zeichen unserer Großherzigkeit *uns selbst* stärker macht und *unsere* Gesundheit festigt.

Vor kurzem las ich in einem Ratgeber des amerikanischen Autors Gary Chapman zu Fragen der Familie und der Ehe: »Das Großartige beim aufrichtigen Lieben ist unter anderem, dass es die eigene Seele heilt und den Körper dazu! Mehrere wissenschaftliche Untersuchungen haben erwiesen, dass sich freundliches Verhalten positiv auf die körperliche und seelische Gesundheit auswirkt.

Zum Beispiel:
- Liebesdienste setzen körpereigene schmerzstillende Endorphine frei.
- Die Euphorie und das anschließende friedliche Gefühl nach einem Liebesdienst sind so verbreitet, dass man sie ›Helferhigh‹ nennt.
- Mitmenschen zu helfen kann die Folgen von Krankheiten und anderen körperlichen Störungen verringern.
- Liebesdienste wirken nachgewiesenermaßen Depression, Feindseligkeit und Isolierung entgegen. Infolgedessen

stellt sich bei stressbedingten gesundheitlichen Problemen nach einer Hilfeleistung für jemanden häufig eine
Besserung ein.

- Der gesundheitliche Nutzen und das Ruhegefühl nach einem Liebesdienst stellen sich Stunden oder Tage nach der
Begebenheit jedes Mal wieder ein, wenn man sich daran
erinnert.

- Sich um Mitmenschen in einer positiven Beziehung zu
kümmern, stärkt nachgewiesenermaßen das Immunsystem.

- Güte Mitmenschen gegenüber steigert das Selbstwertgefühl, macht optimistischer und erhöht generell die Zufrie-
denheit mit dem Leben.«[26]

In der Harmonie der Güte unterstützen wir uns gegenseitig.
Wir machen andere reich und werden selbst reicher. Wir
stellen dauerhafte Beziehungen zu anderen Menschen her.
Und zugleich geben wir ihnen in dieser fruchtbaren Zusammenarbeit unermessliche Kräfte, die auch auf uns zurück-
wirken. Ökonomen haben sich schon vor langer Zeit die
Wahrheit letzterer Feststellung »ausgerechnet«. Wenn man
sein Kapital allein anlegt, sagen sie, kann man einen bestimmten Gewinn machen. Wenn man sich aber mit einigen
Geld-Partnern zusammentut, dann wird der aus der Einlage
gewonnene Gewinn (ebenso wie der der anderen Teilhaber
der Korporation) um ein Vielfaches höher.

Güte ist der direkte Weg zu Erfolg im Leben und zur Verwirklichung des eigenen Lebenstraums.

Dabei finden wir es nur allzu oft anstrengend, Gutes zu tun, denn es lenkt uns schließlich von unseren Sorgen und Wünschen ab. Solange wir seine außerordentliche schöpferische Kraft nicht erkennen, bleiben wir im Rahmen unseres engen Ego stecken und dann sind wir enttäuscht, böse und schreien herum. Wir nehmen dem anderen seine Würde und lassen ihn mit seinen Schwierigkeiten allein.

Wir tun Böses.

Dabei ist die Wahl zugunsten des Bösen absolut sinnlos.

Erkennen Sie die Sinnlosigkeit des Bösen

Das Böse erreicht nie sein Ziel. Negativität kann keine positiven Ergebnisse erzielen. Wenn Sie jemanden, der Ihnen nahesteht, dazu gebracht haben, etwas nach Ihrer Überzeugung zu tun, haben Sie zwar einen taktischen Sieg errungen, in strategischer Hinsicht jedoch verloren. Ihre emotionale Ladung ist in sein energetisches Informationsfeld eingedrungen und hat in seiner Struktur eine Verzerrung bewirkt. Doch was haben Sie dadurch gewonnen? Ihre Wut hat dem anderen keine Harmonie gebracht, ihn nicht reicher gemacht und auch den Rahmen seiner Möglichkeiten nicht erweitert. Er hat Ihre Überzeugung nicht zum natürlichen Imperativ seiner inneren Welt gemacht. Heute hat er sich Ihrem Willen unterworfen, morgen wird er, wenn Sie ihn nicht mehr kontrollieren, alles genau andersherum machen. Heute haben Sie mit seinen Händen das Gebäude dessen gebaut, was Sie für gut halten, dem anderen aber zugleich Ihre Wut eingedrückt und damit »Wut zwei« geschaffen. Und morgen wird das von Ihnen geschaffene Böse Ihr Gutes bis ins Fundament zerstören.

Sie haben nur eines erreicht: Sie haben den anderen verletzt.

Und dafür gesorgt, dass es mehr Böses auf der Welt gibt.

Böses gebiert nie Gutes, es schafft nur Böses.

Das ist jedoch nur ein Aspekt des Problems, es gibt noch einen weiteren und sehr viel ernsteren. Ich habe bereits mehrfach gesagt, dass eine Verzerrung des energetischen Informationsfeldes die Voraussetzung für eine Erkrankung schafft. In uns ist alles so organisiert, dass alle – materiellen oder nicht materiellen – Elemente einander ergänzen, alle Teile sind miteinander verbunden. Alles in uns hängt zusammen, es gibt nichts, was im Widerspruch zueinander stünde. Das ist Harmonie. Wenn unsere Wutladung sie zerstört, dann wird das hoch komplexe System Körper-Emotion-Seele verletzt. Als Folge kann der Mensch sofort und für eine lange Zeit erkranken oder zumindest eine vielleicht nicht anhaltende, aber doch plötzliche Verschlechterung seines Befindens erleiden.

So schaden wir anderen.

Wenn wir sehr gereizt oder wütend sind, haben wir alles andere als die Gesundheit unseres Gegenübers im Sinn. Fragen der Ethik sind uns vorübergehend völlig egal, »das Krallentier, das am Herzen und am Gewissen kratzt«, rührt sich nicht mehr. Dabei sind es nicht nur unser ethisches Bewusstsein, unser Gewissen und unsere Seele, die gegen die Gewalt protestieren. Selbst ganz elementare eigennützige Beweggründe sprechen gegen sie! Tatsächlich wird ja unser Widersacher dadurch, dass er sich physisch schwächer fühlt, nicht klüger, feinfühliger, menschlicher oder barmherziger. Und löst etwa ein Streit unsere Lebensprobleme, treibt er unsere Anliegen voran? Wenn wir gegen jemanden in den Kampf ziehen, kommt uns auch Kampf entgegen, sonst nichts. Böses gebiert nur Böses.

Ja, aber wieso reden wir eigentlich die ganze Zeit über die anderen? Lassen Sie uns ein wenig über uns selbst nachdenken, darüber, wie Böses, das wir in die Welt setzen, uns selbst schadet. Das ist der dritte und letzte Aspekt, den wir uns anschauen müssen, wenn wir ein Problem haben.

Unsere negativen Gedanken, Wünsche und Bestrebungen sind (und der Leser möge diese Tautologie entschuldigen) unsere eigenen, sie entstehen in uns, in unserem energetischen Informationsfeld. Wenn dadurch die Harmonie im Energiefeld eines anderen gestört wird, dann in unserem erst recht. Wenn wir wütend sind, schießt uns sofort das Blut ins Gesicht, der Blutdruck steigt, das Herz schlägt schneller. Wir werden laut und forcieren unsere Stimme, und schon schmerzt der Hals, und die Hände zittern. Wir werfen jemandem Beleidigungen ins Gesicht, und träufeln uns dabei selbst Gift in Bauch und Brust. Die Kränkung frisst an uns, und tobender Zorn dreht uns die Eingeweide herum. Wenn sich die Wut dann legt, überkommt uns wie in einem Alptraum eine ekelhafte Schwäche. Ein Durcheinander an Gedanken macht sich breit, das Herz rast, die Luft scheint vergiftet, wir haben Mühe mit dem Atmen, uns ist schlecht.

Dadurch, dass wir dem Zorn seinen Willen gelassen haben, hat sich unser energetisches Informationsfeld so verzerrt, dass … Nun ja, es ist kein Zufall, dass sich die Psychosomatik – die Wissenschaft vom Einfluss psychischer Prozesse auf die physische Gesundheit des Menschen – entwickelt hat. Viele Infarkte, Schlaganfälle, schwere Formen chronischer Krankheiten sind darauf zurückzuführen, dass wir uns erlauben, gereizt und wütend zu sein und zu urteilen!

Aber das sind nicht die einzigen Folgen davon, dass wir uns haben gehen lassen. Wenn wir jemandem Schlechtes wünschen, dann wird dieses Schlechte unser Energiefeld verzerren und in uns gespeichert. Das Böse in uns verringert sich nicht! Auch hier wirkt das Prinzip »Gleich und Gleich gesellt sich gern«. Das verzerrte Energiefeld wiederum zieht alles an, was ihm nun entspricht. Ein boshafter, gehässiger, aggressiver Mensch richtet die Aufmerksamkeit bei sich und bei anderen Leuten zuallererst auf das, was seine Aggressivität und seine Bosheit nährt. Der Informations-»Abgrund« in seinem Energiefeld wird tiefer, die Reaktionen auf äußere Reize, auf die Mängel und Fehlleistungen anderer verstärken sich, die Gemütsbewegungen werden heftiger. Letztere ihrerseits verursachen immer stärkere Verzerrungen im Energiefeld. Und schon steckt der Mensch in einem Teufelskreis aus böser, sinnloser Selbstzerstörung. In Wahrheit gibt es niemanden, der erbarmungsloser mit uns wäre als wir selbst!

Auf diese Weise berauben wir uns unserer Gesundheit.

Und wozu eigentlich?

Ich hoffe, liebe Leser, dass ich Sie von der Sinnlosigkeit des bösen Willens überzeugen konnte. Zur Verwirklichung unseres Lebenstraums führen einzig und allein die Wege der Güte. Und da wir die Regeln und Prinzipien für eine glückliche Lebensweise nun schon kennen, wird uns dies sehr leichtfallen. Wir haben sie *für uns selbst* formuliert. Aber erinnern wir uns an die Worte aus dem Evangelium: »Alles nun, was ihr wollt, dass euch die Leute tun sollen, das tut ihnen auch! Das ist das Gesetz und die Propheten.« (Matthäus 7,12)

Und nun wollen wir unser neues Wissen auf die Beziehungen mit anderen Menschen übertragen.

Kapitel II

Wie wir in Beziehungen mit anderen Menschen Harmonie herstellen können

Erkennen Sie die Einzigartigkeit Ihres Gegenübers und erweisen Sie ihm Respekt

Auf dem Weg zu Ihrem Lebenstraum haben Sie Ihre eigene Einzigartigkeit und die Bedeutsamkeit Ihres Lebens erkannt. Sie haben eine Menge Qualitäten und wissen sie zu schätzen. Sie wissen, dass Sie ein großes Potenzial haben, sich und Ihr Leben jederzeit ändern und Ihren Lebenstraum verwirklichen können. Sie tragen Gott in sich. Sie sind stolz auf sich, schätzen Ihr Leben und wissen, dass Sie es verdienen, glücklich zu sein.

Nun gilt es, andere Menschen ganz genauso zu sehen und dieses Verhältnis zu sich auch auf andere zu übertragen.

Jeder Mensch ist einmalig und hat besondere, offenbare und verborgene Qualitäten. Jeder ist auf seine Weise talentiert. Jeder trägt die Voraussetzungen dafür in sich, dass sich Gott durch ihn zeigen kann. Wenn Sie beginnen, sich daran zu erinnern, dann werden Sie allen Menschen respektvoll und vorurteilsfrei begegnen. »Man empfängt den Mann nach dem Gewande und entlässt ihn nach dem Verstande.« Dieses

Sprichwort handelt in beiden Teilen von einer verkehrten Haltung anderen gegenüber. Egal wie jemand angezogen ist, welchen sozialen Status er hat, wie er sich im Umgang zeigt, wie klug oder wie dumm er ist – seien Sie nie respektlos. Dieser *Jemand* ist mit Ihnen in Kontakt getreten, und Sie erinnern sich: Vor Ihnen steht ein einzigartiges menschliches Wesen. Verhalten Sie sich Ihrem Gesprächspartner gegenüber aufmerksam, höflich und zuvorkommend, egal mit wem Sie es zu tun haben. Jeder Mensch ist Ihren Respekt wert.

Wenn Sie dies tun, können Sie gewiss sein: Sie werden immer nur Respekt und Sympathie und Freundschaft ernten. Sie werden durch die »guten« Schwingungen selbst einen Zugang zur Freude an harmonischem Austausch gewinnen.

Wenn Sie jedoch die Menschen aus dem Blickwinkel des Ego betrachten und sie nach ihrer Kleidung be- und verurteilen, wird das auch in Ihrem Leben als sinnlos Böses zu Unannehmlichkeiten führen.

Eine Verwandte von mir bekam einmal auf der Arbeit einen strengen Verweis wegen »groben Verhaltens gegenüber dem Publikum«, die Quartalsprämie wurde ihr gestrichen. Sie arbeitet auf dem Rentenversicherungsamt. Bei ihr im Büro klingelt ständig das Telefon: Menschen mit wenig Geld, Rentner oder Invaliden rufen bei ihr an. Sie haben Fragen, holen Erkundigungen ein, bitten um einen Termin. Natürlich sind nicht alle in der Lage, sich schnell und klar auszudrücken und ihre Frage richtig zu formulieren. Der eine versteht die Bedeutung von Fachbegriffen nicht und fragt nach, ein anderer hat einen Sprachfehler und spricht die Worte undeutlich aus.

Kurz: Die Telefongespräche sind für meine Verwandte nicht immer einfach, sie ist ständig genervt und verachtet diese Menschen: »Es sind immer alte Leute und Invaliden, die überhaupt nichts kapieren!« Am Telefon redet sie abgehackt und unfreundlich. »Gute Frau, ich hab Ihnen doch gesagt … Wieso sehen Sie das nicht ein? … Kommen Sie vorbei. Hier wird Ihnen alles erklärt, wenn Sie es schon am Telefon nicht verstehen können!«

Das klingt nicht im Entferntesten nach Respekt für andere.

Vor kurzem hatte sie die zitternde, aber entschiedene Stimme eines alten Herrn in der Leitung: »Bitte rufen Sie den Leiter des Amtes ans Telefon!« Meine Verwandte dachte: »Noch so ein alter Idiot! Dem werd ich's zeigen, von wegen Leiter!« Und schon legte sie los: »Erstens, guter Mann, bin ich nicht Ihr Laufmädchen! Und zweitens, warum rufen Sie hier an?! Wer hat Ihnen die Nummer gegeben? Und drittens, stören Sie vielbeschäftigte Leute nicht bei ihrer Arbeit! Rufen Sie gefälligst bei der Telefonzentrale an!« Damit warf sie den Hörer auf.

Eine Minute später klingelte es wieder, dieselbe zitternde Stimme war am Apparat: »Hier ist der erste stellvertretende Bürgermeister. Mein Mitarbeiter hat mir diese Nummer gegeben …«

Meine Verwandte erstarrte und rannte sofort zu ihrem Vorgesetzten. Sie bereute ihre Grobheit sehr, aber es war zu spät. Der stellvertretende Bürgermeister versäumte es nicht, den Leiter des Amtes wegen des »unerträglichen Verhaltens der Mitarbeiter der Ihnen anvertrauten Behörde gegenüber den Bewohnern der Stadt« zu tadeln. Der Leiter des Amtes versprach, »Maßnahmen zu ergreifen«.

Und das tat er …

Um jemandem Respekt zu erweisen, müssen Sie schon im Vorhinein seine Qualitäten würdigen. Damit lassen Sie den Wert des anderen in seinen eigenen Augen steigen. Sie helfen ihm, seine besten Seiten zu entdecken, die er selbst womöglich noch gar nicht beachtet hatte. Sie bringen ihn darin voran, diese guten Seiten in seinem Leben zu verwirklichen.

Und schließlich helfen Sie ihm, erhobenen Hauptes durchs Leben zu gehen und in Harmonie mit seinem Ich zu leben.

Suchen Sie die besten Seiten im anderen, erkennen Sie seine Qualitäten und sprechen Sie mit ihm darüber

Während der Lektüre dieses Buches haben Sie gelernt, in allem die positiven Seiten zu sehen und Ihre Aufmerksamkeit darauf zu lenken. Sie haben gelernt, das zu schätzen, was Sie an Gutem haben, alles zu würdigen, was Sie gut machen, selbst wenn es Ihnen noch so unwichtig erscheint, und sich dafür zu loben.

Das alles stärkt Sie, füllt Sie mit Energie auf oder hebt Ihre Energie an und gibt Ihnen die Kraft, den Weg zur Erfüllung Ihres Lebenstraums zuversichtlich weiterzugehen.

Wenden Sie diese Gewohnheiten auch in Bezug auf andere Menschen an. Finden Sie ihre besten Seiten heraus, nehmen Sie ihre Qualitäten wahr. Freuen Sie sich an Ihren kleinen Erkenntnissen. Ist es etwa angenehm, zum Beispiel mit einem trübsinnigen Misanthropen zusammenzuarbeiten? Wenn Sie jedoch die Mühe auf sich nehmen, nach den positiven Eigenschaften dieses Menschen zu suchen, dann werden Sie sicher nicht wenige Qualitäten finden, und schon wird der Umgang mit ihm leichter für Sie. Wenn Sie ihm nun noch mit etwas Feingefühl von Ihren Entdeckungen erzählen, wird sich wahrscheinlich seine Haltung Ihnen gegenüber verbessern. Womöglich werden Sie auch entdecken, dass er gar kein Misanthrop ist, sondern einfach ein etwas verlorener Kerl, der nicht so gut mit Menschen umgehen kann und vielleicht ein bisschen Angst vor ihnen hat.

Nehmen Sie wahr, wenn Ihnen jemand Gutes tut, und schätzen Sie es. Seine »unverbesserlichen« Mängel sind kein Grund, seine guten Taten nicht anzuerkennen. Eine meiner Patientinnen, eine alleinstehende Frau von 45 Jahren und Leiterin einer großen Behörde, hatte ihren Mann verloren, der Sohn war erwachsen, hatte geheiratet und war in eine andere Stadt gezogen. Sie lebte nun allein mit ihrer 70-jährigen Schwiegermutter. Die alte Frau war sehr gut zu ihrer Schwiegertochter. Sie nahm alle Hausarbeiten auf sich, räumte auf, kaufte ein und kochte.

Meine Patientin, die ständig arbeitsmäßig überlastet war, kannte keine Hausarbeit. Sie hatte nur ein Problem zu Hause: Die Schwiegermutter wollte immer, egal ob dienstlich oder privat, über alle ihre Angelegenheiten Bescheid wissen und überschüttete sie mit Fragen über Fragen. Das Schweigen der Schwiegertochter nahm sie übel. Auf karge Antworten aber reagierte sie mit einer Flut von Belehrungen und Ratschlägen.

»Als ich noch Familie hatte, als mein Mann noch lebte und mein Sohn noch ein Kind war, hatte ich nicht viel mit meiner Schwiegermutter zu tun«, erzählte meine Patientin. »Jetzt dagegen … Anfangs war unsere Beziehung wegen ihrer Fragerei sehr angespannt. Ich konnte das einfach nicht ertragen und wurde wütend. Wir stritten uns oft. Aber eines Tages bekam ich eine schwere Grippe und musste lange das Bett hüten. Meine Schwiegermutter hat sich um mich gekümmert wie eine Mutter um ihr Kind. Da habe ich plötzlich erkannt, wie viel diese alte Frau für unser Zusammenleben auf sich nimmt. Dann habe ich mir ausgerechnet, wie viel Zeit sie im Gegenzug zu ihrem Opfer für unseren Austausch verlangt. Und es stellte sich heraus, dass es nicht mehr als 40 Minuten am Tag waren! In dem Moment habe ich mir das Wort gegeben, jeden Abend nach der Arbeit diese läppischen 40 Minuten mit ihr zu plaudern, geduldig auf ihre einfachen Fragen zu antworten und mir ihre noch einfacheren Ratschläge anzuhören. Seitdem bin ich meinem Wort treu geblieben. Außerdem habe ich es mir zur Regel gemacht, mich bei ihr für die Arbeit im Haushalt zu bedanken und ihr Essen zu loben. Jetzt läuft es gut bei uns zu Hause. Wir sind gute Freunde und kümmern uns umeinander.«

Seien Sie tolerant und großzügig im Umgang mit anderen

Das Beispiel der Beziehung meiner Patientin zu ihrer Schwiegermutter lehrt uns eine wichtige Lektion, die nicht nur darin besteht, dass wir die besten Seiten der Menschen finden, ihre Qualitäten wahrnehmen und ihnen das auch sagen sollen. Sie besteht ebenso darin, dass wir im Umgang mit ihnen tolerant und großzügig sein sollen.

Was ist eigentlich Toleranz? Es ist die Fähigkeit, sich ohne jede Feindseligkeit einem anderen gegenüber geduldig zu verhalten, ihn mit allen seinen Schwächen so anzunehmen, wie er ist, mit diesen Schwächen Frieden zu schließen und, falls nötig, einen unangenehmen Kontakt mit ihrem Besitzer zu ertragen.

Die Toleranz geht Hand in Hand mit der Großzügigkeit. Wenn wir uns bereitwillig auf die Anwesenheit eines anderen Menschen einstellen können, dann haben wir auch die Kraft, ihm unsere Aufmerksamkeit und womöglich auch unser Mitgefühl zu schenken. Unser Opfer ist in der Regel kein großes: Es geht hier nur um ein paar Minuten Kontakt, den wir eigentlich nicht brauchen. Aber in diesen »unnützen« Minuten leisten wir diesem Menschen uneigennützig Hilfe (schließlich kam er zu uns, weil er es brauchte!). Genau das ist Großzügigkeit. (Eine Bemerkung am Rande: Lesen Sie den Abschnitt »Pflegen Sie keinen Umgang mit Energievampiren« noch einmal durch.)

Nehmen wir ein Beispiel: Sie sind unterwegs und gehen in Gedanken versunken in ein Geschäft. Da sind der Haushalt, Probleme in der Familie, Schwierigkeiten im Umgang mit Kollegen. Ihnen geht es nicht besonders, wahrscheinlich ist ein Schnupfen im Anmarsch. Sie denken: »Ich kaufe nur schnell ein, was ich brauche, und dann ab nach Hause!« Da steht plötzlich eine alte Bekannte direkt vor Ihnen, die Sie nicht mögen, weil sie Ihnen zu emotional, zu laut und noch dazu nicht besonders klug ist. Sie freuen sich nicht über das Treffen und haben überhaupt keine Lust auf ein Gespräch, zugleich können Sie aber auch nicht einfach so davonlaufen. Ihre Bekannte ist heute – wie im Übrigen sonst auch – energiegeladen, aufgedreht und gesprächig. Sie nimmt Sie unter den Arm, führt Sie beiseite und beginnt Ihnen emotional und wortreich von ihren Angelegenheiten zu erzählen.

Jetzt haben Sie die Möglichkeit, ihr zu sagen: »Meine Liebe, ich bin müde, mir geht's nicht gut. Lass uns ein andermal weiterplaudern«, sich etwas lahm zu verabschieden und zu gehen. Damit werden Sie sie wahrscheinlich entmutigen und ihr die Laune verderben. Womöglich wird sie ab sofort zu einer geheimen Widersacherin, so etwas kommt vor. Dafür sind Sie schnell eine unerwünschte Gesprächspartnerin losgeworden.

Es gibt jedoch noch eine andere Variante. Sie könnten sich ein wenig sammeln und konzentrieren und sich sagen: »Ich gedulde mich ein wenig und schenke dieser Frau zehn Minuten. Das kostet mich nicht die Welt. Dafür bekommt sie von mir das bisschen Aufmerksamkeit und Zustimmung, das sie jetzt braucht.«

In diesem Fall opfern Sie Ihre Zeit und Kraft für eine im Grunde genommen unnütze Sache – Himmel, wer wollte sich denn jetzt unterhalten?! Dabei stellen Sie jedoch eine Harmonie in der Beziehung her, in der es keinen Platz für Ärger, Taktlosigkeit und Beleidigung gibt. Der flüchtige Kontakt geht glatt und ohne mögliche unangenehme Folgen vorüber. Ihre Bekannte bleibt die gute Bekannte, die sie auch vorher schon gewesen war.

Versuchen Sie andere zu verstehen

Die beiden oben genannten Prinzipien geben uns die wunderbare Möglichkeit, unseren Umgang mit Menschen bei Gelegenheiten zu harmonisieren, bei denen es anscheinend gar keinen Grund dazu gibt.

Eine meiner Patientinnen, eine Künstlerin und Designerin, beklagte sich einmal bei mir:

»Ein Auftraggeber quält mich mit kleinen Schikanen, ich kann nicht mehr. Ich erarbeite für ihn die Originalentwürfe für die Produktion von Werbegeschenken. Dabei geht es um die künstlerische Gestaltung von Taschenkalendern, Einkaufstaschen, Werbebannern ... Jedes Mal, wenn ich ihm meine Arbeit zeige, bringt er irgendeine völlig überflüssige Korrektur an, die meine ganze Komposition über den Haufen wirft. Ich überarbeite also alles, zeige es ihm, und wieder bringt er eine Korrektur an. Und so geht das endlos! Stellen Sie sich vor, den Entwurf für seinen Jubiläumskalender habe ich für ihn 28-mal ausgedruckt.«

»Was ist er denn für ein Mensch?«, fragte ich.

»Ein unangenehmer!«, konstatierte meine Patientin sofort. »So ein unansehnlicher Typ mit gräulichem Teint, bei dem immer der Schlips schief hängt. Er redet undeutlich und unverständlich und schaut einem dabei nicht in die Augen. Er ist furchtbar geschäftig und zeigt ständig auf den Bildschirm, was ich auf den Tod nicht ausstehen kann! Mit den Händen streicht er sich immerzu über das Jackett. Kurz: Er ist ein absoluter Neurotiker.«

»Und wie begegnen Sie ihm?«

»Na ja, ich schweige und ertrage ihn. Er ist schließlich mein Auftraggeber! Ich schaue ihn einfach nur an.«

»Erwartungsvoll und abfällig …«, schlug ich vor.

»Na klar! Was sollte ich auch anderes tun?«

»Nach dem, wie Sie Ihren Auftraggeber beschrieben haben, müsste er eine sorgenvoll ängstliche Persönlichkeit sein«, begann ich laut nachzudenken. »Die Geschäftigkeit, das undeutliche Sprechen, die endlosen Korrekturen … Er ist unsicher. Er hat Angst, er könnte unpassend angezogen sein und vielleicht etwas Falsches sagen und tun. Er glaubt nicht, dass er eine Eins für seine Arbeit bekommen kann. Er glaubt nicht, dass er auf Menschen einen guten Eindruck machen kann. Und zugleich möchte er schrecklich gern so sein wie alle anderen und seine Arbeit gut machen, gut aussehen, den Leuten gefallen … Ihnen auch. Deshalb ist er so geschäftig im Umgang mit Ihnen.«

»Ach ja?«, fragte meine Patientin erstaunt. »Aber was ändert das?«

»Das ändert alles. Nehmen Sie den Menschen so, wie er ist. Erlauben Sie ihm, er selbst zu sein. Verzeihen Sie ihm seine Ängstlichkeit und Unsicherheit, seine aufdringlichen

Schikanen. Verzeihen Sie ihm seine mangelnde Kompetenz in Fragen des Designs. Stellen Sie sich auf ihn ein. Geben Sie ihm die Chance, sich im Umgang mit Ihnen gleichwertig zu fühlen. Lächeln Sie ihn beim nächsten Treffen an, bieten Sie ihm einen Tee an. Nehmen Sie die guten Seiten an ihm wahr und beschreiben Sie sie ihm mit echter Sympathie. Rücken Sie ihm den verrutschten Schlips zurecht. Das ist keine Manipulation, kein Spiel, kein berechnender Flirt. Sie nehmen den Menschen aufrichtig ernst und treten in eine freundschaftliche Beziehung zu ihm. Erzählen Sie ihm, wie Sie an den Entwürfen arbeiten, wovon Sie ausgehen. Sprechen Sie mit ihm von Gleich zu Gleich wie mit einem Kollegen. Und sagen Sie ruhig auch mal etwas wie: ›Was meinen Sie?‹«

»Das heißt, Sie wollen, dass ich mich ihm gegenüber wie eine Freundin verhalte«, sagte meine Patientin nachdenklich.

»Natürlich! Idealerweise sollten wir alle freundschaftlich miteinander verbunden sein! Du und ich, wir sind von gleichem Blute, sagt Mogli. Das ist ein Ausdruck für die Einheit der Welt, für die Einheit von uns Menschen! Ihr Auftraggeber soll sich mit Ihnen wie zu Hause fühlen. Zu Hause freut man sich über uns, liebt uns für das, was wir sind. Wenn wir nach Hause kommen, streifen wir unsere Sorgen ab, wir entspannen uns, werden ruhig, erholen uns auch seelisch. Schaffen Sie ein Feld um sich herum, in dem sich Ihr Auftraggeber wie in einer Psychotherapiestunde bewegen kann. Ihr Empfang, Ihre aufrichtige Sympathie, Ihr Wunsch zur Zusammenarbeit heilen ihn von seiner Anspannung und Unsicherheit. Er wird aufhören, Ihre Arbeit zurückzuweisen. Es wird keine weiteren Schikanen geben!«

Eine Woche später kam meine Patientin mit einem riesigen Blumenstrauß zu mir in die Praxis. Sie lächelte glücklich.

»Ich komme direkt von der Arbeit hierher! Mein Auftraggeber hat gerade alle Entwürfe angenommen! Und mir eine persönliche Prämie ausgeschrieben. Außerdem hat er mir das hier geschenkt.« Sie zeigte auf den Blumenstrauß. »Mit großer Dankbarkeit für die Zusammenarbeit!«

Wenn wir Toleranz für die Mängel unseres Gegenübers entwickeln, bekommen wir die Möglichkeit, darüber nachzudenken, warum mit ihm »nicht alles in Ordnung« ist. Und schon wird uns klar, dass er höchstwahrscheinlich keine Schuld daran hat, dass er »so« ist. Wer weiß, was für unschöne oder harte Lektionen er im Leben gelernt hat, was für Schwierigkeiten er ertragen, welche Schmerzen er aushalten musste. All das hat sich auf seinen Charakter und seine Gewohnheiten, auf seine Überzeugungen und Lebensansichten ausgewirkt. Er verdient unsere Verurteilung nicht. Wir wissen nichts über ihn. Wir wissen nicht, welche Dämonen seine Seele peinigen. Was wir jedoch wissen sollten, ist: Er ist unsere Aufmerksamkeit und unser Mitgefühl wert.

Und wenn wir es uns leisten können, großzügig zu sein, dann sehen wir seine besten Qualitäten und erzählen ihm davon. Während unseres achtsamen und wohlwollenden Umgangs mit ihm stellen wir fest, was ihm in der Beziehung mit Menschen fehlt. Diesen Mangel kompensiert er mit Geschäftigkeit, Grobheit, düsterem Schweigen. Wir erkennen, wonach er sich im Umgang mit Menschen heimlich sehnt, und versuchen, ihm genau das zu geben.

Auf diese Weise helfen wir anderen und uns selbst dabei, in schwierigen Beziehungen Harmonie herzustellen.

Erlauben Sie anderen, nicht perfekt zu sein. Belehren Sie sie nicht, wirken Sie auf sie ein

Es kommt nicht selten vor, dass jemand anscheinend vor Aufmerksamkeit und Mitgefühl für sein Gegenüber überschäumt, dabei den Bogen jedoch eindeutig überspannt. Er schleicht sich in sein Vertrauen ein, überschüttet ihn mit Fragen, nur um ihm Ratschläge zu geben und ihn das Leben zu lehren. In diesem Fall geht es wahrscheinlich nicht so sehr um Mitgefühl, sondern mehr um Neugierde. Er möchte nicht helfen, sondern sich über den anderen stellen. Denn wenn wir meinen, jemandem einen Rat geben zu müssen, dann gehen wir davon aus, dass dieser Jemand weniger Wissen und Erfahrung und womöglich auch weniger Verstand hat als wir. Und das wärmt dem Ratgeber das Herz.

Suchen Sie nicht auf Kosten anderer Selbstbestätigung, versuchen Sie nicht, jemandem beizubringen, wie er zu leben hat. Wenn Sie aber jemandem einen Ratschlag geben wollen, ohne dass Sie sich dabei überlegen fühlen wollen, sondern weil Sie Verantwortung für das fremde Leben spüren, dann erinnern Sie sich an den Aphorismus von La Rochefoucauld: »Man kann zwar jemandem einen klugen Rat erteilen, ein kluges Verhalten lehren kann man ihn jedoch nicht.« Es liegt in der Natur der Menschen, aus eigenen Erfahrungen zu lernen. Ratschläge von anderen oder gar eine

»Lehre« für die Zukunft rufen nur Ärger hervor. Sicher sang der weise Bulat Okudschawa nicht zufällig: »Wir selbst schreiben uns unsere Lieder und unser Leben. Pech hat, wer zur falschen Zeit uns belehrt.«

Erlauben Sie anderen, nicht perfekt zu sein. Vertun Sie nicht Ihre kostbare Zeit und Kraft damit, sie – womöglich auch noch sofort – ändern zu wollen. Eine echte und wirkliche Hilfe können wir ihnen nur dadurch erweisen, dass wir uns selbst ändern, und zwar genauso, wie wir möchten, dass sie sich verändern. Damit geben wir ihnen die Lebenserfahrung, der sie glauben können, so dass sie sie womöglich auch übernehmen. Eine Erfahrung, die Sie vorher durch unnütze Ratschläge ersetzt haben.

Belehren Sie andere nicht, sondern wirken Sie auf sie ein. Behandeln Sie sie so, wie Sie von ihnen erwarten, behandelt zu werden.

Natürlich gibt es kritische Fälle, wenn man einen Menschen vor einem verhängnisvollen Fehler oder vor einem falschen Schritt bewahren muss. Dann kann sich Ihre Einmischung in fremde Angelegenheiten als geboten erweisen. Aber auch in diesem Fall darf Ihr Rat nicht wie harte Kritik, wie eine Belehrung oder ein Befehl klingen. »Weise deinen Stammgenossen zurecht, so wirst du seinetwegen keine Schuld auf dich laden«, heißt es in der Bibel (3 Mose 19,18). Das heißt, überreden Sie, überzeugen Sie ihn – feinfühlig, sanft und liebevoll. Schonen Sie sein Ehrgefühl, lassen Sie ihm die Möglichkeit, das Gesicht zu wahren. Es geht hier um den aufrichtigen Wunsch, dem anderen zu helfen und ihn zu warnen, und nicht darum, sich mittels des fremden Fehlers selbst zu bestätigen. »Nur in einem Fall brauchen wir nicht zu fürchten, den anderen zu beleidigen: wenn es darum geht, ihm die Wahrheit zu sagen und auf diese Weise unsere Treue zu beweisen«, so Ciceros Worte.

Verwechseln Sie Ihre Probleme nicht mit denen der anderen

Ein Bekannter von mir, der als Ökonom gerade eine neue Stelle angetreten hat, hat mir erzählt:

»Im Büro steht mein Arbeitstisch in einem großen Raum, den ich mit vier Frauen teile, die die Buchhaltung machen. Ich habe ziemlich viel mit Tabellen, Berechnungen, Buchführung zu tun, was einige Konzentration und entsprechend Ruhe erfordert. Aber genau darum steht es schlecht. Alle Dreiviertelstunde steht eine der Buchhalterinnen auf und fängt an zu reden. Das ist eine echte Marotte von ihr: In regelmäßigen Abständen spuckt sie in einer Art physiologischer Reaktion Wörter aus. Sie schwätzt über alles und jedes, über die Katzen und die Hunde, wo sie was kauft und so weiter. Sofort lassen die anderen Frauen ihre Arbeit liegen und unterhalten sich fröhlich mit ihr. Nach ungefähr zehn Minuten Herumgelärme verstummen wieder alle, bis das Ganze eine Dreiviertelstunde später wieder von vorne losgeht. Ich verstehe schon, dass das ihre Art ist sich zu erholen. Aber mich interessieren ihre Gespräche nicht. Und meine Arbeitspausen mache ich alle anderthalb Stunden und nicht alle 45 Minuten.«

»Und wie löst du das Problem?«, fragte ich interessiert.

»Zuerst machte mich das nervös und wütend. Am liebsten hätte ich herumgeschrien und einen Bericht über sie geschrieben für den Fall, dass ich eine Beschwerde einreichen würde und sie mir den Krieg erklären sollten. Aber dann hab ich es mir gerade noch anders überlegt, denn ein Feind in der Arbeit kostet zu viel Energie, wie es so schön heißt. Ich dachte also nach. Dann habe ich einen Ausweg gefunden: Ich beschäftige mich nicht mit ihnen, sondern mit mir! Sollen sie sich entspannen, wie sie wollen. Sollen sie tun, was sie wollen, es ist ihre Sache. Meine ist es, unter diesen Bedingungen meine Arbeit zu organisieren.«

»Sehr guter Ansatz!«, lobte ich ihn. »Und wie machst du das?«

»Es gibt genug Dinge, die ich automatisch tun kann, ohne mich groß konzentrieren zu müssen, wie zum Beispiel das Übertragen von Daten in Aufstellungen oder das Kopieren von Dokumentationen. Das mache ich jetzt, während die Kolleginnen schwatzen. Und wenn meine Pausen mal mit ihren zusammenfallen, verlasse ich einfach den Raum und spaziere in aller Ruhe den Korridor auf und ab. Das ist alles! Es hat sich gezeigt, dass ich die Sache ohne Konflikt regeln konnte.«

Das ist ein Beispiel dafür, wie jemand die Verhaltensregel Nr. 10 glänzend anwendet! Er löst das Problem, brütet nicht über ihm wie das Huhn auf seinem Ei und verschenkt seine Energie nicht darauf. In Bezug auf menschliche Beziehungen könnte man diese Regel folgendermaßen formulieren: »Lassen Sie die anderen in Ruhe! Wenn sie Ihnen ein Problem verursachen, dann ist das *Ihr* Problem und nicht das der anderen. Lösen Sie es aus eigener Kraft und suchen Sie keine Schuldigen, um sich auf sie zu stürzen.«

Verwenden Sie positive Affirmationen, um Harmonie in Beziehungen herzustellen

»Es gibt nur eine wahrhafte Freude: den Umgang mit Menschen«, hat Saint-Exupéry gesagt.[27] Ich präzisiere: den *harmonischen* Umgang mit Menschen, bei dem Sie auf eine Weise Energie austauschen, die alle Beteiligten bereichert.

Schenken Sie den Menschen diese Freude! Sie sind so oft von diesem Reichtum abgeschnitten und haben keinen Zugang dazu. Aber Sie wissen Bescheid! Lieben Sie die Menschen, seien Sie gut zu ihnen. Erkennen Sie ihre Fähigkeiten und erzählen Sie ihnen davon. Seien Sie tolerant ihren Mängeln gegenüber und großzügig im Umgang mit ihnen. Versuchen Sie sie zu verstehen und ihnen zu verzeihen. Erfüllen Sie nach Kräften ihre Bedürfnisse. Nehmen Sie sie so, wie sie sind, und lehren Sie sie nicht zu leben, sondern wirken Sie durch Ihr eigenes Verhalten auf sie ein. Beurteilen Sie sie nicht, beschuldigen und verletzen Sie sie nicht, seien Sie nicht böse auf sie. Seien Sie weise und barmherzig.

Haben Sie Lust, eine solche Position, eine solche Rolle im Leben einzunehmen? Entwickeln Sie die entsprechenden Charaktereigenschaften und stärken Sie diesen »glücklichen« Geisteszustand mit Hilfe positiver Affirmationen. Suggerieren Sie sich während der Entspannungsübung und zwischendurch: »Ich liebe die Menschen. Ich freue mich, sie zu sehen. Ich lächele sie an. Ich bin frei, offen, feinfühlig und taktvoll bei jeder Begegnung. Ich bin ein entgegenkommender Mensch. Ich tue immer den ersten Schritt, um eine gute Beziehung herzustellen. Ich bin tolerant gegenüber den Mängeln anderer. Ich bin ausgeglichen und ruhig im Umgang mit allen Menschen. Ich bin aufmerksam gegenüber den Menschen. Ich versuche sie zu verstehen und ihnen zu helfen. Ich kann verzeihen. Ich bin demütig gegenüber anderen. Ich bin ihnen dankbar für die Erfahrung, die ich durch sie machen kann. Ich habe eine wohlwollende Haltung.«

Kapitel III

Wie man Harmonie in der Familie herstellt

Schützen Sie Ihre Angehörigen vor negativer Information

Unser Verhältnis zu geliebten Menschen unterscheidet sich im Prinzip nicht von dem zu den Freunden, Bekannten oder Arbeitskollegen. Daher müssen wir, wenn wir in der Familie Harmonie herstellen wollen, das tun, wovon wir wissen, dass es für unsere persönlichen Kontakte mit Menschen am besten ist. Und trotzdem sind die familiären Beziehungen ein Thema für sich.

Im Energiefeld unserer Familie laufen die Beziehungen für uns viel intensiver, schärfer und bedeutungsvoller ab als im Umgang mit fremden Menschen. Man könnte es so sagen: Es ist ein *zutiefst persönlich geprägtes*, hochenergetisches Feld. Hier gewinnen alle unsere freudigen Gefühle eine enorme Kraft. Die einfache Sympathie für einen Menschen wächst sich zu Liebe zum Vater, zur Mutter, zur Frau, zur Tochter oder zum Sohn aus. Die Bereitschaft, den anderen zu verstehen und ihm zu helfen, verwandelt sich in einen inneren Antrieb von hoher Intensität, in eine aufrichtige Hingabe zugunsten des geliebten Menschen; der Wunsch, einem

Fremden beizustehen, in ein selbstloses Dienen für die Gesundheit und das Wohl der Lieben.

Auf der anderen Seite verstärken sich im Energiefeld der familiären Bindungen aber auch die Schatten des Bösen. Nichts verletzt so wie ein ungerechtes Wort von einem geliebten Menschen. Nichts regt uns so auf wie die Fehler, Fehltritte und Nöte unserer Lieben. Und Weniges nur vermag uns so augenblicklich und stark zu verärgern und zu erzürnen wie die Mängel oder Gemeinheiten uns naher Menschen. Nicht umsonst sagt man bei uns: »Von der Liebe zum Hass ist es nur ein Schritt.« Von der Liebe – und nicht von der Gleichgültigkeit oder Entfremdung.

In diesem hochenergetischen Feld müssen wir sehr vorsichtig und achtsam sein. Wir sind mitverantwortlich für den Seelenzustand unserer Lieben. Wir sind für uns selbst verantwortlich. Wir tragen nicht nur für diejenigen Verantwortung, die wir (nach dem geflügelten Wort Saint-Exupérys) uns vertraut gemacht haben. Wir tragen auch Verantwortung für diejenigen, die sich uns vertraut gemacht haben. Wir tragen Verantwortung für jeden noch so flüchtigen persönlichen Kontakt mit unserem Nächsten. Für jedes Wort, das wir an ihn wenden.

Deshalb müssen wir vor allem immer daran denken, wie wir uns selbst und unsere Lieben vor negativen Informationen und vor dem Bösen in allen seinen Erscheinungsformen schützen können.

Darum soll es im Folgenden gehen.

Lassen Sie sich von Ihrem Zuhause vor dem Bösen schützen

Wir kommen zu jemandem in die Wohnung, zu Besuch oder um kurz etwas zu besprechen, und fühlen uns sofort leicht und frei, es ist gemütlich und heimelig dort. »Wie schön es bei Ihnen ist!«, seufzen wir froh. In einem anderen Haus dagegen ergießt sich, kaum sind wir über die Schwelle getreten, eine Art Schwere über uns, wir haben Mühe mit dem Atmen und bekommen schlechte Laune. Dabei haben uns die Hausherren doch herzlich begrüßt, sie lächeln und bieten uns Tee an, die Wohnung ist sauber, alles steht an seinem Ort – und doch ist uns nicht wohl: Etwas drückt uns auf die Stimmung, uns ist ungemütlich und schlecht …

In dem Kapitel »Schätzen Sie, was Sie an Gutem haben« ging es bereits um die energetische Beschaffenheit von Wohnungen. Eine Wohnung saugt in ihrer Atmosphäre alle Information auf, die jeder, der sich in ihr aufhält, hereinbringt und ausstrahlt, und sammelt sie an. Und natürlich ist in den »Informationsarchiven« eines Hauses am meisten von dem gespeichert, was die Bewohner durch die Schwingungen ihrer Gedanken und Gefühle ausströmen. Wenn jemand empfindsam genug ist, um die Atmosphäre eines Hauses wahrzunehmen, kann er schon viel über das Leben seiner Bewohner sagen, auch ohne sich um eine Bekanntschaft mit ihnen zu bemühen. Ihre Streitigkeiten, Zwiste, Kräche, Wut, Zorn, Ärger, Beleidigungen, Leid, Kummer, Gram. Ihr Lachen, ihre Spiele, Liebe, Freude, Glück, Ausgeglichenheit, Ruhe. All dies hängt förmlich in der Luft der Wohnung, die Wände, die Möbel und sonstigen Einrichtungsgegenstände, die Kleider sind davon durchdrungen. Und das wiederum wirkt unweigerlich auf die Bewohner selbst und auf die Menschen, die sie besuchen. So kommt es, dass wir uns in der einen Wohnung krank fühlen können, während wir uns in einer anderen wie neugeboren vorkommen. Die energetische Atmosphäre drängt uns »ihre« Gedanken, Gefühle, ihre Laune auf und wirkt damit natürlich stark auf unser Befinden ein.

Erstaunt Sie das? Zugleich erstaunt es aber keinen, dass die Wohnung von jemandem, der sich und seine Kleidung nur selten wäscht, nach Schweiß riecht, nicht wahr?! Und dass sich eine Wohnung, in der ständig geraucht wird, nicht innerhalb von fünf Minuten durchlüften lässt, weil der Geruch nach Aschenbecher standhaft hängen bleibt?! Und dass Sie in muffigen Räumen Kopfschmerzen bekommen können?! Sie wundern sich doch nicht, dass Sie sich in einem warmen, hellen, sauberen Haus, wo es genug Sauerstoff in der Luft gibt, und wo Letztere befeuchtet und womöglich mit ätherischen Ölen gereinigt wurde, besser fühlen?!

Die energetisch-informatorische Atmosphäre im Haus ist genauso Wirklichkeit wie die Luft, die die Menschen in ihm atmen. Aber nur weil diese Wirklichkeit unseren Sinnesorganen nicht zugänglich ist, heißt das nicht, dass sie für uns weniger bedrohlich oder angenehmer wäre. Das dürfen wir nicht vergessen.

Man sagt: »My home is my castle«. Aufgrund meiner Tätigkeit komme ich in viele Wohnungen und erlebe nur allzu oft, dass das Haus, in dem ich gerade bin, ganz und gar nicht Burg, sondern ein Gefängnis ist, das sich die Menschen unter der Auflage schwierigster Lebensbedingungen selbst erschaffen haben. Sie kommen in ihre Behausung und sind dem extremen Druck negativer Information ausgesetzt. Diese negative Information verstärkt ihren schlechten Zustand noch. Sie verzerrt ihre innere Welt und nimmt ihnen die Gesundheit. Tragisch daran ist, dass die Bewohner diese Information höchstpersönlich dort installiert haben.

Liebe Leser, zu Hause darf man nicht schimpfen, nicht wütend sein oder herumschreien, keine Rachepläne schmieden, nicht urteilen. Sie müssen sich zu der negativen Information, die Sie mit sich in die Wohnung tragen, verhalten wie zu Schmutz, der auf den Boden fallen, die Möbel und Wände verdrecken, in die Teppiche und Kleidung eindringen könnte. Es ist uns doch selbstverständlich, zu Hause für Sauberkeit zu sorgen, oder?! Ebenso unabdingbar ist es, dass wir in unseren Häusern die Regeln einer Gedanken- und Gefühlshygiene beachten! Warum erlauben wir uns also so leichtfertig, das energetisch-informatorische Milieu zu beschmutzen, in dem wir leben? Einem normalen Menschen fällt nicht im Traum ein, mit dreckigen, schweren Straßenstiefeln durch die Wohnung zu laufen, denn dann muss man die Böden wischen! Aber wir erlauben es uns, unsere Wohnung mit trüben und bösen Gedanken oder gar verärgert und wütend zu betreten. Nehmen wir an, Sie kommen gerade von der Arbeit, sind niedergedrückt, jemand hat Sie verletzt, es gab Unannehmlichkeiten –, lassen Sie dies alles vor der Haustür zurück. Betreten Sie das Haus gut gelaunt, lächeln Sie, so schwer es Ihnen auch fällt. Sie tun es für sich – und für Ihre Angehörigen! Im Haus mögen Ihre Kinder oder die alten Eltern sein – Menschen, die sich schlecht vor Aggressionen schützen können. Sie sind nicht immun gegenüber Informationen und Energien. Oder wollen Sie etwa, dass sie krank werden?

Ihr Zuhause ist wie ein Ihnen nahestehender Mensch, mit dem Sie ständig zu tun haben. Wenn Sie mit ihm (oder in ihm) streiten, es verletzen und beleidigen, dann vergilt es Ihnen Gleiches mit Gleichem. Betrachten Sie Ihr Zuhause als Mitglied Ihrer Familie und schützen Sie es nicht nur vor Bränden, Überflutungen und sonstigen Zerstörungen, sondern auch vor schlechter Laune. Dann wird es Ihnen Wärme und Fürsorge zurückgeben, sowie einen dauerhaften und nachhaltigen energetisch-informatorischen Schutz bieten. Die Schwingungen des Bösen können in einer ihnen fremden, hellen Umgebung nicht existieren. Ein düsterer Mensch, den das Schicksal in Ihr Zuhause verschlägt, wird es schnell wieder verlassen und keinerlei Spuren hinterlassen. So wird Ihr Heim tatsächlich zu Ihrer Burg. Das Böse wird nicht durch Böses besiegt, sondern durch das Gute. Ein Haus wird zum Schutz vor Missgeschicken, wenn die Menschen, die darin leben, freundschaftlich miteinander umgehen und einander lieben und wenn sie verstehen, dass man, wie es so schön heißt, nicht dorthin scheißt, wo man lebt. Diese etwas grobe Maxime habe ich nicht ohne Grund gewählt: Eine blinde Neigung zu schlechten Gedanken und Gefühlen ist nämlich viel schlimmer als die »Unkorrektheit« der gewählten Redewendung.

Wovon ich da erzähle, ist nicht etwa pure Fantasie, sind keine müßigen Erfindungen. Es ist die Beschreibung einer für die meisten Menschen unsichtbaren Wirklichkeit. Wenn Sie jedoch das Haus lieben, in dem Ihre Familie lebt, dann können Sie diese unsichtbare Wirklichkeit »sehen«. Dann erkennen Sie, dass ein guter, heller Umgang mit Ihrem Zuhause und mit Ihren Angehörigen lebensnotwendig und unabdingbar ist.

Denken Sie in den Kategorien von Liebe und Einheit

Liebe und Einheit – das ist die Grundlage für jedes gute, rechte und effektive Tun und die Grundlage für eine harmonische Beziehung. Wenn diese Einheit geschieht, gibt es darin keinen Platz für egoistischen Antrieb und dadurch entstehende Verzerrungen der Handlungsmotive. Dann läuft der energetisch-informatorische Austausch harmonisch.

Wenn Menschen heiraten, verbinden sie sich auf der Grundlage der Harmonie der Liebe, sie bilden eine liebevolle Einheit. Es kann nichts Reineres, Heilsameres und Dauerhafteres geben als solche Verbindungen. Warum aber geht diese von zwei liebenden Herzen geschaffene Einheit so oft kaputt? Warum gibt es so viele unglückliche Familien, auseinandergefallene Ehen und einsame, geschiedene Menschen?

Sie zerstören ihre liebevollen Bindungen aus Unverständnis und Unwissenheit. Sie wissen tatsächlich nicht, was sie tun. Zu mir kommen sehr viele einsame »verlassene« Männer und Frauen, unglückliche Paare, und zusammen untersuchen wir die Gründe für diesen familiären Wirrwarr. Wenn ich mir dann die problematischen Situationen anschaue, komme ich sehr oft zu ein und demselben schockierenden Schluss: Grund für die tiefsten Differenzen und psychologischen Traumata sind absolute Kleinigkeiten, Streitigkeiten und Scheidung kommen eigentlich völlig grundlos zustande! Menschen, die sich wahrhaft und aufrichtig lieben, machen sich nicht die Mühe, respektvoll und sorgsam miteinander umzugehen. Solange sie verliebt sind und einander den Hof machen, sind sie bereit, dem geliebten Menschen jeden Wunsch zu erfüllen, ihm die Sterne vom Himmel zu holen. Kaum aber gründen sie eine Familie und die Liebe wird zum Alltag – nun ja, dann ist Schluss mit lustig, wie man so schön sagt.

Folgendes kann also vorkommen: Die Frau wartet darauf, dass ihr Mann von der Arbeit kommt. Es wird immer später, sieben, acht, neun, und er ist immer noch nicht da. Um zehn kommt er schließlich angeheitert an. »Wo warst du, zum Teufel noch mal? Hättest du nicht anrufen können?!« Und schon ist die Katastrophe da. Dabei war der Grund für die Verspätung ganz harmlos: »Ich habe einen alten Freund getroffen, wir sind zusammen essen gegangen und haben uns an unsere Jugend erinnert. Angerufen hab ich nicht, weil der Handyakku leer war, und überhaupt dachte ich, ich bleib nicht lange. Na ja, und dann haben wir völlig die Zeit vergessen.« Aber jetzt würde eine solche Erklärung natürlich komisch klingen. Außerdem ist der Mann ohnehin schon verletzt wegen des Empfangs, den ihm seine Frau bereitet hat. Und sie will auch gar nicht hören, was er zu sagen hätte, denn sie ist von ihren eigenen Gedanken besetzt. Sie hat sich ein paar Stunden lang die negativsten Szenarien ausgedacht, wie ihr Mann seinen Feierabend verbringt, und ist sich bereits so gut wie sicher, dass er sie betrügt, mithin ist sie also nicht weniger verletzt als ihr Partner. Nach harten Auseinandersetzungen, bei denen sich beide gegenseitig mit Vorwürfen überschütten, beginnt im Leben der Familie eine zähe und anhaltende Phase der Entfremdung und des Schweigens.

Dabei war die ganze Angelegenheit nicht einen Wimpernschlag wert. Die Ehegatten oder zumindest einer der beiden hätte bei der Begegnung die richtige Verhaltensstrategie wählen müssen, wie die Psychologen sagen. Respekt, Fürsorge, behutsame Anteilnahme – das hätte die Lage gerettet. »Ist etwas passiert, Lieber?« Lieber! »Nein, Liebste, alles in Ordnung, es tut mir leid, dass du dir Sorgen gemacht hast.« Aber ein solcher Umgang entsteht nicht als Ergebnis vernünftiger Überlegungen, nein. Er kommt dann zustande, wenn Menschen sich bewusst im Zustand von Liebe und Einheit wissen, wenn sie sich immer daran erinnern, dass sie ein Ganzes bilden, ein harmonisches, glückliches »Wir«. Dann wird jedem von ihnen klar: »Das geschieht alles in mir. Und er (sie) bin ich. Wenn ich meine Liebe verletze, verletze ich mich selbst. Wenn ich ihr nicht vertraue, vertraue ich mir selber nicht!« Und dann wird beim Aufkommen von Problemen die wichtigste Frage nicht »Warum ist er so ein schlechter Mensch?« oder »Warum ist sie so eine Schlampe?« lauten, sondern »Was stimmt bei mir gerade nicht? Worin liege ich falsch? Und was kann ich tun, damit Liebe und Einheit für uns erhalten bleiben?«

Wahre Liebe bedeutet, dass sich die beiden Liebenden einander widmen und hingeben. Wenn das nicht möglich ist und das entscheidende Wort in einer Liebesbeziehung egoistischer Selbstbestätigung dient, dann ... Viele haben es am eigenen Leibe erlebt: Sie gehen eine glückliche Ehe ein, und nach einer Weile merken sie, dass sie zum Eigentum der Frau oder des Mannes geworden sind. Der geliebte Mensch dominiert in der Beziehung, er bespricht Probleme nicht mit seinem Partner, sondern bestimmt, er bittet nicht, sondern befiehlt, er schenkt weder Liebe noch Zärtlichkeit, sondern nimmt nur. Sie waren eine gleichberechtigte Partnerschaft eingegangen, und finden sich plötzlich in erniedrigender Sklaverei wieder. Die unbegründete Spaltung ist unvermeidlich. Dabei ist sie genau das: unbegründet! Denn schließlich war da Liebe, das Glück war zu ihnen ins Haus gekommen! Alles andere dagegen, was später wohl die Familie zerstört hat, ist im Verhältnis zur Einheit liebender Herzen niedrig, krank, überflüssig, unnötig und vollkommen unbegründet. Wozu ist also dieser »Rest« nötig?

Diese Frage müssen Sie nicht Ihrem Partner bzw. Ihrer Partnerin stellen, sondern sich selbst. Wenn es in Ihrem Leben so viel »Rest« gibt, dann heißt das, dass Sie ihn aus irgendwelchen Gründen brauchen. Und was Ihre Liebe zerstört, ist nicht der »Rest«, sondern das »Brauchen«. Es ist gut möglich, dass Ihr Geliebter bzw. Ihre Geliebte aus diesem Grund zum Hausdespoten geworden ist. Das ist es, worüber Sie nachdenken müssen.

Wenn Sie diese Position einnehmen, dann wird vieles klar, und Sie wissen früher oder später, was Sie zu tun haben.

Nun verschieben sich alle Akzente in der Lösung eines Beziehungskonfliktes: Ab jetzt spielen sie nur in der Arbeit mit der eigenen inneren Welt eine Rolle. Anhand der nächsten Übung können Sie lernen, damit umzugehen.

Übung: Ich liebe

Gehen Sie zum Spiegel und schauen Sie Ihr Spiegelbild an, schauen Sie sich in die Augen und fragen Sie: »Liebe ich?« Wahrscheinlich ist dies eine rhetorische Frage: Ja, Sie lieben, andernfalls würden Sie sie nicht stellen. Auf diese Weise stimmen Sie sich auf den Umgang mit sich selbst ein und stellen sich darauf ein, sich ehrlich und ohne Fallstricke seitens Ihres Ego mit Ihrer Liebe auseinanderzusetzen und sie aufmerksam bei sich selbst zu betrachten. Fragen Sie: »Wie liebe ich? Wie verhalte ich mich gegenüber dem geliebten Menschen?« Nun setzen Sie sich hin, entspannen Sie sich und gehen Sie im Kopf Ihre Beziehungen und die familiären Situationen und Szenen durch, ohne sie zu bewerten. Betrachten Sie sie leidenschaftslos. Zärtlichkeit, Liebe und Freude mögen sich regen, mitunter werden Sie fröhlich lachen wollen. Irgendwann jedoch taucht womöglich auch Ärger über den geliebten Menschen auf, dann wieder Gekränktsein oder Wut. Identifizieren Sie sich nicht mit Ihren Reaktionen, egal wie stark sie auch sein mögen – schauen Sie einfach nur hin. Solange Sie die Position des unbeteiligten Beobachters einnehmen, schauen Sie ohne Bewertung. Damit nehmen Sie nicht nur Abstand von Ihren Emotionen, sondern auch von all den klugen Konstrukten, die diese Emotionen als Antwort auf die äußere Einwirkung entstehen lassen. Nach einer Weile werden Sie verstehen, welche Normen, Regeln und Stereotypen Ihres Ichs den seelischen Schmerz und das Gefühl der Unzufriedenheit im Umgang mit dem geliebten Menschen hervorrufen und was in Ihnen den anderen so sehr liebt. Sie werden begreifen, was in Ihrem Inneren dazu beiträgt, die liebevolle Einheit mit ihm zu formen, und was ihr entgegensteht. Und Sie werden zum Beispiel erkennen, dass sehr viele Ihrer Verhaltensweisen in der Familie der Erhaltung der eigenen Vorstellungen dienen, von denen Sie sich genauso gut verabschieden können.

Und das ist notwendig, wenn Familie, Liebe und Glück erhalten bleiben sollen.

Sie lernen, in den Beziehungen mit dem geliebten Menschen die Akzente richtig zu setzen.

Sie lernen, *bewusst* zu lieben.

Glückliche familiäre Bindungen sind für den Menschen unabdinglich. Das Bedürfnis danach lässt sich nicht auf das Bedürfnis nach der Befriedigung sexuellen Verlangens zurückführen. Die Imperative des Geistes, des Herzens und der Seele äußern sich viel kategorischer als die Bedürfnisse der Instinkte. Und eine Familie schenkt dem Menschen das, was er wie die Luft zum Atmen braucht: Liebe, eine zärtliche herzliche Verbundenheit, Herzensnähe, ein warmes, helles Heim, die Möglichkeit, Kinder zu haben, das erhabene Gefühl von Mutterschaft oder Vaterschaft zu erfahren, für die eigenen Kinder der weise und liebende Erzieher zu sein ...

 Nimm das Gute an den Menschen wahr. Richte besondere Aufmerksamkeit darauf und erzähle ihnen davon. Würdige Mut, gute Taten und weise Worte anderer Menschen gebührend.

Dies ist eine wichtige Regel! Wir haben uns angewöhnt, es für selbstverständlich zu halten, wenn jemand Gutes tut. Wenn sich jemand uns gegenüber gütig verhält oder so handelt, wie wir selbst in einer ähnlichen Lage handeln würden, findet dies in uns kaum einen Widerhall. Wir nehmen es kaum zur Kenntnis, es ist für uns die Norm, wir schweigen. Wenn aber jemand diese Norm bricht und etwas Ungebührliches, vielleicht Böses, Schlechtes, Dummes oder Schädliches tut, versetzt uns das sofort in kämpferische Bereitschaft. Gleich merken wir es uns bis ins kleinste Detail und schweigen natürlich auch nicht dazu, sondern beschimpfen den »Bösewicht« nach Kräften.

Schenken Sie Ihre Aufmerksamkeit besonders dem, was an Gutem in Ihrem Gegenüber steckt, und schweigen Sie vor allem nicht dazu. Vergessen Sie nicht, jemandem für seine guten Taten zu danken. Werden Sie ihm zu einem Spiegel, in dem sich alle seine Qualitäten zeigen. Damit verschönern Sie sein Leben, und Ihr eigenes wird reicher und glücklicher. Denn in vielem bestimmen wir selbst, ob uns gute oder schlechte, gütige oder böse Menschen umgeben. In unserem Leben wird sich das behaupten, worauf wir unseren inneren Blick am beständigsten lenken.

All das kann der Mensch vom Leben bekommen, jeder kann sich sein Glück erschaffen, er muss dafür nur aufrichtig lieben.

Das erste und letzte Wort bei der »Familiengründung« ist die Liebe. Nicht der Ehemann, sondern der geliebte Mann, nicht die Ehefrau, sondern die geliebte Frau. Wenn die Herzen in Liebe verbunden sind, dann wird alles da sein: Familie, Kinder, harmonische Beziehungen und ein glückliches Leben. Sollte aber die Liebe fehlen, dann wird in der gegründeten Familie unweigerlich die Antiliebe an ihre Stelle treten. Und das ist ein schreckliches, zerstörerisches Ding. Sie verstümmelt alles, was sie zu fassen kriegt: den Mann und die Frau und die Kinder. Und von seelischem Wohlergehen, physischer Gesundheit oder einem glücklichen Schicksal kann keine Rede mehr sein.

Glauben Sie an die Kraft der Liebe, denken Sie in den Kategorien der Harmonie des Ganzen, des energetischen Informationsfeldes der Familie und von Liebe und Einheit. Vergessen Sie nicht, auf Ihr Verhalten zu achten, wenn Sie mit dem geliebten Menschen umgehen. Dann wird alles in Ihrem persönlichen Leben in Ordnung sein, alles wird Ihnen gelingen, und das Glück wird Ihr Heim nie verlassen.

Gehen Sie mit all Ihren Beziehungen verantwortlich um

Sie sind auf dem Weg zu Ihrem Lebenstraum von den verschiedensten Menschen umgeben. Mit den einen leben Sie ständig zusammen, die anderen kommen und gehen. Doch da taucht jemand Neues in Ihrem Bekanntenkreis auf ... Wer und was für einer ist er? Was bringt er in Ihr Leben hinein?

Jeder Mensch in Ihrem Leben bedeutet eine gewisse Kraft, neue Umstände, Abenteuer, ist Auslöser für verschiedenste Erfahrungen ganz neuer Art. Ob sie glücklich oder dramatisch sein werden, hängt nur von Ihnen ab. Wir sagten es bereits: In dieser Welt gibt es nichts außer Ihrem Leben. Es ist überall, überall ist Ihr Leben. Auf der Weltbühne läuft *Ihr* Theater, liebe Leserin, lieber Leser. Sie sind sein Regisseur. Und sein Hauptdarsteller. Und die Menschen-Welten, diese Universen, die Sie umgeben und sich um Sie herum bewegen, in Ihrem Blickfeld erscheinen und wieder verschwinden, sind die Schauspieler Ihres Lebens. Welche Anweisungen Sie ihnen geben, welche Rolle Sie ihnen zuordnen, auf welche Weise Sie mit ihnen zusammenarbeiten, wird darüber entscheiden, wie sie spielen.

Verhalten Sie sich verantwortungsvoll der Teilnahme anderer Menschen an Ihrem Lebenstheater gegenüber. Übernehmen Sie die Verantwortung. Ab jetzt stehen Sie gerade für das, was sich auf Ihrer Bühne abspielt. Triumphieren dort das Gute und die Liebe? Macht Ihr Theater alle, die daran teilgenommen haben, reicher und glücklicher? Oder stürzt es sie in Armut, Trübsinn und Ausweglosigkeit?

Seien Sie aufmerksam den Menschen gegenüber. Interessieren Sie sich für sie. Seien Sie feinfühlig ihnen gegenüber. Versuchen Sie, sie zu verstehen. Das ist nicht einfach, der Mensch ist zu kompliziert gemacht. Entwickeln Sie Ihre Intuition und verwenden Sie sie im Umgang mit anderen. Denken Sie kreativ über Ihre Beziehungen nach. Treffen Sie keine übereilten oder kategorischen Urteile über andere. Seien Sie nicht hastig bei schwierigen Begegnungen, komplizierten Besprechungen, unklaren persönlichen Kontakten. Wenn etwas nicht stimmt, sollten Sie lieber das Gespräch verschieben, sich zurückziehen und alles in Ruhe durchdenken. Hören Sie auf Ihre innere Stimme.

Bleiben Sie im Kontakt mit anderen Herr der Lage, gütig, gründlich und behutsam. Der gute Ausgang einer Begegnung, eines Kontaktes, einer Zusammenarbeit, einer gemeinsamen Sache, der Liebe, des Familienlebens liegt in Ihren Händen.

In Ihren Händen liegt es, ob Sie auf dem Weg zu Ihrem Lebenstraum ans Ziel gelangen.

Und jetzt wissen Sie, wie Sie ihn gewährleisten und erhalten können.

- Erkennen Sie die hohe Kraft und den Nutzen des guten Willens. In der Harmonie der Güte unterstützen wir uns gegenseitig. Wir machen die anderen reich und werden selbst reicher. Wir stellen nachhaltige Bindungen zu anderen Menschen her. Und damit geben wir ihnen in fruchtbarer Zusammenarbeit unermessliche Kräfte, die auch wieder zu uns zurückkommen. Die Güte ist der direkte Weg zu Lebenserfolg und zur Erfüllung des Lebenstraums.
- Erkennen Sie die Unsinnigkeit des Bösen. Es bekommt nie, was es will. Negativität kann kein positives Ergebnis erzielen. Wer sich für das Böse entscheidet, schafft sich einen Teufelskreis aus sinnloser Selbstzerstörung, schadet anderen und gelangt nie ans Ziel.

- Erkennen Sie die Einzigartigkeit der anderen und erweisen Sie ihnen Respekt. Damit vermitteln Sie ihnen vorab, dass Sie sie und ihre Fähigkeiten schätzen. Damit helfen Sie ihnen, dass sie sich selbst mehr schätzen, erhobenen Hauptes durch ihr Leben gehen und in Harmonie mit ihrem Ich leben.

- Nehmen Sie die anderen mit ihren besten Seiten wahr, erkennen Sie ihre Qualitäten und sprechen Sie mit ihnen darüber. Vergessen Sie nicht, sich bei jemandem zu bedanken, wenn er etwas Gutes getan hat. Seien Sie ihm ein Spiegel, in dem sich alle seine Qualitäten zeigen. Damit verschönern Sie sein Leben, und Ihr eigenes wird reicher und glücklicher.

- Seien Sie tolerant und großzügig. Dabei opfern Sie Ihre Zeit und Kräfte für den anderen und schaffen zugleich Harmonie in der Beziehung. In Ihrem Umgang mit anderen gibt es keinen Platz für Ärger, Taktlosigkeit und Verletzungen.

- Versuchen Sie andere zu verstehen. Verzeihen Sie ihnen ihre Fehler und geben Sie ihnen im Rahmen des Möglichen, was ihnen in ihren Beziehungen fehlt.

- Erlauben Sie anderen, unvollkommen zu sein. Belehren Sie sie nicht, sondern wirken Sie auf sie ein. Verhalten Sie sich anderen gegenüber so, wie Sie gern von ihnen behandelt werden möchten.

- Wenn es absolut notwendig ist, jemandem einen Rat zu geben, dann tun Sie es in Form von Zureden: »Weise deinen Stammgenossen zurecht …« Und das heißt, überzeugen Sie ihn – feinfühlig, zartfühlend und liebevoll. Lassen

Sie ihm seine Würde und die Möglichkeit, das Gesicht zu wahren. Tun Sie es nur mit dem aufrichtigen Wunsch, dem anderen zu helfen und ihn zu schützen, und nicht um sich anhand des fremden Fehlers selbst zu bestätigen.

- Formulieren Sie die Verhaltensregel Nr. 10 über die Lebensweise so um, dass sie auf die menschlichen Beziehungen zutrifft. Das klingt dann folgendermaßen: »Lassen Sie die anderen in Ruhe! Wenn sie Ihnen ein Problem schaffen, dann ist es Ihr Problem und nicht das der anderen. Lösen Sie es aus eigener Kraft, suchen Sie keine Schuldigen, um sich auf sie zu stürzen.«

- Verwenden Sie positive Affirmationen, um in Ihren Beziehungen Harmonie herzustellen.

- Schützen Sie Ihre Angehörigen vor negativer Information. Schaffen Sie in Ihrem Zuhause eine Atmosphäre von Liebe, Freundlichkeit und Freude. Dann werden seine Wände Ihre Familie vor Unglück und Not bewahren.

- Glauben Sie an die Kraft der Liebe, denken Sie in den Kategorien der Harmonie des Ganzen und des energetischen Informationsfeldes der Familie und von Liebe und Einheit. Vergessen Sie nicht, streng auf sich zu achten, wenn Sie mit dem geliebten Menschen zu tun haben. Dann wird alles in Ihrem persönlichen Leben in Ordnung sein, alles wird Ihnen gelingen, und das Glück wird Ihr Heim nie verlassen.

Schluss

Nun sind Sie also am Ende meines Buchs angekommen, liebe Leser. Ich habe mein ganzes Leben gebraucht, um es zu schreiben – für Sie. Auf allen seinen Seiten finden Sie die Lektionen meines Lebens. In jedem Wort stecken meine Gabe und die Weisheit des großen Lehrers, der mich auf wunderbaren, wundersamen Wegen durchs Leben geführt hat.

Das vorliegende Buch über die Strategie des Lebenstraums ist nicht zufällig zu Ihnen gekommen (und überhaupt geraten uns Bücher nie zufällig und einfach nur so in die Hände). Sie haben es gebraucht. Sie haben es gebraucht, weil Sie sich in Ihrem Leben mit ganzem Herzen nach der Manifestation einer glücklichen Wirklichkeit sehnen, die Ihnen bislang »unmöglich« erschien. Und nun wird sich Ihr Traum erfüllen. Dieses Buch ist meine tatkräftige Hilfe für den, der es in den Händen hält. Wenn es zu Ihnen gekommen ist, dann heißt das, dass sich in Ihrem Leben alles zum Besseren wendet. Wenn Sie es gelesen haben, sind Sie in Kontakt mit mir und mit meiner Gabe getreten. Und diese heilt die Seele, den Körper und Ihr Leben. Sie sind in den Strom der Transformationskraft eingetaucht, die Ihre innere Welt und infolgedessen die Umstände, die Ihren Lebensweg begleiten, verändert hat. Unmerklich haben wir gemeinsam eine sehr wichtige und große »Schicksals«-Arbeit geleistet.

Jetzt ist die Wirklichkeit des »Unmöglichen« für Sie möglich geworden.

Wahrscheinlich haben Sie sich gewundert, dass es in einem Buch des Heilers Allan Chumak kein einziges Kapitel über die Heilung von Krankheiten gibt. Dabei geht es doch um Glück und Erfolg, für die schließlich die Gesundheit eine wichtige Voraussetzung ist. Ganz richtig, liebe Leser, unser Lebenstraum kann sich nicht verwirklichen, wenn Krankheiten das Leben bestimmen. Gesundheit und ein gutes Lebensgefühl sind eine unabdingbare Voraussetzung für ein glückliches Leben. Daher seien mir noch ein paar Bemerkungen zum Inhalt des Buches erlaubt.

In meinen früheren Büchern habe ich der Heilung von Krankheiten mittels meiner Gabe sehr viel Platz eingeräumt. In diesem Buch nun wollte ich mich nicht wiederholen. Auf alle Fälle hielt ich es für unzulässig, ein Thema, das vielen Lesern bereits bekannt ist, auch hier unterzubringen. Für diejenigen jedoch, die noch nichts darüber wissen, habe ich ans Ende des Buches den Anhang 2 »Gesundheit – der Lohn der Weisen« gesetzt. Dort stehen die wichtigsten Informationen darüber, wie man sich um seinen Körper kümmern und das energetische Informationsfeld harmonisieren kann.

Da nun einmal die Rede von der Gesundheit ist, möchte ich Ihnen gern noch einige Ratschläge mit auf den Weg geben.

Wir haben gemeinsam gelernt, den Entspannungszustand für die Manifestation des »Unmöglichen« in der Wirklichkeit zu verwenden. Dafür formulieren wir innerlich, nachdem wir uns durch die Übung »Muskelrelaxation« tief entspannt haben, Affirmationen für eine positive innere Einstellung, zum Beispiel so etwas wie »Ich bin ruhig und frisch und vertraue auf meine Kräfte«. Machen Sie es sich ebenso zur Regel, sich die positive Einstellung körperlich einzuverleiben. Ihr Körper hört Sie, er glaubt Ihnen, er antwortet auf Ihre lebensbejahenden Gedanken, wenn Sie sie mehrfach täglich wiederholen. Suggerieren Sie sich während der Entspannungsübung: »Ich bin gesund. Meine Konstitution ist stark und sehr gut.«

»Mit jedem Tag fühle ich mich besser und besser. Ich entwickle eine eiserne Gesundheit.«

»Mein Organismus stellt sich leicht wieder her, er ist stark und immun gegen Infektionen und Krankheiten. Mein Körper reagiert mit hervorragendem Schutz gegen jede Infektion. Mein Immunsystem funktioniert sehr gut.«

»Alle Organe und Systeme meines Körpers funktionieren hervorragend, gut aufeinander abgestimmt und harmonisch. Die Harmonie ist die lenkende Kraft in meinem Organismus.«

»Ich lasse jede Krankheit mit Leichtigkeit los. Ich habe eine große Fähigkeit, mich zu regenerieren und meine Gesundheit und Kräfte wiederherzustellen.«

Verwenden Sie im Verlauf jeder Entspannungsübung eine oder mehrere solcher Affirmationen für die Gesundheit, formulieren Sie Ihre eigenen Affirmationen. Wählen Sie jeweils das aus, was aktuell am besten passt.

Sollten Sie krank geworden sein, flüstern Sie sich bitte abends vor dem Einschlafen in Gedanken zu: »Die Krankheit geht vorbei … Sie geht vorbei … Sie verschwindet …«

Wenden Sie die Affirmationen für die Gesundheit morgens direkt nach dem Aufwachen an. Ergänzen Sie sie durch eine Auswahl von Formulierungen für die positive innere Einstellung.

Auf diese Weise verankern Sie in Ihrem Körper äußerst machtvolle Mechanismen der Selbstregulierung und Selbstheilung. Dann haben Sie nicht mehr mit so vernichtenden Ängsten vor Krankheit zu tun (»O weh, neben mir hustet wer! Jetzt werde ich bestimmt krank!«), und wenn Sie einmal krank sind, stellen Sie sich gleich darauf ein, die Krankheit zu überwinden, und werden tatsächlich schnell wieder gesund. Es ist also eine sehr effektive Prophylaxe.

Damit bin ich am Ende angelangt, liebe Leser.

Seien Sie gesund und glücklich! Und möge der Erfolg Sie auf allen Ihren guten Wegen begleiten!

Ihr Allan Chumak

Anhang

Verhaltensregeln und Prinzipien für eine glückliche Lebensweise

Zu Teil I: Die Grundlagen

- Sie haben Ihren Lebenstraum formuliert und in Gedanken die Wirklichkeit des »Unmöglichen« – Ihr in allen Bereichen harmonisches, reiches und glückliches Leben – gesehen.

- Sie haben erkannt, dass die Manifestation des »Unmöglichen« in Ihrem gegenwärtigen Leben möglich ist, dass dem nichts im Wege steht. Damit sich Ihr Lebenstraum erfüllen kann, brauchen Sie nur dieses Buch zu lesen und dabei zuzuschauen, wie sich Stück für Stück die Neuorganisation Ihrer inneren Kräfte vollzieht und wie Sie sich daran gewöhnen, nur das zu tun, was Ihrem Wesen im Innersten entspricht.

- Sie haben verstanden, dass Sie als Pfand auf dem Weg zu Ihrem Glück Ihre Wahl zugunsten des Hellsten, Reinsten und Höchsten treffen müssen, das in Ihnen steckt. Diese Entscheidung macht Sie eins mit Gott, so dass Ihnen auf dem Weg zu Ihrem Lebenstraum die Unterstützung der höchsten Kraft der Welt zur Verfügung steht, denn Sie können Ihn um Hilfe und Rat bitten. Ihre Entscheidung führt Sie auf dem Weg zu Ihrer Selbstverwirklichung und befähigt Sie dazu, Gott in sich zu finden.

- Sie haben erkannt, dass der Weg zur Manifestation des »Unmöglichen« über die Suche nach der eigenen Bestimmung führt. (Die Übung »Erfüllung der Wünsche« wird Ihnen dabei helfen.) Wenn Sie Ihre Bestimmung leben, sind Sie zehnmal stärker, erfolgreicher, klüger und bedeutender, als wenn Sie etwas anderes tun. Wenn Sie Ihrer Bestimmung folgen, sind Sie effektiver und gehen geradewegs auf Ihr Glück zu. Sie wissen jetzt bereits genau, was die eigentliche Bestimmung Ihres Lebens ist.

- Sie wissen, dass Sie vor Veränderungen in Ihrem Leben keine Angst zu haben brauchen. Jede Veränderung kann sich als wunderbare Gelegenheit erweisen, einen neuen, glücklichen Lebensweg zu entdecken. Wie könnten Sie sich auch davor fürchten, wenn es doch genau das ist, was Sie suchen, wenn Sie Ihren Lebenstraum verwirklichen möchten?!

- Sie haben Ihre Einzigartigkeit und die Besonderheit Ihres Schicksals erkannt. Sie haben eine Menge Qualitäten und wissen sie zu schätzen. Sie verfügen über ein enormes Potenzial, können jederzeit sich und Ihr Leben verändern und Ihren Lebenstraum verwirklichen. Sie tragen Gott in sich. Sie sind stolz auf sich, lieben das Leben und wissen, dass Sie Glück verdienen.

Zu Teil II: Im Einklang mit dem Lebenstraum

- Sie wissen, dass Sie der negativen Vergangenheit nicht erlauben dürfen, Sie zu beherrschen. Wenn eine unangenehme Erinnerung auftaucht, haben Sie das Recht:

  a) sich Ihren damaligen Zustand *leidenschaftslos* wie ein Beobachter, der nichts mit dem Geschehen zu tun hat, anzuschauen,

  b) alle Fakten unter die Lupe zu nehmen,

  c) den Fehlern Rechnung zu tragen und gesunde Schlüsse für sich daraus zu ziehen.

Es ist notwendig, das zu tun, es sollte aber nur einmal pro Erinnerung stattfinden! Falls eine dieser Erinnerungen wiederholt auftaucht, sollten Sie es sich zur Regel machen, sie zu ignorieren.

- Sie haben gelernt, positive Erfahrungen aus der Vergangenheit zugunsten Ihrer Gesundheit und für die Erfüllung Ihres Lebenstraums zu nutzen. Dabei helfen Ihnen die Meditationsübungen »Finde deinen Glücksankerpunkt« und »Finde deinen Jugendankerpunkt«.

Verhaltensregel Nr. 1: Sie haben verstanden, dass Sie kein Glück erleben werden, wenn Sie daran glauben, dass Sie immer nur Pech haben, und dagegen ankämpfen. Man muss seinem Lebenstraum entgegengehen. Man muss sich vorstellen, der Traum sei bereits Wirklichkeit, sich in diesen inneren Zustand versetzen und ihn stärken. (Dabei hilft Ihnen die Übung »Im Einklang mit dem Lebenstraum«.)

Verhaltensregel Nr. 2: Sie sind überzeugt, *dass Sie sich im Leben unbedingt dem zuwenden müssen*, was Sie unterstützt, Ihnen Freude schenkt und Ihre Energie anhebt oder vermehrt.

Dazu gilt es, nach fünf sehr wichtigen Grundprinzipien zu leben.

1. Suchen Sie in allem die guten Seiten und konzentrieren Sie sich ganz darauf, sobald Sie sie gefunden haben.
2. Schätzen Sie, was Sie an Gutem bereits haben.
3. Nehmen Sie jede noch so geringe Kleinigkeit wahr, die Sie gut machen, und loben Sie sich dafür.
4. Denken Sie daran, wie wunderbar vielfältig und reich Ihr Leben ist.
5. Finden Sie eine Aufgabe für sich, eine Leidenschaft, ein Hobby, etwas, das Ihnen das Herz wärmt.

Verhaltensregel Nr. 3: Sie meiden die Kontakte, die Ihnen Ihre positive Energie nehmen. Sie vermeiden Umstände, unter denen Sie diese selbst fortgeben würden.

Hierzu sollte man sich an drei Grundprinzipien halten.

1. Verkehren Sie nicht mit Leuten, die negativ denken.
2. Bemitleiden und beklagen Sie sich nicht.
3. Pflegen Sie keinen Umgang mit Energievampiren.

Verhaltensregel Nr. 4: Sie haben erkannt, dass es notwendig ist, Ihre Gedanken und Gefühle zu kontrollieren. Jetzt achten Sie darauf, woran Sie denken und welche Gefühle Sie dabei empfinden. Sie korrigieren sich ständig, um sich positiv auszurichten.

Hierzu gilt es, fünf Grundprinzipien zu befolgen:

1. Versuchen Sie, immer darauf zu achten, welche Gedanken Sie beherrschen.
2. Denken Sie leidenschaftslos über potenziell problematische und gefährliche Lebenslagen nach.
3. Kontrollieren Sie Ihren Gefühlszustand. (Dabei hilft Ihnen die Übung »Umgang mit der Wut«.)
4. Steigern Sie sich nicht in unsinnige Zustände hinein, die durch negative Gefühle hervorgerufen worden sind.
5. Meditieren Sie.

Verhaltensregel Nr. 5: Sie versuchen sich nicht zu überanstrengen und behalten so Ihre Gesundheit und ein gutes Lebensgefühl bei. Um sich voll und ganz zu erholen und Ihre Kräfte wiederherzustellen, benutzen Sie eine Entspannungsübung. Wenn Sie ganz entspannt sind, verwenden Sie positive Affirmationen.

Um diese Regel befolgen zu können, sollten im täglichen Leben drei Grundprinzipien angewendet werden.

1. Harmonisieren Sie Ihr energetisches Informationsfeld durch Entspannung. (Dabei hilft Ihnen die Übung »Muskelrelaxation«.)
2. Verwenden Sie diese Übung für eine effektive Autosuggestion. Damit können Sie eine »glückliche« innere Einstellung herstellen und stärken und die Qualitäten entwickeln, die Ihnen auf dem Weg zu Ihrem Lebenstraum unabkömmlich sind.
3. Stärken Sie Ihre positive innere Einstellung gleich morgens früh durch positive Affirmationen.

Verhaltensregel Nr. 6: Sie schätzen alles, was Ihnen Freude bereitet, und wenn es noch so läppisch ist, alles, was bezeugt, dass andere Sie mögen, oder was Ihr Wohlbefinden auch nur um das Geringste verbessert.

Verhaltensregel Nr. 7: Sie erlauben unangenehmen Kleinigkeiten nicht, Ihr Leben zu zerstören.

Zu Teil III: Probleme und Lösungen

Verhaltensregel Nr. 8: Sie schimpfen nicht über andere und über die Umstände. Sie begegnen der problematischen Situation ruhigen Herzens und lösen das Problem.

Verhaltensregel Nr. 9: Sie geißeln sich nicht für die Fehler, die Sie begangen haben. Wenn Sie ein Problem verursacht haben, analysieren Sie einfach leidenschaftslos und genau Ihre Gedanken, Gefühle und Handlungen. Sie stellen fest, was Sie zu dem Problem geführt hat. Sie denken darüber nach, wie Sie die Lage beheben, die Aufgabe lösen und dafür sorgen können, dass Ihnen dieser Fehler künftig nicht mehr unterläuft. (Als Beispiel für einen solchen Zugang kann die Übung »Reue und Buße« dienen.)

Verhaltensregel Nr. 10: Sie brüten nicht auf Ihrem Problem wie ein Huhn auf seinem Ei. Sie verschenken Ihre Energie nicht an das Problem selbst, sondern lenken Ihre Kraft auf seine Lösung.

Mit Hilfe der Symbole für die feinstofflichen Energien können Sie sich in den Zustand »kämpferischer Bereitschaft« versetzen, in dem Sie problematische Situationen schnell zu lösen vermögen. (Hier hilft die Übung »Heilung und Schutz«.)

Verhaltensregel Nr. 11: Wenn Sie Probleme zu lösen haben, verwandeln Sie sich in einen »weisen Sieger«. Dazu verwenden Sie positive Affirmationen.

Verhaltensregel Nr. 12: Sie wissen, dass Sie sich um den Ausgang einer Sache nicht zu sorgen brauchen, wenn Sie alles tun oder getan haben, was Sie tun können oder konnten, um das Problem zu lösen.

Verhaltensregel Nr. 13: Sie haben erkannt, dass Sie als Mensch mit der Gabe der Intuition geboren wurden, und Sie wenden sich an sie und entwickeln sie. Sie lösen Ihre Probleme und suchen Antworten auf Ihre Lebensfragen mit Hilfe der Intuition.

Verhaltensregel Nr. 14: Sie wissen, dass jeder Mensch ein Schöpfer ist, und Sie nutzen Ihr enormes kreatives Potenzial. Sie verstehen es, Ihre Probleme zu lösen und die Antworten auf Ihre Lebensfragen mit Hilfe des kreativen Denkens zu suchen.

Die Regel aller Regeln

Bleiben Sie in Ihren Bemühungen konstant. Kommen Sie nicht vom Weg ab. Lassen Sie sich von nichts ablenken, das nicht der Manifestation Ihrer »glücklichen« Wirklichkeit dient.

Gesundheit – der Lohn der Weisen

Die wichtigste Verhaltensregel
für die Gesundheit

Gehe sorgsam und vorsichtig mit deinem Körper um. Beachte die Regeln, nach denen es ihm gut geht, dann wirst du gesund bleiben.

Liebe Leserin, lieber Leser, Ihr Körper dient Ihnen nach bestem Vermögen, er hat Ihnen niemals etwas Böses getan! Er ist Ihnen ergeben und erwartet als Gegenleistung nur eines: einen kompetenten und vernünftigen Umgang mit ihm. Er verfügt über natürliche Kraft und Gesundheit, die ganz bestimmten Gesetzen unterliegen. Werden diese nicht berücksichtigt, dann wird der Körper krank, bereitet dem Menschen, der im Leben etwas erreichen will, Kummer und Sorgen und behindert ihn auf seinem Weg. Wissen Sie jedoch genau, was er zum Leben braucht, und halten Sie sich an die Gesetze, dann hört er auf, Lärm zu schlagen. Er wird dankbar auf alles antworten, was ihm wohltut. Der Körper ist Ihr ergebener und weiser Helfer!

Es gibt ein ganz einfaches Rezept zur Erhaltung unserer Gesundheit: Wir müssen uns sorgfältig um unseren Körper kümmern und ihn lieben. Unserer Gesundheit zuliebe sollten wir alles verwenden, was uns nützt und was uns durch das moderne Wissen vom Menschen zur Verfügung steht. Und schließlich müssen wir unbedingt lernen, »uns zu beherrschen«, das heißt wir müssen bewusst unser Lebensgefühl, unsere Emotionen und Wünsche zugunsten des Körpers steuern, und das können wir.

Die Verwendung von Symbolen zur Harmonisierung des energetischen Informationsfeldes

Ich möchte Ihnen jetzt beibringen, wie Sie »verzerrte Daten« korrigieren und Ihr energetisches Informationsfeld selbständig harmonisieren können, wenn Sie spüren, dass mit Ihnen bzw. mit Ihrem Energiefeld etwas nicht in Ordnung ist, oder wenn Sie das Gefühl haben, ein Schnupfen oder eine sonstige Krankheit ist im Anmarsch, wenn Sie gestresst oder niedergeschlagen sind oder irgendein Gespräch oder Ereignis Sie aus der Bahn geworfen hat. Dann kommen die Techniken zum Tragen, die wir gleich zusammen einüben und bei denen wir die Symbole für die feinstofflichen Energien zur Harmonisierung unseres Energiefeldes verwenden werden.

Das Symbol »Lebensenergie«

Stellen Sie sich das Symbol vor, das als vereinbartes Zeichen für die Lebensenergie dient. Es ist dreidimensional und stellt ein leuchtend goldfarbenes Ei dar.

Machen Sie jetzt die Übung »Heilung und Schutz« mit nur einer wesentlichen Abweichung. Das golden leuchtende Ei sinkt zwar im Strom der Lichtenergie in Sie ein, löst sich aber nicht in diesem Strom auf, sondern findet seinen Platz in Ihrem Körper im Bereich des Solarplexus. Mit jedem Einatmen füllt sich das Ei mit Lichtenergie, mit jedem Ausatmen dehnt es sich aus. Atmen Sie natürlich und ruhig und achten Sie darauf, wie das golden leuchtende Ei immer größer und größer wird. Nun füllt es Ihren ganzen Rumpf aus, bis es über ihn hinauswächst, dann umgibt es Ihren gesamten Körper, und Sie sind von einer goldenen Lebensenergie umhüllt, die alle Löcher in Ihrem energetischen Informationsfeld auffüllt, seine Verzerrungen korrigiert, Sie mit Lebenskraft und Energie sättigt und Ihnen eine ruhige Gewissheit schenkt.

Sie haben Ihr energetisches Potenzial wiederhergestellt und Ihr energetisches Informationsfeld harmonisiert.

Nehmen Sie sich 15 Minuten Zeit für diese Übung. Sobald Sie sie verinnerlicht haben und sich den beschriebenen Prozess schnell und klar vorzustellen vermögen, können Sie die Übung mit dem »Lebenssymbol« auch nebenbei vornehmen.

Das Symbol »Kreuz«

Um Ihr energetisches Informationsfeld
zu harmonisieren, sollten Sie – unter
Verwendung des Kreuzsymbols als
»Arbeitsmittel« – ebenfalls die Übung
»Heilung und Schutz« machen.

Sie können es sich dreidimensional
und farbig denken, sollten aber dabei nicht lange überlegen,
sondern es sich so vorstellen, wie Sie es auf der Zeichnung
vor sich sehen. Denn wenn Sie diesem sehr verbreiteten Zeichen eine konkrete Farbe und Form zuordnen, könnte das
bei Ihnen eine Vielzahl an Assoziationen hervorrufen, die
mit der aktuellen Übung nichts zu tun haben. Um Ihnen die
funktionalen Möglichkeiten des Symbols verständlich zu
machen (Punkt 1 der Übung »Heilung und Schutz«), möchte
ich hier zitieren, was der große Lehrer zum Symbol des
Kreuzes sagt.

Gespräch mit dem großen Lehrer: Vertikale und Horizontale
Das Kreuz symbolisiert das Gleichgewicht zwischen den
»vertikalen« und den »horizontalen« Ausrichtungen im
Menschen. Was bedeutet das? Der vertikale Bestandteil des
Kreuzes bezieht sich auf die Seele des Menschen, auf sein
Streben danach, sich und die Welt zu erfahren, auf sein Bewusstsein von sich selbst und die Entwicklung seines Selbst
(die »vertikale« Ausrichtung). Außerdem ist die Vertikale
das Symbol für den göttlichen Strom, der auf die Menschen
herniederfließt, das Symbol für die Manifestation des Göttli-

chen auf der Erde. Der horizontale Querbalken des Kreuzes ist das Symbol für die reale Verbindung des Menschen mit der ihn umgebenden Welt, mit seinem Erdenleben (die »horizontale« Ausrichtung).

Das Kreuz symbolisiert die Übertragung der Information der vertikalen in die horizontale Wirklichkeit, die Verwirklichung der Seele des Menschen auf der Erde, auf der es auf den ersten Blick keinen Platz für das Göttliche zu geben scheint. Wenn der Mensch seine göttliche Essenz zu verwirklichen vermag, erreicht er im Innern und in seinen äußeren Beziehungen Harmonie. Er ist geistig frei, hat sein göttliches Potenzial ans Licht gebracht und verwirklicht sich erfolgreich in der Welt der sozialen Begrenzungen. Deshalb harmonisiert die Arbeit mit dem Symbol des Kreuzes das energetische Informationsfeld, es stiftet Versöhnung und Seelenruhe.

Anmerkungen

1 »Тем, кто верит в чудо« und »Книга-экстрасенс«. Diese liegen nicht auf Deutsch vor (Anm. d. Übers.).

2 Grin, Alexander, Die purpurroten Segel, Possev, Frankfurt am Main 1967, S. 26.

3 Ebd., S. 78.

4 Carroll, Lewis, Alice im Wunderland, Insel, Frankfurt am Main 1963, S. 67.

5 Carroll, Lewis, Alice hinter den Spiegeln, Insel, Frankfurt am Main 1963, S. 44.

6 Milne, Alan Alexander, Pu der Bär, Gesamtausgabe, dtv, München 1997, S. 36.

7 Ebd., S. 38.

8 Carroll, Lewis, Alice im Wunderland, Insel, Frankfurt am Main 1963, S. 67.

9 Bach, Richard, Die Möwe Jonathan, Ullstein, Berlin 2008, S. 72.

10 Ebd., S. 73.

11 Diese Worte stehen bei dem großen Denker des 20. Jahrhunderts Sri Aurobindo in einer der ersten russischen Ausgaben seines Buches »Der menschliche Zyklus« (das mir leider abhandengekommen ist). In späteren Ausgaben habe ich dieses Zitat nicht gefunden (Anm. des Autors).

12 Worte aus einem Lied von Alexander Dolskij (Anm. d. Autors).

13 Porter, Eleanor H., Pollyanna. Ein Waisenkind in Amerika, Arena Verlag, Würzburg 1995, gekürzte Fassung, S. 53.

14 Ebd., S. 38.

15 Ebd., S. 67.

16 Ebd., S. 64.

17 Tichoplav, V. Ju., Tichoplav, T. S., Новая физика веры. Krylov, Sankt Petersburg 2007, S. 352.

18 Ozaniec, N., Медитация для начинающих, Moskau, Fair-Press, 2007. 304s.:il.

19 Tichoplav, V. Ju., Tichoplav T.Y., Новая физика веры. Krylov, Sankt Petersburg 2007, S. 352.

20 Laotse, Tao te King. Eine zeitgemäße Version für westliche Leser, Arkana, München 2003, Spruch 78, S. 83.

21 Ebd., Spruch 69, S. 77.

22 In einem deutschen Lexikon finden sich folgende Entsprechungen: spontanes geistiges Erfassen, auf Wissen und Erfahrung beruhende plötzliche Erkenntnis, innere Eingebung (Anm. d. Übers.).

23 Vgl. Kehoe, John, Mind Power. Erkennen – Transformieren – Handeln, Windpferd, Oberstorf 2000.

24 Eine Art Informationszentrale für alle Filmangelegenheiten (Anm. d. Übers.).

25 Tolstoi, Lew, Krieg und Frieden, Anaconda Verlag, Köln 2007, S. 1440.

26 Chapman, Gary, Liebe als Weg, Arkana, München 2008, S. 59-60.

27 In: de Saint-Exupéry, Antoine, Wind, Sand und Sterne, Rauch, Düsseldorf 1999, S. 37.

Innerer Halt in haltloser Zeit

448 Seiten. ISBN 978-3-424-63028-2

Meditation ist ein machtvolles Werkzeug der inneren
Veränderung. Über alle religiösen und kulturellen
Grenzen hinweg stellen die bedeutendsten spirituellen
Lehrer unserer Zeit die Meditation als zeitgemäße
Methode vor, um Stress in Entspannung zu verwandeln,
Wut in Antriebskraft oder Enttäuschung in Vergebung.